조선야화

천년을 떠돌던
역사 속 신비로운 이야기들

조선
야화

도현신 지음

朝

鮮

夜

話

매일경제신문사

원래 나는 소설, 그중에서도 역사소설을 쓰는 소설가가 되고 싶었다. 하지만 어찌 된 일인지 통 그럴 기회가 없었다. 아니, 기회가 없었다기보다는 방법을 몰랐다고 해야 옳을 것이다. 오래전부터 책을 쓰고 싶다는 생각을 했지만 어떻게 쓰는 것인지 몰랐고, 힘들게 쓴 원고를 어디로 보내야 책이 되는지도 알지 못했다. 그나마 여기저기 알아보고 나서 간신히 글쓰기와 원고에 대해 알았을 때는 계약이 될지 안 될지도 모르는 소설 쓰기에 매달릴 시간이 없었다. 그렇게 나는 오랜 시간이 걸리는 소설 쓰기보다는 빨리 책을 낼 수 있는 인문 역사 서적 쓰기에 몰두했다. 역사책은 역사적 사실에 나의 견해를 곁들이면 금방 책이 되기 때문에 쓰기에 편했지만, 역사책 쓰기에 몰두할수록 내가 애초에 꿈꾸었던 소설가의 길은 더욱 더 멀어져만 갔다.

그러던 2011년 7월, 한창 진행 중이었던 역사책《왕가의 전인적 공부법》의 원고를 마무리하기 위해 사흘 동안 편집자들과 함께 작업을 하며 출판사에서 지내게 되었다. 일을 모두 마치고 출판사를 나와 집으로 돌아가던 중 문득 쓸쓸한 밤의 정취가 내 마음에 와 닿았다. 그때, 이 책과 관련하여 내 머릿속에 번개 같은 발상이 떠올랐다.《왕가의 전인적 공부법》은 말 그대로 조선 시대 왕들의 공부 시간인 경연經筵에 대해 다룬 책이다. 조선의 왕들은 아침에 일어나면서부터 밤늦게까지 경연을 했는데, 혹시 그들이 밤중에 경연을 하다가 잠시 쉬는 시간에 지루함을 달래기 위해 경연에 참가한 신하들과 뭔가 재미있는 이야기를 주고받지 않았을까 하는 생각이 나의 뇌리를 스쳐 지나갔던 것이다. 그래서 나는 이 발상을 언젠가 새로운 원고로 만들어 보겠다고 다짐했다. 그리고 그로부터 4년 후, 나는 드디어 그 상상을 현실로 옮기게 되었다.

《조선야화》는 매일 밤마다 어린 왕에게 온갖 종류의 재미있는 이야기를 들려주는 한 신하의 일생을 담고 있다. 그는 왕과 겉으로는 군신 관계이지만, 사실은 왕과 진심을 주고받는 친구로 설정되었다.

소설의 시간대를 주로 밤으로 설정한 이유는 신비함을 나타내는 때가 낮보다는 아무래도 밤이 더 어울린다고 생각했기 때문이다. 옛날 옛적, 할머니나 동네 형들이 무서운 이야기를 들려줄 때에도 밤을 골랐다. 그리고 공포 영화를 볼 때에도 일부러 환한 조명을 끄고, 어두운 장막을 치는 것과 같은 이치다. 밤이야말로 인간의 눈이 가려지면서 온갖 신비한 느낌들이 살아나 활개를 치는 시간대가 아닌가. 그러니 이 책을 읽는 독자들도 밤의 환상을 머릿속으로 상상하면, 더욱 실감이 나는 분위기를 느낄 수 있을 것이다.

자, 그럼 책장을 펼치고 조선의 왕궁으로 가라. 그리고 매일 밤마다 어린 왕이 듣는 신비한 공상의 세계로 함께 여행을 떠나 보시기 바란다.

도현신

朝 鮮 夜 話

朝　鮮　夜　話

신선, 귀신, 외계인, 괴물, 도깨비, 영웅호걸 등
어린 왕의 상상력을 자극하는 신비스러운 이야기들이 펼쳐진다.

제1장

신
비
한

이
야
기

01

여자들만 산다는
동해의 섬나라

그 신비한 섬은 대체 어디에 있을까?

밤은 신비의 시간이다. 무릇 사람은 훤히 아는 것보다 모르는 것에 더 관심이 가기 마련이다. 그처럼 어두운 그늘로 가려진 시간과 공간은 사람의 호기심을 더욱 자극한다. 낮에는 전혀 새로울 것도 놀랄 것도 없는 일들이 밤에는 무척이나 색다르게 느껴지는 것처럼 말이다. 그리고 평범한 가정집이 아닌, 한 나라의 중요한 일들이 모두 논의되고 처리되는 궁궐의 밤은 더더욱 신비스러운 법이다.

지금 이 시각, 궁궐 안과 밖의 거의 모든 사람들이 깊은 잠에 빠져 있다. 그러나 남들이 잘 무렵에도 계속 움직이며 일을 하는 자들이 있었다. 궁궐 한쪽에 세워진 건물인 경연당은 안에서 새어 나오는 은은한 호롱불의 빛으로 반짝였고, 그 앞 섬돌 주위에는 사람들이 벗은 신들이 가득했다. 한밤중에 경연당으로 모인 자들은 왕의 공부인 경연에 참석하기 위해 모인 조정의 대신들이었다. 그리고 경연당은 이름 그대로 매일 같이 경연이 열리는 곳이었다.

조선의 왕으로 산다는 것은 결코 편한 일이 아니었다. 왕은 낮뿐만 아니라 밤에도 결코 공부를 게을리해서는 안 된다. 아니, 할수가 없었다. 조선의 왕들은 누구나 공부에 몰두해야 했다. 만약 '내가 이 나라의 주인이거늘, 더 무엇을 배우란 말이냐' 하고 공부를 내팽개쳤다가는 연산군처럼 왕위에서 쫓겨나고, 신하들로부터 '공부도 하지 않고 사치와 방탕에 빠져 망한 폭군'이라고 두고 두고 욕을 먹는다.

이미 해가 진지 오래고, 어두운 하늘에는 달이 날카롭게 갈아둔 칼날 같이 슬픈 빛을 뿜으며 대지를 비추고 있다. 자욱한 밤이 깔린 궁궐은 기분이 나쁠 정도로 조용하다. 가끔씩 들리는 풀벌레와 새들의 울음소리만이 궁궐에도 생명이 살아 숨 쉬고 있음을 증명하고 있다. 그 와중에 왕과 신하들은 경연당에 모여 옛 사적과 지금의 시사들을 비교하며 치열한 토론을 하고 있다.

그리고 얼마 후, 토론이 끝나고 모두가 책을 덮었다. 한밤중에 계속 공부를 하니 피곤하여 잠시 휴식에 들어간 것이다. 왕은 숨을 고르며 이마에 흐른 땀을 손등으로 닦았다. 곧이어 건물 밖에서 대기하고 있던 내관들이 꿀물을 담은 찻잔을 가져와 가장 먼저 왕의 앞에 놓인 탁자 위에 조심스럽게 내려놓았고, 그 다음 영의정을 비롯한 조정의 고관 대신들 순서로 찻잔을 가져다주었다. 얼마 전까지 경연당 안에서 치열하게 토론을 하던 교사진들과 학생은 달콤한 꿀물을 마시며 목의 피로를 달랬다. 한참 꿀물의 맛을 느끼던 왕은 문득 찻잔을 탁자 위에 내려놓고, 자신을 가르치던 영의정에게 말했다.

"영상."

"예, 전하. 말씀하시옵소서."

자신의 손자뻘 나이인 왕에게 영의정은 고개를 숙이며 공손히 대답했다.

"그대가 과인에게 말한 공자와 맹자의 가르침은 잘 들었소. 하지만 그 두 성인이 세상의 모든 이치를 아는 것은 아닐 것이오. 또, 세상이 언제나 공자와 맹자의 가르침대로만 흘러가는 것도 아니오. 그래서 과인은 경연 중간에 낀 이런 쉬는 시간을 이용해 그대를 포함한 조정 대신들이 가르치지 않는 새로운 공부를 할까 하오."

갑자기 터져 나온 왕의 뜬금없는 발언에 영의정을 포함한 다른 조정 대신들은 눈을 크게 뜨며 의아한 표정을 지었다.

"전하, 무슨 말씀을 하고 싶으신 것인지 정확히 들려주시옵소서. 소신은 도무지 갈피를 잡지 못하겠나이다."

영의정의 물음에 왕은 말을 이어 나갔다.

"민간에서 떠도는 이야기나 혹은 그대들이 과인에게 들려주지 않았던 역사 속의 재미있는 이야기들 말일세. 그대들은 내게 공자와 맹자가 남긴 경전만을 가르쳤으나, 그것들 이외의 다른 곳에서도 세상의 이치와 깨달음을 얻을 수 있지 않겠나? 마침 쉬는 시간이니, 들어서 재미도 있고 큰 부담도 없는 이야기들 말일세."

"혹시 전하께서는 소설이나 야담 등에 실린 이야기들을 듣고 싶으신지요?"

"바로 그거네."

"송구하옵니다, 전하. 이 늙은이는 여태까지 경전만을 공부해 왔을 뿐, 전하께서 듣고 싶어 하시는 그런 이야기들은 잘 모르옵니다."

"그럼 다른 사람들에게 물어보리다. 여기 경연당에 모인 대소 신료들은 과인에게 각종 소설이나 야담 혹은 역사서에 담긴 재미난 이야기들을 쉬는 시간 동안만이라도 들려주지 않겠소?"

그러나 경연당에 앉아 있는 신하들 중에서 왕의 질문에 자기가 나서서 하겠다고 대답하는 사람은 아무도 없었다. 그도 그럴 것이, 이 자리에 올라오기 위해 그들은 유교 경전을 달달 외우고 옛 역사책들에서 본받을 교훈을 찾는 일에만 몰두했지, 재미있는 옛날이야기나 시중에 나도는 흥미로운 소문을 모으는 일은 전혀 해 보지 않았기 때문이다. 좌중의 차가운 분위기에 왕은 혀를 차며 실망을 드러냈다.

그런데 바로 그때, 용감하게 나선 사람이 있었다.

"전하, 미력하오나 소신이 나서서 말씀을 올리겠사옵니다."

왕과 다른 신하들의 눈이 일제히 그 사람에게로 쏠렸다. 그는 왕이 앉아 있는 자리에서 가장 멀리 떨어진 곳에 있는 정구품 벼슬의 말단 관리였다. 혼자서 하겠다고 나선 그가 신기했는지, 왕은 그에게 질문을 던졌다.

"그대의 이름과 관직은 무엇인가?"

"정구품 벼슬의 전경 자리에 있는 송화라 하옵니다. 오늘 전하의 야대를 따라 이 자리에 있게 되었사옵니다."

"오, 송전경이로군. 야대 전에 소개를 받았는데 과인이 잊어버리고 있었다. 송전경, 과인의 지루함을 달랠 재밌는 이야기를 들려줄 수 있겠나?"

"부족하나마 소신이 아는 이야기 중에서 한 가지를 꺼내 보겠나이다."

"중국의 정사인 《삼국지》 위지 동이전 옥저 편에 보면, 다음과 같은 신기한 이야기가 언급되옵니다. 위나라 장수인 왕기는 고구려를 침략하면서 지금의 동해와 인접하고 있던 북옥저까지 쳐들어갔는데, 바닷가에 사는 노인들에게 '저 바다 건너에도 사람이 사는가?'라고 묻자 노인들은 '우리 마을의 어부들이 바다에서 일하다가 풍랑에 휩쓸려 동쪽에 있는 어느 섬에 표류한 적이 있었는데, 그곳의 원주민들은 우리와 말이 통하지 않았습니다. 섬의 원주민들은 칠석날이 되면 소녀를 바다에 빠뜨려 제사를 지냈습니다'라고 대답했다고 합니다. 그리고 이와 관련하여 다른 이야기도 실려 있사옵니다. 바다 가운데 나라가 있는데, 여자들만 있고 남자는 없다고 합니다. 어떤 사람이 바다에 옷 한 벌이 떠 있는 모습을 발견했는데, 중국인의 옷처럼 생겼으며, 소매 두 개에 길이가 3장이나 되었다고 합니다. 또한 어떤 사람이 파도를 따라 바닷가로 떠밀려 온 부서진 배를 발견했는데, 그 안에 사람이 있었습니다. 그는 목에 또 다른 얼굴이 있었는데, 말이 달라서 통하지 않았고, 음식을 먹지 않아 죽었다고 합니다. 그리고 그 땅은 옥저의 동쪽, 큰 바다의 가운데 있다고 하옵니다."

그렇게 말하고 나서 송화는 잠시 꿀물이 담긴 잔을 들어 마셨다가, 곧바로 상에 내려놓고 다시 말을 이었다.

"혹시 전하와 다른 대소 신료 분들께오서 소신이 말씀드린 이야기를 잘 이해하시지 못할 것 같아 다시 상세하게 설명을 드리겠사옵니다. 왕기가 쳐들어갔다는 북옥저는 오늘날 함경도의 끝머리, 즉 청나라 땅과 마주한 곳에 있었던 부족국가였사옵니다. 옥저는 본래 북옥저와 동옥저, 남옥저 셋으로 나뉘어졌는데, 모두 힘이 미약하여 훗날 고구려에 흡수되었사옵니다. 여기서 언급된 옥저 동쪽의 바다란 당연히 동해입니다. 북옥저의 주민 중 한 명이 어느 날 바다에서 배를 타고 고기를 잡다가 바람과 파도에 휩쓸려 동쪽의 어느 섬에 도착했는데, 그 섬의 주민들은 북옥저 주민들과 말이 통하지 않고, 매년 칠석이면 어린 여자아이를 바다에 던지는 풍습이 있었다는 것입니다."

"가만, 두 번째 이야기도 있지 않았나?"

이야기를 듣던 왕이 묻자, 송화는 얼른 대답했다.

"그렇사옵니다, 전하. 옥저의 동쪽인 큰 바다, 즉 지금의 동해 가운데에 있는 나라인데 여자들만 살며, 3장 길이의 긴 옷을 입고 목에 또 다른 얼굴이 있으며 옥저인과 말이 통하지 않았다는 내용입니다."

"참으로 신기한 이야기로군. 남자는 없고 여자들만 살았다는 것도 그렇고, 목에 얼굴이 하나 더 있어? 대체 어찌 된 일일까?"

"글쎄요, 가끔씩 두 사람의 몸이 붙어 있거나 목이 두 개인 기형아가 태어난다는 이야기는 들어 보았어도, 목에 얼굴이 붙었다는 이야기는 소신도 도무지 설명하기 어렵사옵니다."

왕과 송화가 서로 여인국 이야기에 대해 진지한 토론을 하고 있을 때, 갑자기 번개 같은 목소리가 들려왔다.

"전하! 송전경이 들려준 이야기는 허황된 소리입니다. 세상에 어찌 여자들만 사는 나라가 있을 수 있겠사옵니까?"

그렇게 직설적으로 여인국 전설을 부정한 쪽은 영의정이었다. 그는 송화의 이야기가 도무지 귀에 거슬렸는지, 여인국 전설에 대한 비판적인 의견을 계속 이어 나갔다.

"무릇 큰 나라든 작은 마을이든 사람들로 이루어진 어느 집단이 없어지지 않고 계속 그 명맥을 유지하려면, 자연히 남녀가 짝을 이루어 자손을 계속 낳아야 합니다. 그러나 남자가 없고 여자들만 있다면, 도대체 무슨 도리로 아이를 낳고 그 집단의 대가 이어지겠습니까? 바다로 둘러싸인 작은 섬에서 그런 일이 가능하겠습니까?"

영의정의 말에 송화는 근거를 들어 반박했다.

"하지만 여인국 관련 이야기는 소인이 멋대로 지어낸 거짓말이 아니라, 엄연히 중국의 역사서인 《삼국지》에 실린 것입니다. 《삼국지》는 지금 시중에 나도는 소설인 《삼국지연의》가 아니라, 정식 역사서이니 무조건 허황되다고 무시할 수는 없습니다."

"《삼국지》를 쓴 진수가 그 섬에 가서 자기 눈으로 직접 본 것도 아니지 않나? 그는 남에게서 들은 이야기를 그대로 책에 옮겨 적었을 뿐이네. 혹시 누가 아는가? 멀리 변방에서 들려온 뜬소문을 진수가 듣고서《삼국지》에 기록했을지 말일세."

"그렇다 해도 책에 기록된 이상, 특별히 이상한 점이 없다면 무조건 부정할 수는 없지 않습니까?"

"책에 적힌 내용이라고 해서 모두 믿는다면, 차라리 책이 없는 것만 못하다고 맹자가 말했네. 그리고 자네는 청나라에서 유행하는 고증학도 못 들어 봤나? 옛 일을 기록한 책들의 내용들을 면밀히 따져서 무엇이 사실이고 거짓인지를 가려낸다는 말일세. 하물며《삼국지》가 대체 언제 쓰인 책인가? 지금으로부터 자그마치 1,600년 전에 나온 책일세. 그런데 그 책의 내용이 모두 사실이라고 자네가 장담할 수 있겠는가?"

"물론 저도《삼국지》의 여인국 이야기를 전부 사실이라고 믿지는 않습니다. 하지만 그 여인국 이야기가 실리게 된 배경은 적어도 어느 정도는 사실이라고 생각합니다. 비단《삼국지》뿐만 아니라 중국의 다른 역사서인《수서》에서도 멀리 서역에 여자가 왕이 되어 다스리는 나라에 관한 이야기가 나옵니다. 유명한 소설인《서유기》의 여인국은 바로 그런《수서》서역전의 여국 이야기를 보고 만들어진 것이지요. 저는《삼국지》에 실린 여자들만 산다는 섬나라도, 분명히 그런 이야기가 실린 동기를 제공한 부족이나 집단이 있었을 거라고 봅니다."

송화의 해명에 영의정은 하얀 수염을 어루만지며 날카롭게 질문했다.

"그래? 그렇다면 자네는 그 여인국 이야기의 근거를 제공한 집단이 대체 어디에 있었다고 생각하나?"

영의정의 추궁을 받은 송화는 확신이 부족했는지 말머리를 흐렸다.

"……그건 소인도 잘 모르옵니다."

"허허, 이 사람 참! 자신도 확실히 모르는 이야기를 어찌 감히 전하께 말씀을 올렸단 말인가!"

그때, 신하들의 말다툼을 듣고 있던 왕이 화제를 다른 곳으로 돌렸다.

"그건 그렇고, 대체 그 여인국은 어디에 있었을까?"

여인국의 위치를 궁금해하는 왕의 말을 듣고, 주위에서 여러 가지 의견들을 내놓았다. 그들도 송화가 들려준 여자들만 산다는 동해의 섬나라 이야기를 듣고 흥미와 호기심을 느꼈던 참이었다.

"소신 좌의정이 말씀드리겠사옵니다. 북옥저의 동쪽에 있었다는 말로 보아서는 아마도 지금 일본 북쪽의 북해도가 아닐까 싶습니다. 함경도 북쪽 끝에서 동쪽으로 간다면 가장 먼저 나오는 곳이 바로 북해도가 아니옵니까?"

"아니옵니다, 전하. 소신 우의정이 한 말씀 아뢰건대, 본래 북해도는 왜인이 아니라 하이蝦夷라 불리는 오랑캐가 살고 있사옵니다. 신이 듣기로 하이족은 머리카락과 수염이 매우 길고 덥수룩한데, 만일 그 북옥저의 주민이 정말로 북해도에 갔다면 그들의 체모가 풍성한 것을 눈여겨보지 않을 수 없었을 것이옵니다. 한데 송전경이 들려준 이야기에 따르면 전혀 그런 부분이 없사옵니다. 따라서 신은 동해의 여인국이 북해도는 아니라고 생각하옵니다."

"전하, 소신 홍문관 부제학 이수능이 말씀드리겠사옵니다. 《삼국지》위지 동이전의 왜인 편에 보면, 지금의 일본인 왜국을 비미호라 불리는 여자 임금이 다스리고 있었다 합니다. 이 비미호는 남편도 없이 천 명의 여종을 거느리며 홀로 나라를 다스렸다고 하니, 혹시 비미호의 이야기가 중국에 전해져 동해의 여인국 전설이 된 것은 아닐런지요?"

"전하, 소신 시독관 교리 강상한이 말씀드리겠사옵니다. 신은 부제학의 말에 동의하지 않사옵니다. 비록 왜국을 여왕이 다스렸다고는 하지만,《삼국지》위지 동이전의 왜인 편에는 엄연히 왜국에도 남자가 있었다고 나옵니다. 그렇다면 남자가 아예 살지 않았다는 그 여인국은 결코 왜국이 될 수가 없사옵니다. 게다가 여인국은 칠석날에 어린 여자아이를 바다에 던지는 풍습이 있다고 했는데, 같은 시대의 왜국을 기록한 동이전 왜인 편을 보면 그 어디에서도 왜인들이 칠석날에 여자아이를 바다에 던진다는 내용이 없사옵니다."

신하들끼리의 열띤 토론과 공박을 보던 왕은 내심 흐뭇한 기분이 들었다.

"서로의 대답이 맞는 것 같으면서도 근거가 조금씩 부족하여 틀린 것 같기도 하다. 그렇다면 가장 먼저 여인국 이야기를 거론한 송전경에게 묻고 싶다. 그대는 여인국 전설의 근거를 제공한 집단이 어디에 있던 누구라고 생각하는가? 정답은 없으니 그대의 생각을 말해 보라."

왕의 질문을 받은 송화는 한동안 생각에 빠져 있다가, 자신이 머릿속으로 내린 결론을 말했다.

"전하께서 신에게 물어보신 말씀의 답은 지금도 확신하기 어렵사옵니다. 《삼국지》에는 그 여인국의 정확한 위치가 나와 있지 않기 때문입니다. 그러나 신의 짧은 생각으로 말씀드린다면, 그 위치는 대략 오늘날 동해에 있는 울릉도가 아닐까 합니다."

송화의 입에서 울릉도라는 말이 나오자, 왕과 다른 신하들은 놀라워하며 서로 고개를 들어 쳐다보았다.

"어째서 그렇게 확신하는가?"

"전하, 일찍이 함경도 부사를 지낸 신의 아비가 들려준 말에 따르면, 함경도에서는 여름이나 겨울 등 계절에 관계없이 함경도 해안을 흐르는 해류가 자연스레 서남쪽으로 흐르기 때문에, 만약 풍랑에 휩쓸렸을 경우 가장 먼저 쉽게 배가 표류하다가 도착할 수 있는 곳이 바로 울릉도라고 하옵니다. 그러니 함경도 해안에서 고기를 잡던 어부가 바람과 파도에 떠밀린다면 충분히 울릉도로 갈 수 있사옵니다."

"그러나 《삼국지》에서는 여인국이 북옥저의 동쪽이라고 했다. 울릉도는 그 위치를 볼 때 엄연히 함경도의 남쪽이지 동쪽이라고는 볼 수 없다."

"해류는 똑바로 흐르는 것이 아니기 때문에 동쪽으로 흘러가다가 차츰 서남쪽으로 흐른다고 아비에게 들었사옵니다. 그렇게 된다면 해류를 타고 바다를 표류하느라 정신이 없는 사람의 입장에서는 자신이 남쪽이 아니라 동쪽으로 갔다고 생각할 여지가 얼마든지 있습니다. 경우는 조금 다르지만, 중국 당나라 때 현장 법사가 인도로 불경을 얻기 위해 떠난 일을 두고 서쪽으로 갔다고 해서 서유기라 부르는데, 그가 간 곳은 인도의 남쪽 끝이니 아무리 보아도 중국의 서남쪽이지만 전체적으로 보면 서쪽이라 할 수 있어 서유기라 하는 것이옵니다."

"흠, 그런가. 송전경의 말은 잘 들었네. 그렇다면 두 번째 질문인데, 여자들만 살고 남자는 없다는 《삼국지》의 기사는 어떻게 생각하는가?"

그 부분에서 송화는 큰 결심을 한 듯, 목구멍으로 침을 삼키고 나서 말을 꺼냈다.

"신이 감히 생각하건대, 아무래도 청나라를 세운 만주족의 신화가 한족에게 전해져 그리 표현된 듯하옵니다."

"만주족의 신화라니?"

"신의 아비가 예전에 청나라 조정의 대소 신료들과 만나서 이야기를 나누었는데, 그들은 자기들 대대로 믿는 신화가 있었사옵니다. 아득히 먼 태초에 모든 인류는 여자들뿐이었는데, 그들 중 일부가 돌연변이를 일으켜 남자가 되었다는 내용이었습니다. 만주족은 지금의 만주 지방과 동해 주변에 널리 퍼져 살았으니, 그들이 믿었던 신화의 일부가 《삼국지》를 쓴 한족에게 전해져 여인국 이야기로 변형된 것이 아닐지요?"

"그러나 《삼국지》가 쓰인 시기와 만주족이 청나라를 세운 시기는 1,400년이나 차이가 난다. 이건 이상하지 않은가?"

"아니옵니다, 전하. 만주족은 중국 주나라 무렵에는 숙신, 한나라 무렵에는 읍루, 오호십육국 무렵에는 물길, 수나라 무렵에는 말갈, 송나라 무렵에는 여진, 그리고 명나라 무렵에는 만주라고, 부족의 이름만 바뀐 채로 계속 지내 왔습니다. 그리고 읍루족들은 배를 타고 물을 건너 도적질을 하여 북옥저인들을 두렵게 했으며, 고려 시절에는 여진족 해적들이 동해를 건너 울릉도를 공격해 사람들을 잡아간 적도 있었사옵니다. 그렇다면 만주족의 선조인 읍루족들도 얼마든지 울릉도까지 배를 타고 건너가 살았을 수도 있사옵니다."

"허면 송전경이 생각하는 여인국 전설의 실체는 무엇인가?"

"신은 여인국 전설이 만주족의 신화와 울릉도에 관련된 설화가 합쳐져서 등장한 것이라고 믿사옵니다. 여자들만 살았다는 만주 읍루족의 신화에 중국인들이 동해나 그 너머에 대한 지리적 지식이 부족하여 '혹시 저 바다의 먼 건너편에는 여자들만 사는 이상한 섬이 있지 않을까?'라는 환상을 담아 만들어 낸 장소라고도 볼 수 있는 것이옵니다."

송화의 설명을 듣던 왕은 약간 아쉽다는 듯 혀로 입술을 핥았다.

"그런가. 그렇다면 여인국은 현실에 없는 거짓된 소문에 불과했던가?"

"소신은 꼭 거짓이라고 생각하지는 않사옵니다. 울릉도나 혹은 그보다 더 먼 동쪽에 정말로 여자들만 살았던 섬이 있을 수도 있겠지요. 어디까지나 생각하기 나름이옵니다, 전하."

여인국 이야기는 거기서 끝났고, 왕은 평소에 하던 대로 야대를 마쳤다. 저녁 수업을 마치고 왕과 신하들은 경연당을 빠져나왔다. 이제 잠시 후면 하루 일과가 끝나는 터라 신하들은 하나씩 왕에게 문안 인사를 올리고 떠났다. 그들 중 벼슬이 가장 낮은 송화가 마지막으로 왕을 만나 인사를 올리고 떠나려는데 왕이 그를 붙잡고 말을 걸었다.

"그대에게 감사하다. 평소에 늘 지루하고 졸리기만 하던 야대가 그대가 들려준 이야기 덕분에 모처럼 즐거웠네."

"아니옵니다, 전하. 소신이야말로 전하께 부족한 이야기를 들려드려 송구할 뿐이옵니다."

"아니네. 나야말로 송전경이 들려준 여인국 전설에 흠뻑 빠져 시간이 가는 줄도 몰랐다네. 매번 야대를 마치면 피곤하여 곧바로 궁으로 가 곯아떨어졌는데, 오늘 밤엔 무척 즐거운 꿈을 꿀 것 같네."

"전하, 그렇게라도 도움이 되었다면 소신으로서는 더 이상 바랄 것이 없사옵니다."

"그대는 앞으로도 야대에 참가하는 몸이지?"

"그렇사옵니다. 전하께서 원하신다면 쉬는 시간마다 소신이 아는 재미있는 이야기들을 들려드리겠사옵니다. 괜찮으시겠사옵니까?"

"물론이네. 과인이야말로 송전경에게 그리 부탁을 하고 싶었네. 그리고 한 가지 더 있는데……."

"그게 무엇이옵니까, 전하?"

왕은 송화를 쳐다보며 빛나는 눈으로 말했다.

"내가 나이가 들어 어른이 된다면, 언젠가 송전경과 함께 그 동해에 있다는 여인국을 찾아 유람을 떠나고 싶다네."

작가의
해설

　이 이야기에서 언급된 '동해의 여인국'은 고대 한반도의 역사를 기록한 중국의 사서인 《삼국지》 위지 동이전에서 인용했다. 이 책을 쓴 사람은 우리에게 소설 《삼국지》로 유명한 삼국시대의 인물인 진수인데, 그는 고구려 원정에 참가한 위나라 장군 관구검의 원정군이 고구려 및 한반도 북부와 접촉한 일에서 한반도 관련 정보를 얻어서 기록하였다. 다시 말해서 진수 본인이 한반도에 직접 오거나 보고서 알아낸 사실들을 쓴 것은 아니란 뜻이다.

　그래서 《삼국지》 위지 동이전에는 사실과 동떨어진 내용들도 있는데, 대표적인 예로 마한 사람들이 소가 끄는 수레를 탈 줄 모른다고 기록한 것을 들 수 있다. 그러나 실제로 마한 지역의 유적을 발굴한 결과, 소가 끈 수레의 부품이 출토되어 《삼국지》 위지 동이전의 내용이 거짓임이 판명되었다. 물론 고대 사서에 거짓이 기록된 점은 고대 그리스의 역사가 헤로도토스가 쓴 《역사》에도 있는 사항이니, 특별히 이상한 일은 아니다.

　본문에서 언급한 동해의 여인국 전설처럼 여자들만 사는 집단이나 지역에 관한 이야기는 동서양을 막론하고 많은 역사서에 언급된다. 고대 그리스신화의 용감한 여전사들인 아마존이나 중국의 소설 《서유기》에 나오는 서량여국들이 그 대표적인 예다. 현대

이전의 인류 사회 거의 대부분이 가부장적 체제였음을 감안한다면 매우 특이한 사례인데, 아마도 평소에 늘 보던 수동적이고 소극적인 여자들과는 달리 능동적이고 적극적인 여자들의 활력에 끌리던 남자들의 은밀한 욕망을 드러낸 장치가 아닌가 싶다.

《삼국지》 위지 동이전 옥저 편에는 동쪽의 큰 바다, 즉 지금 한반도 동해의 가운데에 있는 섬에 여자들만 사는 나라가 있다고 기록되어 있다. 그러나 이 신기한 섬나라가 정확히 어디인지는 언급되어 있지 않다. 우리나라 역사학계에서 말하는 것처럼 울릉도일 수도 있고, 아니면 동해 건너편의 먼 홋카이도나 사할린일 수도 있다. 어차피 역사는 주장하는 자들의 것이니.

02

자기도 모르게
우주를 여행한 사나이

낮도 밤도 아닌 공간의 정체는?

정확한 연대를 알 수 없는 옛날, 바닷가에 어떤 사람이 살고 있었다. 편의상 그가 미지의 세계로 떠나는 모험을 좋아하는 탐험가라고 하자. 그에게 가족이 있었을까? 그건 알 수 없다. 있든지 없든지 그건 중요하지 않다. 지금 이야기에서 그런 건 전혀 생각할 필요가 없으니까.

여하튼 그는 지루한 일상에서 벗어나 새로운 세계로 떠나고 싶어 했다. 하지만 그렇다고 다짜고짜 아무 곳으로나 갈 수는 없었다. 최소한 목적지는 미리 정해 놓고 산이나 바다로 즐겁게 놀러 가는 것처럼, 모험을 가려고 해도 목적지와 여행에 필요한 물건들은 있어야 하니 말이다.

그는 어디로 떠날지 곰곰이 생각해 보다가, 문득 이런 소문을 떠올리고 깊은 고민에 잠겼다.

'황하의 물은 하늘에서 내려온다는 말을 아는가? 그처럼 저 하늘의 은하수도 사실은 바다와 하나로 이어져 있다. 바다를 지나 한참을 가면 은하수까지 갈 수 있다. 그리고 은하수를 지나면 견우와 직녀가 사는 별나라까지 갈 수 있다.'

이 소문을 어디서 들었을까? 물건을 사러 갔던 시장에서? 가끔 들러 술을 마시던 주막에서? 아니면 친구들과 만나는 자리에서? 모르겠다. 어쨌거나 그는 자신의 주변 사람들 중에서는 아직 아무도 하늘을 넘어 은하수가 있는 곳으로 갔다 왔다는 말을 한 적이 없다는 사실을 깨닫고, 자신이 가야 할 곳은 별들의 강이라고 결심했다.

생각을 굳혔으면 행동으로 옮겨야 한다. 마침 바닷가에 살던 터라 배를 만드는 일은 그리 어렵지 않았다. 그는 어떤 형태의 배를 만들까 하고 고심하다가 가장 많은 양의 음식을 실을 수 있는 뗏목을 골랐다. 그러고는 마실 물과 오랫동안 보관할 수 있는 말린 쌀, 고기, 생선, 채소, 과일 등을 배에 실었다.

마을 사람들이 그에게 찾아와 뭘 하느냐고 물었다. 그는 바다를 따라 은하수로 갈 예정이라고 말했다. 그러자 사람들은 그를 비웃었다.

"자네, 지금 실성한 건가? 아니면 너무 심심하고 할 일이 없어서 괴짜 같은 짓을 하려는가? 도대체 바다의 끝이 어디 있으며, 또 어떻게 사람이 배를 타고 하늘에 걸려 있는 은하수로 간단 말인가? 그러다가 바람과 파도에 휩쓸려 먼바다 한가운데에서 고기밥이 될 거네. 위험하고 쓸데없는 일은 그만두게나."

그러나 탐험가는 자신의 뜻을 굽히지 않았다. 다른 사람들이 아무리 놀리고 비웃어도 그는 그들의 말을 듣지 않은 채 묵묵히 모험을 떠날 준비에만 열을 올렸다. 탐험가가 전혀 반응을 보이지 않자 주변 사람들도 질렸는지 하나둘씩 떠나 버렸다.

마침내 모든 준비가 끝났다고 판단한 탐험가는 필요한 물건들을 실은 뗏목을 바다에 띄웠다. 그는 동쪽으로 항로를 정했는데, 은하수로 가려면 해가 뜨는 방향으로 가야 한다는 막연한 판단에서였다.

항해는 결코 쉽지 않았다. 파도와 바람은 거셌고, 뜨겁게 내리쬐는 햇빛도 고통스러웠다. 무엇보다 주변에 아무도 없다는 고독감이 그를 가장 괴롭혔다. 가끔씩 나타나 뗏목 주위를 맴도는 상어나 고래도 위협적이었다. 상어는 성질이 사나워 사람을 잡아먹는 고기였고, 고래는 덩치가 너무 커서 뗏목을 뒤엎을지도 몰랐다. 그럴 때면 탐험가는 자신이 믿고 있던 모든 신들에게 살려 달라고 마음속으로 수없이 빌었다. 신들이 기도를 들었던 건지 아니면 운이 좋았던 건지, 상어와 고래는 그가 탄 뗏목을 그대로 내버려 두었다.

얼마나 시간이 지났을까? 그는 자신이 항해를 한 지 이제 열흘이 되었다고 판단했다. 해가 뜨고 진 것이 열 번이었기 때문이다. 하지만 나타난다던 은하수는 도무지 보이지가 않았다. 굳은 신념을 가진 그였지만, 마음 한 구석에서는 혹시 자신이 잘못된 유언비어를 믿고서 무작정 고향을 떠났다가 먼바다 한가운데에 고립되어 죽는 것은 아닌가 하는 두려움이 자라나고 있었다.

그런데 전혀 뜻하지 않은 일이 벌어졌다. 어느새 그가 탄 뗏목은 바다 위에 떠 있지 않았다. 뗏목이 가고 있는 곳은 사방이 끝없이 펼쳐지고, 어둡기도 하고 밝기도 하여 지금 있는 공간이 낮인지 밤인지도 알 수 없는 곳이었다. 대체 어떻게 바다에서 다른 공간으로 오게 된 것인지 전혀 가늠하지조차 못하는 사이에 이렇게 사방이 바뀌어 버렸던 것이다. 이러한 광경에 탐험가는 정신이 아득해짐을 느꼈다.

그리고 그 상황에서 다시 열흘 정도의 시간이 더 지나자, 뗏목은 강물에 뜬 채로 성벽으로 둘러싸인 어느 마을에 도착했다. 탐험가는 혹시 이곳이 자신이 그토록 찾아 헤맸던 은하수가 아닌가 하는 생각이 들어 뗏목에서 내려 사람들을 찾았다. 마을 입구와 안에는 사람들이 있었는데, 특이하게도 강가에 소를 매어 두고 물을 마시게 하는 남자를 제외하면 주민 전체가 여자였다. 여자들은 길쌈을 하고 있었는데, 일이 바쁜지 탐험가에게는 전혀 눈길조차 주지 않았다.

탐험가가 마을 이곳저곳을 기웃거리자, 소를 치던 남자는 그를 보고 무척 놀라워하며 "당신은 여기에 어떻게 들어왔소?"라고 물었다. 그는 드디어 말이 통하는 사람을 만났다는 반가움에 소를 치는 남자에게 자기는 바다를 통해 은하수로 오게 되었다고 말했다. 그러고는 지금 자신이 당도한 곳이 어디인지를 물었다. 그러자 남자는 탐험가에게 "당신의 고향으로 돌아가서 점쟁이인 엄군평에게 말하면 알 것이오"라고 말했다.

탐험가는 뗏목을 타고 다시 온 길 그대로 고향까지 되돌아갔다. 그리고 엄군평이라는 점쟁이를 찾아가 자신이 겪은 일을 말하고는 자신이 대체 어디에 갔었는지를 물었다.

그러자 엄군평은 "아, 그날 어느 떠도는 별이 견우성에 가까이 갔었소!"라고 대답해 주었다. 엄군평의 말을 들은 탐험가는 그때가 바로 자신이 소 치는 남자와 만나 이야기를 나눈 시점이라는 사실을 깨달았다.

"이것이 중국 서진 시대, 장화라는 사람이 지은 책인《박물지》에 나오는 신비한 이야기이옵니다."

"참으로 놀라운 일화로다. 열흘 동안 뗏목을 타고 바다를 건너 은하수의 견우성에 갔다니. 그 자는 자기도 모르는 사이에 하늘 너머까지 갔다 온 셈이로군."

송화가 들려준 이야기를 다 듣고 난 왕은 진심으로 감탄하다가, 문득 한 가지 생각이 났다는 듯이 질문을 꺼냈다.

"그런데 궁금한 게 하나 있네. 그대가 들려준 이야기 중간에 '사방이 끝없이 펼쳐지고, 어둡기도 하고 밝기도 하여 지금 있는 공간이 낮인지 밤인지도 알 수 없었다'라는 말이 나오는데, 대체 그 구절에 언급된 곳은 정확히 어디인가?"

송화는 얼굴을 찡그리며 고민하다가 이내 고개를 저었다.

"송구하옵니다, 전하. 소신도 그 구절의 뜻은 잘 모르겠사옵니다."

"그런가. 그렇다면 다른 대소 신료들에게 묻고 싶소. 그대들은 송전경이 들려준 이야기에 나오는 '낮도 밤도 아니고 정신이 아득하여 감을 잡을 수가 없었다'라는 구절이 무엇을 가리킨다고 생각하는가?"

왕이 질문했지만, 야대에서 강연과 토론을 하던 다른 신하들도 송화처럼 난감한 표정을 지으며 섣불리 대답하지 못했다. 그 모습을 보고 답답해진 왕이 재촉을 하자 몇 명이 나서서 말을 하기는 했지만 그들도 확실히 답을 알지 못해서 저마다 말끝을 흐렸다.

"전하, 부족하나마 소신 영의정이 말씀을 올리겠사옵니다. 신의 생각에 송전경이 들려준 이야기는 한낱 허황된 괴담에 불과하옵니다. 어찌 바다로 스무 일 동안 배를 타고 간다고 하여 사람이 은하수에 도착하겠사옵니까? 신이 비록 바다에 나가서 산적은 없사오나, 바다가 은하수와 연결되어 있다는 황당한 이야기를 진지하게 생각할 정도로 분별력이 없지는 않사옵니다. 만약 송전경이 들려준 이야기가 사실이라면, 왜 지금 우리나라 어부들 중에는 자신이 은하수에 갔다 왔다는 이야기를 하는 사람이 한 명도 없는 것이옵니까? 전하, 송전경의 이야기는 그저 옛날 사람이 흥미 삼아 지어낸 것이라 생각하시는 것이 옳다 사료되옵니다."

언제나 보수적인 견해를 보이는 영의정이 가장 먼저 나서서 송화가 한 이야기를 정면으로 반박하고, 그 가치를 깎아내렸다. 송화는 이제 영의정의 성미를 아는지라, 크게 반발하지 않고 그저 태연한 표정을 짓고 있었다. 그러자 잠시 후, 좌의정이 영의정의 의견에 이의를 제기했다.

"하오나 영상 대감, 이 사람 좌의정의 생각은 조금 다르오이다. 물론 나도 송전경이 말한 이야기가 모두 진실이라고 믿지는 않아요. 하지만 공자나 맹자도 그랬듯이, 비록 거짓으로 지어낸 우화라 할지라도 그 속에서 교훈을 찾아낼 수 있다면 좋지 않소이까?"

"그렇다면 좌상 대감, 송전경이 들려준 우화에서 대체 무슨 교훈을 찾을 수 있다는 말씀이오? 이 사람은 도무지 모르겠으니 말씀해 보시지요."

삐딱하게 구는 영의정을 향해 좌의정이 말했다.

"뗏목을 타고 바다로 나가 하늘을 넘어 은하수에 이른다. 이것이야말로 맹자가 말한 호연지기의 좋은 경우가 아닐런지요. 사내대장부가 큰 뜻을 세웠으면 도중에 어떤 고난이 있더라도 굴복하지 말고 끝까지 나가면 반드시 처음에 원했던 목표를 달성할 수 있다. 이 얼마나 훌륭한 교훈입니까?"

"좌상께서는 송전경의 이야기를 그렇게 해석하시는구려."

여전히 탐탁지 않다는 표정을 한 영의정은 좌의정의 말을 듣고 그나마 타협적인 어조로 결론을 내렸다.

"대감 어르신들, 소인은 다르게 생각합니다."

홍문관 부제학의 이수능이 좌의정의 견해에 이의를 들고나왔다.

"송전경의 이야기에 나오는 곳이 대체 어디일지, 소인은 그것이 가장 궁금했습니다. 낮과 밤을 구분할 수 없는 공간이란 어느 곳을 말하는 것일까요?"

"해가 막 지는 저녁이나, 아니면 해가 아직 뜨지 않은 새벽의 바다는 간혹 낮인지 밤인지 헷갈려 보이기도 한다니, 혹시 뗏목을 타고 간 탐험가가 그 시간대의 바다를 보고 그런 인상을 받은 것은 아닐까요?"

시독관 교리 강상한이 말하자, 이수능은 고개를 저었다.

"글쎄요, 저는 이렇게 봅니다. 그 탐험가는 정말로 하늘을 넘어 견우성, 즉 별들의 세계로 갔던 것이라고 말입니다."

이수능의 말에 강상한은 물론이고 왕과 다른 신하들, 심지어 처음 이야기를 꺼낸 송화도 눈을 크게 뜨며 어리둥절한 표정을 지었다. 좌중의 시선이 모두 자신에게 쏟아지고 있다는 사실을 느낀 이수능은 잠시 심호흡을 하며 목소리를 가다듬고 발언을 계속 이어 나갔다.

"어두운 밤하늘을 보면 별들이 참 많지요. 별은 멀리 있지만, 그래도 그 빛은 밝습니다. 그런데 이런 생각은 안 해 보셨습니까? 그 별들이 있는 세상으로 가면 빛이 얼마나 밝을까요? 모르긴 몰라도 지금 우리가 숨 쉬고 사는 땅 위보다는 훨씬 밝을 겁니다. 그렇다면 그 탐험가는 실제로 별들이 있는 세상으로 갔을 수도 있습니다. 그곳에서 빛나고 있는 별들이 너무 밝아 낮과 밤을 구분하기 힘들었던 것은 아닐까요?"

"하지만 사람이 별들의 세상에서 숨을 쉬고 살 수 있을까요?"

강상한의 질문에 이수능은 멋쩍게 웃었다.

"글쎄요, 그건 저도 잘 모르겠습니다. 다만 그랬을 수도 있다는 것이지요."

그때 왕이 끼어들었다.

"자 자, 그만들 하시게. 그대들의 토론은 과인이 잘 들었네. 그 뗏목을 타고 갔다는 탐험가가 본 광경이 무엇인지, 정말로 은하수까지 갔는지는 과인도 알 수 없네. 하나 사실이든 거짓이든 그것은 중요하지 않네. 송전경이 들려준 이야기를 듣고 과인은 잠시나마 피곤함을 잊고 즐거웠다네. 과인은 그것만으로도 만족하네. 오늘도 좋은 이야기를 잘 들었네, 송전경."

"황공하옵니다, 전하."

"그건 그렇고……."

왕은 말끝을 흐리다가 이내 한마디를 더 중얼거렸다.

"하늘 저 너머에는 대체 무엇이 있는 것일까?"

작품 속에서 송화가 왕에게 들려준 이야기의 출처는 서기 4세기, 중국 서진의 장화라는 사람이 쓴 《박물지》이다. 《박물지》는 글자 그대로 세상의 온갖 신비한 이야기들을 모아 놓은 책인데, 요즘으로 치자면 일종의 '미스터리 괴담집' 정도라고 생각하면 된다. 이 책에는 앞의 이야기처럼, 자기도 모르게 은하수를 다녀온 사나이에 대한 일화도 실려 있다.

이 일화는 몇 가지 부분을 은유적으로 표현하고 있다. 먼저, 뗏목을 타고 당도한 '사방이 끝없이 펼쳐지고, 어둡기도 하고 밝기도 하여 지금 있는 공간이 낮인지 밤인지도 알 수 없었던 곳'은 대체 어디였을까? 혹시 그것은 고대인이 직접 보거나 경험했던, 반짝반짝 빛나는 별들로 가득 찬 우주 공간이 아니었을까? 그렇다면 '낮과 밤을 알 수 없다'고 한 부분은 고대인이 우주의 빛과 어둠을 동시에 목격하고 나서, 지구의 시간대인 낮과 밤에 비교하여 시간을 알 수 없다고 표현한 것은 아닐지?

또 스무 일이 걸려 도착한 곳에서는 여인들이 길쌈을 하고, 남자는 강가에 소를 매어 두고 물을 마시게 하고 있었다. 이것은 '견우와 직녀' 설화이다. 옷을 짜는 여성인 직녀와 소를 치는 목동인 견우는 서로 사랑하는 연인이었다가 하늘로 올라가 별이 되었다고 전해지는데, 이들의 이름이 붙여진 별이 알타이르Altair라고 불리는 견우성과 베가Vega라고 하는 직녀성이다. 견우성은 지구로부터 16광년, 직녀성은 26광년 떨어져 있다. 그러고 보면, 뗏목을 탄 사나이는 견우성과 직녀성을 방문한 셈이다.

여기에 엄군평이 '그때 웬 떠돌이별이 견우성에 다가갔다'라고 말한 구절에서 '떠돌이별'이란 사나이가 타고 간 뗏목을 뜻한다. 즉 사나이는 자기도 모르는 사이에 지구를 벗어나 우주를 여행하여 견우성과 직녀성을 다녀왔던 것이다.

물론 이 이야기를 사실로 받아들이기는 어렵다. 그러나 분명한 점은, 서기 3세기를 살던 중국인들은 현재 우리가 알고 있는 우주와 거의 비슷한 세계를 이미 머릿속에 그려 놓고 있었다는 것이다. 그런 면에서 보면, 인간의 상상력은 참으로 위대하다.

03

삼국시대에 나타난
화성의 아이

이 세상 밖에서 온 사람

"한나라가 동탁의 난으로 무너지자, 각지에서 영웅들이 들고 일어나 땅을 차지하고 90년 동안 대립하였사옵니다. 무수한 영웅들의 세력은 나중에 위나라, 오나라, 촉나라 이렇게 세 나라로 정리가 되었는데, 이때를 삼국시대라 부르옵니다. '삼고초려'나 '괄목상대', '고육지책' 같은 많은 사자성어들이 삼국시대에 나왔사옵니다."

오늘의 야대는 왕을 상대로 한 영의정의 중국 역사 강의였다. 영의정이 입고 있는 관복만 아니었다면, 마치 자상한 할아버지가 손자에게 옛날이야기를 들려주는 장면과도 비슷했다.

"잘 들었소, 영상. 영상의 강의는 언제 들어도 유익하여 과인이 깨닫는 바가 많소."

"송구하옵니다, 전하."

왕은 영의정에게 감사를 표하다가, 이윽고 조심스럽게 다른 쪽으로 대화의 주제를 돌렸다.

"삼국시대라고 하니 갑자기 생각이 떠올라서 말인데, 촉나라를 세우는 유비의 장수이자 의형제인 장비가 혼자서 장판교 입구에서 고함을 질러 조조가 거느린 수십만 대군을 쫓아냈다거나, 제갈량이 동남풍을 불러 조조의 백만 대군을 몰아냈다는 이야기들이 사실이오?"

그 모습을 보며 송화는 왕이 어디선가 《삼국지연의》를 구해 몰래 읽었을 것이라고 생각했다. 다만 엄격하고 꼬장꼬장하기로 유명한 영의정 앞에서 '영상, 과인이 《삼국지》를 읽었는데 혹시 이런 점들에 대해서 어떻게 생각하시오? 무척 궁금하오'라고 솔직히 말했다가는 곧바로 영의정의 타박을 들을까 봐 일부러 어디선가 우연히 들은 것이라고 둘러댄 것이리라. 왜냐하면 그저 지나가다가 들은 이야기라고 하기에는 왕이 말하는 《삼국지연의》의 내용이 매우 상세했기 때문이다.

"전하, 방금 말씀하신 이야기들은 모두 사실이 아니라 소설 《삼국지연의》에 나오는 터무니없는 거짓말들이옵니다. 사람의 고함 소리가 크다고 한들, 어찌 고함 한 번에 수만 명이 넘는 대군이 도망치는 일이 있을 수 있겠사옵니까? 다 허튼소리들이니 전하께서는 전혀 신경 쓰실 필요가 없사옵니다. 장차 나라와 백성을 위해 하루라도 부지런히 학문에 정진하셔야 할 전하께서,

어찌 그런 허무맹랑한 헛소리에 귀를 기울이시옵니까?《삼국지연의》같은 소설은 귀중한 시간을 낭비하게 하고 세상에 아무런 도움도 안 되는 쓸모없는 거짓말에 불과하오니, 아무쪼록 멀리하셔야 마땅하옵니다."

영의정의 말을 들으며 송화는 '저 노인네가 지금 은근히 나를 빗대어 핀잔을 주고 있구나' 하고 느꼈다. 하긴, 엄격한 유학자 출신인 영의정으로서야 매일 밤마다 자신이 어린 왕에게 들려주는 이야기들은 공부에 전혀 도움이 안 되는 '쓸모없는 헛소리와 거짓말'로밖에 여겨지지 않을 것이다.

"영상의 말씀은 잘 들었소.《삼국지연의》야 소설이니, 당연히 그 내용에 거짓이 없을 수는 없겠지."

그렇게 말하던 왕은 문득 송화가 생각났는지, 송화를 불러 그에게 혹시《삼국지》에 관련된 재미있는 이야기들을 아는 게 있느냐고 물었다. 그 질문에 대해 송화는 이렇게 대답했다.

"소신은《삼국지》에 대해서는 잘 알지 못하옵니다. 다만, 삼국시대에 얽힌 재미난 이야기 한 편은 알고 있사오니, 전하께서 원하신다면 오늘 밤은 그 이야기를 들려드리겠사옵니다."

"그것이 무엇인가?"

"우리가 사는 세상 밖의 또 다른 세상인 화성에서 왔다는 사람에 관한 내용입니다."

그 말에 왕은 물론 다른 신하들도 놀라서 눈을 크게 떴다.

"화성이라면 별이 아닌가? 그곳에도 사람이 산단 말인가?"

"지금부터 소신이 들려드릴 이야기가 바로 그것이옵니다."

"중국 서진 시대의 학자인 간보는 《수신기》라는 책을 썼습니다. 이 책은 귀신과 괴물 등 각종 신기한 일들에 관해 다룬 소설이옵니다. 책의 중간쯤에 보면 화성에서 온 사람을 직접 만나 이야기까지 나누었다는 대목이 나오는데, 내용은 대강 이렇사옵니다."

송화는 목소리를 가다듬으며 이야기를 시작했다.

"사건의 무대는 우리에게 《삼국지》로 잘 알려진 중국의 오나라입니다. 당시 오나라는 북으로 강력한 위나라와 대치하고 있었는데, 동맹국인 서쪽의 촉나라는 매우 쇠약해져 있어서 언제 전쟁이 일어날지 모르는 불안한 상황이었습니다. 그래서 오나라의 수도 건업에는 항상 뜬소문과 유언비어가 나돌았고, 조정은 이런 분위기가 사회 혼란을 가져올까 봐 유언비어를 퍼뜨리는 자들을 엄히 처벌하며 단속했습니다. 이런 와중인 영안 2년 3월 어느 날, 건업에서 한 무리의 아이들이 놀고 있었는데 괴이하게 생긴 소년 한 명이 나타났습니다. 그 소년은 파란 옷을 입고 있었으며 7세 정도의 나이로 보였습니다. 그런데 특이하게도 두 눈이 마치 불타는 것처럼 번쩍이면서 빛을 냈습니다. 그래서 오나라 아이들이 정체불명의 소년을 무서워하며 '너는 어디에서 온 누구냐?'라고 묻자, 푸른 옷의 소년은 '나는 형혹에서 왔다! 앞으로 천하는 위나라 사마씨의 손에 들어간다!'라고 말했습니다. 당시 오나라는 위나라와 대치 중이었기 때문에, 소년의 말은 곧 오나라가 위나라에게 망한다는 뜻이었사옵니다. 아이

들은 그 말을 듣고 놀라서 소년에게 '너는 대체 무슨 근거로 그런 말을 하느냐?'고 물었습니다. 그러자 푸른 옷의 소년은 웃으며 '나는 너희들이 태어나기 전과 죽은 이후에 벌어질 일들까지 포함해서, 이 세상에서 일어날 모든 일들을 미리 알고 있다. 지금 너희가 사는 오나라는 장차 북쪽에서 일어난 진나라에게 망한다. 그러나 진나라는 오래가지 못해 북방 오랑캐들에게 멸망당하고, 진나라 황족들은 이곳으로 내려와 살 것이다. 그와 비슷한 일들이 앞으로 두 번 더 일어날 텐데, 그때마다 강남은 피바다가 된다. 북방 오랑캐의 난이 끝나면 바다에서 쳐들어온 오랑캐들이 강남을 휩쓸 텐데, 그때도 역시 수많은 사람들이 죽을 것이다. 하지만 그것은 아무것도 아니다. 왜냐하면 앞으로 1억 년 후가 되면 너희가 사는 이 세상은 송두리째 불바다에 휩싸여 모조리 가루가 되어 완전히 사라지고, 하늘 아래 사는 모든 생물들은 남김없이 죽게 될 테니 말이다'라고 대답했습니다."

송화의 이야기에 어린 왕과 모든 대소 신료들이 조용히 귀를 기울였다.

"아이들은 푸른 옷의 소년이 한 무시무시한 말에 충격을 받아 집으로 가서 어른들을 데리고 왔습니다. 그러자 소년은 놀랍게도 하늘로 뛰어올라 감쪽같이 사라졌습니다. 아이들과 어른들은 전부 경악을 금치 못하며 그 모습을 그저 멍하니 바라볼 뿐이었사옵니다. 뒤늦게 이 사실을 안 오나라 조정은 전국에 수배령을 내려 문제의 소년을 찾으려 했습니다. 그러나 전국을 샅샅이 뒤져도 형혹에서 왔다고 말한 소년을 찾을 수가 없었습니다."

"그래서 어떻게 됐소?"

왕은 뒷이야기가 궁금했는지 송화를 재촉했다.

"그런데 형혹에서 왔다는 소년이 한 말은 정확히 맞았사옵니다. 그가 아이들 앞에서 '사마씨가 천하를 차지한다'고 말한 지 불과 4년 후인 263년, 오나라의 동맹국인 촉나라는 위나라에게 멸망했습니다. 그리고 위나라의 사마씨, 즉 강력한 신하인 사마염은 265년 위나라를 빼앗아 진나라를 세우고 황제가 되었으며, 15년 후인 280년에는 마침내 오나라마저 진나라에게 정복당하고 말았사옵니다. 그리하여 삼국시대는 진나라의 통일로 막을 내리고, 천하는 모두 사마씨 황족들이 지배하게 되었던 것이옵니다."

"송전경의 이야기는 잘 들었네. 그런데 푸른 옷을 입은 소년은 자신이 형혹에서 왔다고 했는데, 형혹이 어디인가?"

"형혹은 고대 중국에서 화성을 가리키는 말이었사옵니다. 즉 소년은 자신이 화성에서 온 사람이라고 밝힌 것이지요."

어린 왕의 질문에 송화는 그렇게 대답했다.

"화성? 하늘에 뜨는 별인 화성 말인가? 참으로 신기한 일이군. 화성에도 사람이 산다니……."

"소신도 그대로 믿지는 않사옵니다만, 일단 《수신기》에는 그렇게 나와 있사옵니다."

"흠, 그런가. 그런데 왜 푸른 옷의 소년은 오나라 사람들에게 장차 나라가 망한다는 이야기를 한 것일까?"

"자세히는 모르지만, 본래 화성은 전쟁과 혼란을 상징하는 별로 여겨졌사옵니다. 그래서 화성의 소년이 오나라 사람들에게 천하가 사마씨의 손에 넘어가고 다른 나라들은 모두 망한다는, 일종의 예언을 한 것 같사옵니다."

송화가 푸른 옷의 소년에 대해 설명해 주자, 왕은 그럭저럭 납득하는 모습을 보였다. 영의정은 아무런 말없이 그저 송화를 쳐다보고 있었지만, 그 눈초리에는 '오늘도 저자가 쓸데없는 이야기만 늘어놓았군'이라는 책망이 서려 있었다. 이번에는 좌의정이 송화에게 질문했다.

"송전경은 전하께 《수신기》의 이야기 한 토막을 들려주었네만, 그 《수신기》란 본래 뜬소문이나 괴담들을 모아 놓은 소설이 아닌가? 그런 책에 실린 이야기에 얼마나 신빙성이 있겠는가? 정말로 화성에 사는 사람이 오나라에 와서, 장차 나라가 사마씨한테 항복한다는 이야기를 들려주었겠는가? 예언이라고는 하지만 그것들 대부분은 이미 그 사건이 끝난 이후에 사람들이 지어낸 헛소문일 뿐이네. 그러니 나는 그 책에 실린 푸른 옷의 화성 소년 이야기가 진실이라고는 생각하지 않네. 《수신기》를 쓴 간보가 지어낸 이야기이거나, 아니면 그저 뜬소문을 기록해 놓은 것일 뿐일세. 송전경은 어찌 생각하는가?"

"좌상 대감의 말씀도 일리가 있습니다. 저 역시 《수신기》의 푸른 옷 소년 이야기가 전부 사실이라고 믿기는 어렵다고 봅니다. 어쩌면 오나라가 사마염의 진나라에게 망한 일을 두고 후세 사람들이 지어낸 뜬소문을 간보가 그대로 《수신기》에 실은 것일 수도 있고, 혹은 간보 본인이 이런 흥미 위주의 이야기들을 꾸며

내어 실제로 있던 일인 것처럼 책에 넣었을 수도 있습니다. 하지
만……."

"하지만 뭔가?"

"중요한 것은 지금으로부터 1,500년 전의 중국인들이 우리가
사는 세상이 아닌 화성 같은 다른 별에 살고 있던 사람의 존재를
상상했었다는 사실이 아닐런지요? 비록 지금은 화성에 갈 수 없
지만, 훗날 누군가 화성에 가서 그곳에 사는 사람을 만난다면,
이 또한《수신기》의 가치를 증명해 주는 결과가 아닐까요?"

송화의 답변을 들은 좌의정과 다른 사람들은 다소 황당하다
고 여겼는지, 서로 쳐다보며 수군거렸다. 평소에 별말이 없던 우
의정이 나서서 송화에게 역공을 가했다.

"송전경, 방금 자네가 한 말은《수신기》에 실린 소년 이야기
보다 더 어처구니가 없네 그려. 얼마 전 자네가 들려주었던 은하
수에 갔다던 사람 이야기도 그렇지만, 사람이 어찌 하늘 너머의
별까지 갈 수 있단 말인가? 여태까지 연단술을 연구해 신선이
되어서 하늘로 올라갈 수 있다고 말했던 도사들도 차마 자기들
이 화성에 갔다 왔다고는 아무도 말하지 않았네. 그런데 무슨 수
로 사람이 화성까지 간다는 건가?"

"기술이 더 발달하면 못할 것도 없지요. 화약을 생각해 보십
시오. 고려 때 최무선이 중국의 기술을 도입하여 화약을 만들기
전까지 우리나라에서는 아무도 불을 붙이면 터지는 화약이란
물질이 있다고 상상조차 해 보지 못했습니다. 그러나 지금은 어
떻습니까? 화약을 이용한 무기인 총과 대포가 연일 만들어져서

무기고에 가득 쌓여 있지 않습니까? 삼국시대나 고려 중엽까지는 도저히 상상조차 할 수 없었던 광경이 지금은 아무렇지도 않게 받아들여지고 있습니다. 마찬가지로 지금보다 더 훌륭한 기술을 갖춘다면 얼마든지 사람을 태우고 화성까지 날아갈 수 있는 도구를 만들 수도 있습니다."

"상상력이 너무 지나치구먼! 그저 불을 대면 터지는 화약과 사람을 화성까지 데려갈 수 있는 도구가 같다고 보는가?"

"못할 것도 없지요. 아득히 먼 옛날, 사람들은 큰 물인 강과 바다를 무서워해서 차마 건너지 못했습니다. 사람이 물에 들어가면 가라앉아서 도저히 건널 수 없다고 생각했기 때문이었지요. 그러나 지혜와 용기를 가진 누군가가 나서서 나무를 베고 다듬고 깎아서 사람이 타도 물에 뜰 수 있는 배를 만들었고, 그 배를 타고 사람들은 하나둘씩 강과 바다를 건넜습니다. 마찬가지로 지금 사람들보다 훨씬 지혜로운 훗날의 사람들이 하늘에 뜰 수 있는 도구를 만들어 거기에 사람을 태운다면, 화성까지 못 가리라는 법이 어디 있겠습니까?"

"그것이 지금 당장 실제로 가능한 일인가, 이 말일세."

"지금은 못해도 나중에는 할 수도 있는 일이지요."

"우의정, 송전경! 그만들 하시게나."

송화와 우의정의 열띤 토론을 듣고 있던 왕은 두 사람의 논쟁이 너무 격화되어 자칫 말다툼으로 번질까 봐 그쯤에서 끼어들었다.

"그대들이 하는 말은 과인이 잘 들었네. 물론 과인도 《수신

기》에 나오는 푸른 옷의 소년 이야기는 다분히 허구라고 생각하
네. 하지만 야대의 쉬는 시간을 틈타서 재미있는 이야기를 들려
달라고 했던 장본인은 바로 과인이었네. 그러니 과인은 송전경
이 허무맹랑한 이야기를 한다고 해서 꾸짖거나 벌을 줄 생각은
전혀 없네. 영상을 포함한 다른 조정 대신들도 이 점을 명심해
주시길 바라오."

왕의 말에 조정 대신들은 고개를 숙였다.

"오늘 밤에도 이야기를 잘 들었다, 송전경. 그대 덕분에 야대
의 피곤함을 잠시나마 잊을 수 있어서 과인은 무척 기뻤노라. 그
대에게 감사하네."

"송구하옵니다, 전하."

"화성에 사람이 살아서 이 세상으로 내려왔다는 《수신기》의
이야기는 믿기도, 믿지 않기도 어렵도다. 생각해 본다면 우리가
사는 세상은 참으로 넓은 것이어서, 알지 못하는 곳에 정말로 사
람이 살고 있을 지도 모르는 일이다. 그것이 사실인지 거짓인지
판단은 지금보다 문명이 더 발달한 후세 사람들에게 맡겨야 할
것이다. 그럼, 쉬는 시간은 여기서 끝을 낼 테니 야대를 다시 시
작하라."

작가의
해설

　본문 중에서 왕과 신하들이 소설 《삼국지연의》에 대해 토론을 하는 장면은 실제로 《조선왕조실록》 선조 편의 1569년 6월 20일 자 내용에서 참조한 것이다. 선조는 《삼국지연의》에서 장비가 혼자서 장판파를 지키며 조조군을 향해 고함을 질러 달아나게 했다는 내용에 대해 말했는데, 기대승은 그것이 허황된 이야기라고 일축했다. 조선 시대의 사회적 분위기를 감안한다면 기대승처럼 말하는 것이 지극히 당연한 일이다. 조선의 지식인들은 사실적인 역사에서 교훈을 찾는 것을 우선시했으며, 《삼국지연의》 같은 소설들을 전부 허무맹랑하고 현실에 도움이 되지 않는 잡다한 헛소리쯤으로 여겼기 때문이었다. 하지만 조선 시대 후기에는 《삼국지연의》 같은 소설들이 무수히 쏟아져 나왔고, 그런 소설들을 쓴 사람들은 대부분 글을 배운 지식인들이었다. 결국 조선의 지식인들은 소설을 배척한다고 말하면서 실제로는 소설에 빠져 살았던 셈이다.

　송화가 언급한 《수신기》의 푸른 옷을 입은 소년 이야기는 지금까지 기록된 전 세계의 외계인 관련 문헌 중 가장 오래된 것이다. 《수신기》는 본래 괴담들을 모아 놓은 소설책이라, 실제로 푸른 옷을 입은 소년이 오나라 사람들 앞에 나타나 멸망을 예언했다는 내용의 신빙성에는 의문이 간다. 다분히 오나라가 망하고 나서 후세 사람인 간보가 의도적으로 지어낸 이야기일 가능성이 크다.

그러나 《수신기》의 푸른 옷 소년 이야기를 통해 엿볼 수 있는 중요한 점은 오늘날 세계를 통틀어 가장 인기 있는 대중문화의 주제인 외계인을 중국인들은 벌써 서기 4세기에 상상해 냈다는 사실이다. 지금은 우리 일상 속에 자연스럽게 자리 잡고 있는 각종 도구들인 라디오와 전화, 비행기와 컴퓨터, 우주왕복선과 잠수함 등도 원래는 공상과학소설 속에나 등장했던 상상의 산물이라는 점을 감안해 본다면 상상력이야말로 인류 문명을 발달시킨 원동력이었던 것이다.

본문에서 송화가 말한 대로 훗날 지금보다 과학기술이 더 발달하면, 그때는 정말로 사람이 우주선을 타고 화성에 갈 수도 있다. 그렇게 된다면, 혹시 푸른 옷을 입은 소년이 화성에 있지는 않은지 잘 살펴보라.

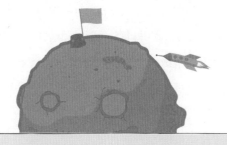

04

하늘을 떠다니는
신비한 빛 덩어리들

우레 같은 소리와 함께 떨어지는 발광체들

"하늘 위에는 물과 불이 함께 있을까?"

야대를 잠시 멈추고 쉬는 중에 왕이 중얼거렸다. 다소 뜬금없는 말에 신하들은 어리둥절하여 선뜻 대답할 말을 찾지 못했다. 잠시 후, 송화가 나서서 왕에게 물었다.

"전하, 무엇을 말씀하시는지요?"

"오늘 아침 조회에서 들은 이야기인데, 사흘 전 개성에서 벌어진 일이라더군. 갑자기 하늘에서 불덩이가 내려와 초가집을 부수고 소 세 마리를 죽였다고 한다. 그런데 생각해 보면 이는 매우 이상한 일이 아닌가? 하늘은 구름으로 가득 차 있고 구름이 모이면 땅을 향해 비를 뿌리는데, 어찌하여 똑같은 하늘에 불이 있을 수 있단 말인가? 무릇 물과 불은 상극이라 서로 만나면 불은 꺼지고 물은 검게 더러워지는 것이 순리이거늘 물과 불이 같은 하늘에 있다고? 도저히 말이 되지 않는다."

왕은 의문이 풀리지 않는다는 투의 심각한 표정을 지으며 말했다. 송화는 그런 왕을 보며 자신이 아는 대로 자연 지식을 설명해 주었다.

"전하께서 그리 궁금해하시는 것도 이상한 일은 아니옵니다. 우리가 살고 있는 이 세상은 워낙 복잡한 이치가 많아서 쉽게 이해할 수는 없사옵니다. 한 예로 바다는 물로 가득 차 있지만, 가끔 그 속에서 불이 뿜어져 나오기도 한다고 하옵니다. 상식적으로는 말이 되지 않지만, 이미 자연 속에서는 이루어지고 있는 일이지요. 단지 아직은 사람의 지혜로 알 수 없을 뿐이지, 앞으로 사람의 지혜가 더 발달한다면 충분히 이해할 수 있을 것입니다."

송화의 해설을 듣자 왕은 "그런가?" 하고 고개를 갸우뚱거리더니 송화를 향해 다른 질문을 했다.

"혹시 그대는 하늘을 떠다니다가 땅으로 떨어진다는 불덩어리들에 대한 이야기를 더 알고 있나?"

"많이는 모르옵니다만, 전하께서 쉬시는 시간에 들려드릴 정도는 알고 있사옵니다."

그 말을 들은 왕의 얼굴은 환하게 밝아졌다.

"오, 그렇다면 들려 달라."

송화는 자세를 가다듬고, 기억을 더듬으며 말을 꺼냈다.

"소신은 어릴 때부터 학문과 역사를 배우면서 종종 신기한 이야기들을 접하였사옵니다. 그중 일부가 바로 지금 전하께서 듣고 싶어 하시는 하늘의 불덩어리들에 관한 것들입니다. 소신이 알기로 선조 임금 시절에 저 먼 함경도 온성 미전진의 하늘에 하나의 불덩어리가 나타났고, 그 형체가 마치 사람이 방석에 앉아 있거나 활과 화살을 가진 것 같았다고 하며, 공중을 날아 북쪽으로 갔는데, 뒤이어 천둥이 치고 얼음이 쪼개지는 듯한 소리가 나며 뜨거운 바람이 불어 사람의 얼굴을 데웠다고 합니다."

이야기를 들은 왕은 고개를 갸우뚱거렸다.

"과인은 잘 모르겠다. 하늘에 나타난 불덩어리가 사람이 방석에 앉은 모습을 했다? 거기에 활과 화살을 가져? 대체 그게 무엇인가?"

송화는 쓴웃음을 지었다.

"송구하옵니다, 전하. 소신도 그게 무엇인지는 모르옵니다."

원하는 답을 듣지 못하자 왕은 실망한 듯 중얼거렸다.

"사람처럼 생긴 불덩어리가 하늘에 나타나다니, 참으로 알 수 없는 일이로다. 다른 이야기는 없는가?"

"물론 있사옵니다, 전하. 다음은 폐주 광해군 때 벌어진 기이한 일들이옵니다. 광해군 1년 9월 25일, 강원 감사 이형욱이 조정에 이런 보고서를 올렸습니다."

간성군杆城郡에서 8월 25일 사시 푸른 하늘에 쨍쨍하게 태양이 비치었고 사방에는 한 점의 구름도 없었는데, 우렛소리가 나면서 북쪽에서 남쪽으로 향해 갈 즈음에 사람들이 모두 우러러보니, 푸른 하늘에서 연기처럼 생긴 것이 두 곳에서 조금씩 나왔다. 형체는 햇무리와 같았고 움직이다가 한참 만에 멈추었으며 우렛소리가 마치 북소리처럼 났다.

원주목原州牧에서는 8월 25일 사시 대낮에 붉은 색으로 베처럼 생긴 것이 길게 흘러 남쪽에서 북쪽으로 갔는데, 천둥소리가 크게 나다가 잠시 뒤에 그쳤다.

강릉부江陵府에서는 8월 25일 사시에 해가 환하고 맑았는데, 갑자기 어떤 물건이 하늘에 나타나 작은 소리를 냈다. 형체는 큰 호리병과 같은데 위는 뾰족하고 아래는 컸으며, 하늘 한가운데서부터 북방을 향하면서 마치 땅에 추락할 듯하였다. 아래로 떨어질 때 그 형상이 점차 커져 삼사 장 정도였는데, 그 색은 매우 붉었고, 지나간 곳에는 연이어 흰 기운이 생겼다가 한참 만에 사라졌다. 이것이 사라진 뒤에는 천둥소리가 들렸는데, 그 소리가 천지를 진동했다.

춘천부春川府에서는 8월 25일 날씨가 청명하고 단지 동남쪽 하늘 사이에 조그만 구름이 잠시 나왔는데, 오시에 화광이 있었다. 모양은 큰 동이와 같았는데, 동남쪽에서 생겨나 북쪽을 향해 흘러갔다. 매우 크고 빠르기는 화살 같았는데 한참 뒤에 불처럼 생긴 것이 점차 소멸되고, 청백의 연기가 팽창되듯 생겨나 곡선으로 나부끼며 한참 동안 흩어지지 않았다. 얼마 있다가 우레와 북 같은 소리가 천지를 진동시키다가 멈추었다.

양양부襄陽府에서는 8월 25일 미시에 품관인 김문위의 집 뜰 가운데 처마 아래의 땅 위에서 갑자기 세숫대야처럼 생긴 둥글고 빛나는 것이 나타나, 처음에는 땅에 내릴 듯하더니 곧 일 장 정도 굽어 올라갔는데, 마치 어떤 기운이 공중에 뜨는 것 같았다. 크기는 한 아름 정도이고 길이는 베 반 필 정도였는데, 동쪽은 백색이고 중앙은 푸르게 빛났으며 서쪽은 적색이었다. 쳐다보니, 마치 무지개처럼 둥그렇게 도는데, 모습은 깃발을 만 것 같았다. 반쯤 공중에 올라가더니 온통 적색이 되었는데, 위의 머리는 뾰족하고 아래 뿌리 쪽은 자른 듯하였다. 곧바로 하늘 한가운데서 약간 북쪽으로 올라가더니 흰 구름으로 변하여 선명하고 보기 좋았다. 이어 하늘에 붙은 것처럼 날아 움직여 하늘에 부딪힐 듯 끼어들면서 마치 기운을 토해 내는 듯하였는데, 갑자기 또 가운데가 끊어져 두 조각이 되더니, 한 조각은 동남쪽을 향해 일 장 정도 가다가 연기처럼 사라졌고, 한 조각은 본래의 곳에 떠 있었는데 형체는 마치 베로 만든 방석과 같았다. 조금 뒤에 우렛소리가 몇 번 나더니, 끝내는 돌이 구르고 북을 치는 것 같은 소리가 그 속에서 나다가 한참 만에 그쳤다. 이때 하늘은 청명하고, 사방에는 한 점의 구름도 없었다.

"그러니까 태양이나 붉은 색의 베, 큰 호리병이나 큰 동이처럼 생긴 작은 구름, 둥글고 빛나는 세숫대야처럼 생긴 물체들이 한꺼번에 강원도 하늘에 갑자기 출현했다가 사라져 버렸다고?"
　그렇게 말한 왕은 물론이고 듣던 신하들도 모두 놀라서 서로를 쳐다보며 웅성거렸다.
　"전하께서 믿기 어려우시겠지만, 모두 사실이옵니다."

왕의 의문에 송화가 쐐기를 박았다.

"폐주 광해군 때에 그런 일들이 실제로 벌어졌다니, 참으로 놀랍도다. 어찌 이런 일을 과인은 여태 몰랐을꼬?"

그때, 영의정이 나서서 끼어들었다.

"전하, 하늘의 변화는 아침과 저녁으로 매번 바뀌는 지라 실로 사람이 알기 어려운 것이옵니다. 전하께서는 지금 학문에 정진하셔야 하는 시기인데, 그런 기이한 이야기들로 마음을 어지럽히셔야 되겠사옵니까? 그래서 신이 일부러 들려드리지 않았사옵니다."

언제나처럼 고지식한 영의정의 태도에 왕은 수긍하면서도 한편으로는 불만을 품었다.

"영상의 말씀은 고맙지만, 과인은 이 나라의 군주요. 나라 안에서 벌어지는 모든 일을 알 권리가 있소. 왕이 그 나라의 일을 모른다면 어찌 왕이라 하겠소?"

"송구하옵니다."

왕의 점잖지만 날이 선 추궁에 영의정은 고개를 숙였다.

"과인은 여기서 그대들의 의견을 듣고 싶다. 방금 송전경이 들려준 광해군 때의 이야기에서 하늘에 나타났던 빛나던 불덩어리들의 정체가 대체 무엇이라고 생각하는가?"

신하들에게 왕이 과제를 내리자, 그들은 한참 동안 고민에 빠져 있다가 하나둘씩 입을 열었다.

"신 좌의정 아뢰옵니다. 아무래도 하늘에서 종종 땅으로 떨어진다는 운석 같사옵니다."

"운석? 그것이 무엇인가?"

"신이 듣기로 아주 먼 하늘 바깥에는 큰 바위들이 떠다니는데, 그것들이 이따금씩 땅으로 떨어진다고 하옵니다. 그것들을 운석이라고 하는데, 옛날 사람들은 거기서 쇠를 채취하기도 했다고 들었습니다."

좌의정의 말에 왕은 눈을 크게 떴다.

"바위는 무거운데 어떻게 하늘을 떠다닌단 말인가? 희한한 일이로군. 새들이야 깃털이 가벼워서 날아다닌다지만, 바위는 그럴 수 없지 않은가? 그리고 운석에서 철을 채취한다고? 그러면 운석은 철광석이라는 말도 되는데, 세상에 어찌 철광석이 하늘 위를 날 수 있단 말인가? 그것도 도무지 이해가 되지 않는다."

"신묘한 이치겠지만, 그것은 신도 모르옵니다. 그리고 운석이 하늘에서 땅으로 떨어질 때면 불이 붙어서 큰 불덩어리 같이 보이고, 그 소리가 매우 커서 마치 천둥이 울리는 것 같고 하늘에 하얀 구름들이 생긴다고 하옵니다. 그러니 광해군 때, 강원도에 나타난 괴이한 현상들도 사실은 운석이 떨어지는 장면을 목격하고 쓴 내용 같습니다."

"흐음, 그래?"

왕이 얼핏 수긍하려는 모습을 보이자, 부제학 이수능이 이의를 제기했다.

"전하, 신 홍문관 부제학의 이수능이 말씀드리옵니다. 좌상 대감의 말씀도 일리는 있사오나, 한 가지 현상을 설명하지 못하옵니다. 양양부 품관인 김문위의 집 뜰 처마 아래에 갑자기 나타났다는 둥글고 빛나는 세숫대야처럼 생긴 물체는 대체 무엇이라고 봐야 합니까? 신의 생각에 그것은 아무리 보아도 도무지 운석이라고는 할 수 없사옵니다."

"그도 그렇다. 허면 그것이 무엇인가?"

"소신도 거기까지는 모르겠사옵니다."

이수능의 말에 왕은 "그런가?" 하고 중얼거리더니 송화에게 말했다.

"그대가 들려준 이야기는 무척 재미있었다. 한데 그대는 야담도 잘 알고 있으니, 혹시 하늘을 떠다니는 신비한 빛 덩어리들에 대해서 우리나라 야담집에 실린 내용은 알고 있는가?"

"예, 전하. 중종 임금 무렵, 권세를 휘두르다 처형당한 신하인 김안로가 지은 책인《용천담적기》에 이런 이야기가 있사옵니다. 지금 전하께서 듣고 싶어 하시니, 소신이 기억하는 대로 들려드리겠사옵니다."

채빙군蔡聘君 양정공襄靖公이 어릴 적에 아버지 임소를 따라서 경산에 살 때, 두 아우와 관사에서 함께 자다가 밤중에 갑자기 오줌이 마려워 옷을 입고 혼자 방 밖으로 나갔다. 나가 보니 확대경과 같은 흰 기운이 오색 현란하게 공중에서 수레바퀴처럼 돌아 먼 곳에서 차차 가까이 오는 것이 바람과 번개처럼 빠르므로 양정공이 놀라 창황히 방으로 들어왔다. 겨우 문턱을 넘어섰는데, 그것이 방 안으로 따라오는가 싶더니, 조금 있다 막냇동생이 가장 방구석에서 자다가 놀라 일어나 뛰며 아프다고 계속해서 부르짖으며 입과 코에서 피를 흘리며 죽었다. 양정공은 조금도 상한 데가 없었다. 대저 사기邪氣가 사람을 상하게 할 때는 반드시 허할 때를 타니 사람의 기운이 온전하면 해치지 못하는 것이다.

"허공에 나타난 거울처럼 생긴 하얀 기운이 수레바퀴처럼 돌면서 방 안으로 들어가서 사람을 죽게 했다고? 무서운 일이로다. 혹시 그것이 사악한 귀신은 아니었을까? 여태까지 송전경이 들려준 이야기들 중, 하늘에 나타난 수레바퀴 같은 빛과 불덩어리들이 사람을 죽였다는 소리는 이번이 처음이다."

"소신도 그것이 귀신인지 아니면 이형욱이 올린 보고서에 적힌 괴물체와 같은 것인지는 알지 못하옵니다."

"만약 그것이 같은 물체이고 사람을 죽이는 나쁜 것이라면, 과인은 장차 어찌해야 하는가? 앞으로 하늘이나 허공에 떠다니는 수레바퀴 같은 빛 덩어리들이 나타날 때마다 군사를 동원하여 그것들을 물리치라고 해야 하지 않는가? 사람을 상하게 한다면 결코 그냥 둘 수 없는 일이다."

"그 빛이나 불덩어리들이 매번 나타나는 것도 아니고, 보일 때마다 사람이 죽는 것도 아닌데 너무 심려하실 필요까지는 없다고 생각되옵니다만……."

"하나 사람이 죽었다면, 앞으로 더 큰일이 벌어질지도 모르지 않은가?"

아무래도 하얀 빛 덩어리가 사람을 죽였다는 내용 때문에 왕은 충격을 받은 모양이었다. 처음 이야기를 들려준 송화나 열심히 듣던 왕과 다른 신하들도 더 이상 할 말을 찾지 못하고 침묵을 지키고 있었다. 그러다가 무거운 분위기가 계속 경연당 안을 짓누르는 것이 불편했던 송화가 왕을 향해 말을 꺼냈다.

"우리나라에서 있었던 일들을 말씀드렸으니, 이제는 중국의 옛 기록들에 적힌 하늘의 빛 덩어리들에 관한 이야기들을 말씀드리겠습니다."

"오호, 중국에도 그런 일들이 있던가?"

"예, 전하. 중국의 기록들 중에서도 그런 일들이 자주 있었습니다. 멀리 송나라 시절부터 청나라에 이르기까지 종종 하늘에서 이상한 빛이 보이거나 혹은 불덩어리들이 땅으로 떨어졌다고 하옵니다. 먼저 송나라 시대의 괴현상부터 말씀드리면, 이렇사옵니다. 《속자치통감》에 의하면, 송나라 진종 대중상부_{大中祥符} 원년 10월 경, 하늘에 나타난 다섯 별인 수성과 금성과 화성과 목성과 토성이 모두 같은 색을 하고 있었으며, 태양의 무거운 빛과 오색구름이 보였다고 하옵니다."

"그건 너무 단순하군."

왕이 약간 실망했다는 투로 말하자, 송화가 다음 이야기를 꺼냈다.

"아직 더 있사옵니다. 의씨현지의 《잡지》란 책에 의하면, 명나라 목종 융경 6년 여름 밤, 하늘에서 큰 바퀴 같은 불덩어리가 서남쪽에서 내려와 왕감촌 양향관가에 떨어졌는데 다행히도 피해는 없었다는 내용이 전해지옵니다."

"또 다른 것은?"

"청나라 시대로 가면 기록이 더욱 구체적으로 나옵니다.《상해송강부속지》란 책에 의하면 청나라 가경 황제가 다스린 지 23년이 되던 해 7월 23일, 상해 지역의 하늘에 갑자기 검은 빛이 나타나서 스스로 동남쪽에서 서남쪽으로 움직였다고 하옵니다. 그것은 마치 번개 같은 소리를 내었는데, 날아다니는 자리마다 큰 바람과 비가 불고, 기왓장이 날아다니고, 나무들이 뽑혔으며, 많은 성곽들이 무너졌사옵니다. 검은 빛을 내는 그 괴이한 물체를 수십 가구의 사람들이 보았사온데, 그 모습은 밝은 수레바퀴 같이 생긴 큰 대야였으며, 스스로 돌아가면서 하늘을 날아다녔고, 몸체에 온통 비늘 갑옷이 둘러져 있어서 어디가 머리이고 꼬리인지를 분별할 수 없었다고 하옵니다."

"검은 빛을 내다니, 과인은 잘 이해가 가지 않는다. 무릇 빛이란 밝은 색을 띠기 마련인데, 검은 빛이라니? 대체 그런 현상이 벌어질 수 있을까? 그리고 밝은 수레바퀴 같이 생긴 큰 대야가 스스로의 힘으로 하늘을 날면서 바람과 비를 부르고 나무와 성을 무너뜨렸다고? 좌상의 말대로 그저 운석이라고는 볼 수 없다. 그것은 분명히 운석이 아닌 다른 것이다. 마지막 부분에서 몸체가 전부 비늘 갑옷으로 둘러져 있었다고 하는데, 비늘 갑옷은 자연적으로 생긴 것이 아니라 분명히 누군가에 의해 만들어진 것이다. 그렇다면 하늘을 날아다닌 수레바퀴 같은 큰 대야는 자연적으로 생겨나지 않았고, 누군가가 일부러 만들어 낸 물체라는 말일까……."

마지막 부분에서 왕은 말끝을 흐리며 고개를 저었다. 그런 왕을 보며 송화는 계속 말을 이어 나갔다.

"청나라의 《서신유사》란 책에 의하면, 밤하늘에 빛이 가득 찼는데, 달이 뜨지 않았던 어두운 날이었다고 하옵니다. 사람들은 영문을 몰랐는데, 언뜻 공중에 갑자기 나타난 하나의 둥근 빛을 보았다는 것이옵니다. 그 빛은 둥근 빛 가운데에 하나의 자주색과 두 개의 무거운 색을 지녔으며, 스스로 물러나고 나아가기를 반복하였고, 그것을 본 사람들은 모두 눈이 침침해졌다고 하옵니다. 그것은 다리가 달린 다섯 개의 종처럼 생겼고, 점차 빛이 강해져서 똑바로 볼 수가 없었으며, 한편으로는 자주색이 희미해지면서, 둥근 빛 안이 점점 오그라들고 작아졌다고 하옵니다. 처음에는 그 크기가 바구니 같았고, 계속 한 말 크기에서 그릇, 주먹, 손가락 크기 정도로 작아지다가 갑자기 사라져 버렸다고 하옵니다. 많은 사람들이 가만히 앉아서 넋을 잃고 쳐다보았는데, 매우 놀랍고 이상하게 여겼으며, 그것의 정체가 무엇인지 알아내지 못해 논란이 분분했다고 전하옵니다."

송화의 말을 듣던 왕과 대신들이 모두 눈과 입을 크게 벌리며 놀라움을 드러냈다. 청나라에 나타난 괴이한 빛의 정체를 두고 대신들은 서로 얼굴을 마주 보면서 웅성거렸다.

"그게 대체 무엇이었을까요?"

"글쎄요, 운석이라고 볼 수는 없군요. 운석이라면 그냥 하늘에서 땅으로 떨어져야지, 하늘 가운데서 그 크기가 작아지다가 갑자기 사라지는 일은 있을 수 없습니다."

"하면 귀신이나 도깨비란 말이오?"

"낸들 어찌 알겠습니까? 좌우지간 중국은 땅이 하도 넓고 역사가 오래되어 옛날부터 별의별 괴이한 일들이 많은 곳이지요."

"만약 그런 희한한 것들이 백성들을 해치려 든다면, 어찌 막아야 합니까? 참으로 난감한 노릇입니다."

신하들의 갑론을박을 한동안 지켜보던 왕이 오른손을 들고 그만하라고 정숙을 요청했다. 왕의 뜻에 신하들은 말을 도로 삼켰다. 왕은 송화를 보며 말을 이었다.

"불현듯이 과인은 지난번 그대가 들려준 그 뗏목을 타고 은하수까지 갔다는 사람의 이야기가 떠오르는군. 뗏목이나 불덩어리나 둘 다 하늘을 날 수 있다는 말인데, 혹시 불덩어리에 사람이 탈 수도 있지 않을까?"

"무슨 말씀이신지 소신은 잘 모르겠사옵니다."

"방금 그대는 청나라에 하늘을 날아다닌 수레바퀴 같은 큰 대야가 나타났다고 하지 않았나? 그러면 그 대야에 사람이 탈 수도 있는 일이 아닌가?"

송화는 잠시 고개를 갸우뚱거리더니, 생각을 가다듬고 입을 열었다.

"그건 소신도 모르옵니다. 다만《박물지》에 따르면 아주 먼 옛날에 하늘에 뜨는 수레, 즉 비차를 타고 세상을 마음대로 날아다니는 사람들이 있었다고 하옵니다. 그들은 중국 감숙성 옥문관의 서쪽 4만 리에 있다는 결흉국에 사는 기괭 사람들이라고 하는데, 아득히 먼 옛날 비차를 타고서 탕 임금이 다스리던 중국 은나라를 방문했다고 하옵니다. 한데 탕 임금은 비차를 보자 백성들이 못 보게 부숴 버렸다고 하옵니다."

"탕 임금은 어째서 그런 짓을 했나?"

"정확한 이유는 알 수 없사오나, 아무래도 그 비차를 좋지 못하다고 여겨서 그런 듯하옵니다. 그것을 보고 백성들이 놀라서 난리를 일으킬 지도 모르니 말이옵니다. 그러다가 10년 후에 기굉 사람들이 비차를 고쳐서 고향으로 돌아갔다고 하옵니다. 모르긴 몰라도 탕 임금은 기굉 사람들을 붙잡아 두고 있다가, 기굉 사람들이 탈출하여 달아난 것 같사옵니다."

"옥문관 서쪽으로 4만 리를 가면 정말로 결흉국과 기굉 사람들이 있을까?"

"그야 직접 가 보지 않은 이상 모르는 일이지요."

20세기에 들어 전 세계적으로 가장 인기 있는 대중문화의 소재거리 중 하나가 바로 미확인비행물체, 즉 UFO다. 흔히 UFO는 1947년 미국 로스웰 마을에 UFO가 추락했다는 사건 이후에야 알려졌다는 인식이 많으나, 그 이전에도 하늘에 정체를 알 수 없는 불덩어리나 빛, 혹은 기이한 물체들이 떠다닌다는 내용들이 인류가 남긴 무수한 역사 기록에 남아 있다.

우리 조상들이 쓴 《조선왕조실록》에도 UFO로 추정되는 물체들이 하늘을 날아다닌다는 내용들이 종종 보이는데, 그중 가장 대표적인 것이 본문에서 송화가 언급한 1609년 9월 25일 자 '광해군 일기'에 기록된 내용이다. '강원도에서 일어난 기이한 자연현상에 대해 강원 감사 이형욱이 치계하다'라는 제목으로 시작되는 이 기사는 하늘에서 큰 소리를 내며 빛과 불에 휩싸인 물체가 땅으로 떨어졌다는 내용이다. 일부 사람들은 유성 혹은 운석의 추락을 본 것이라고 말하지만, UFO로 해석을 한다고 해도 크게 틀리지는 않는다. 이 실록의 기사는 제법 유명해서 인기를 끈 TV 드라마 〈별에서 온 그대〉에서도 삽입되었다.

그리고 《박물지》에 기록된 기굉 사람들이 타고 다닌 하늘을 나는 수레, 즉 비차는 UFO를 가리키는 다른 말이라고 해석해도 큰 무리가 없을 것이다. 여기서 좀 더 과감한 상상력을 발휘한다면, 초고대 시절 중국의 먼 변방에 UFO를 타고 다녔던 외계인들이 살았다고 볼 수도 있지 않을까?

이렇듯 미확인비행물체인 UFO가 정말로 우리가 사는 지구 바깥의 외계 행성에서 온 것인지, 아니면 그저 별이나 구름, 운석 같은 자연현상들을 잘못 보고 오해한 것에서 비롯되었는지는 아직 알 수 없다. 다만 미국 공군은 1952년에서 1970년 1월까지 '블루북 프로젝트Blue Book Project'라는 이름하에, UFO 목격 현상에 관련된 정보들을 모집하고 분석했다. 약 18년 동안 미국 공군은 1만 3,000여 건의 UFO 목격담과 목격된 장소, 그리고 목격자들을 상대로 조사를 실시했다. 그리고 1969년 12월, 최종 조사 결과를 보고했다.

1. 지금까지 조사한 바에 의하면, UFO로 알려진 현상들은 미국의 국가 안보에 어떠한 위협도 끼치지 않는다고 판단된다.
2. UFO로 목격된 현상들이 현대의 과학적 지식의 범위를 넘는 존재의 발명품이라고 볼 근거가 없다. 그런 물체는 직접적으로 공군에 의해 발견되지 않았다.

3. UFO가 지구가 아닌 외계의 다른 행성에서 왔다는 증거는 찾
   지 못했다.
4. 대부분의 UFO 목격담들은 해와 달, 별과 구름 같은 자연현
   상이나 혹은 비행기나 헬리콥터 같은 물체들을 잘못 본 것
   이다.

  그런데 미국 공군은 보고서의 끝에 의미심장한 말 한마디를
덧붙였다.

5. 전체 UFO 목격담들은 대개 자연현상을 오해한 것이지만, 그
   중 약 23퍼센트는 도저히 과학적으로 설명할 수 없는 종류
   들이다.

  그러자 미국 정부와는 별도로 UFO를 추적하던 민간인 동호
회 회원들은 블루북 프로젝트의 총책임자인 호이트 반덴버그Hoyt
Vandenberg 공군 참모총장에게 구체적인 해명을 요구했다. '도저히
과학적으로 설명할 수 없는 23퍼센트의 목격담'이 대체 무엇이냐
는 것이었다.

하지만 호이트 반덴버그 참모총장을 비롯한 블루북 프로젝트 관계자들은 UFO 동호회 회원들의 요구에 어떠한 답도 알려주지 않았고, 그대로 블루북 프로젝트를 중단한다고 발표했다.

미 공군이 설명하기를 거부한 23퍼센트의 목격담이란 대체 무엇일까? 혹시 미 공군은 단순한 자연현상이 아닌 진짜 UFO의 증거를 수집하고도 사회 혼란을 두려워하여 일부러 침묵을 지켰던 것은 아니었을까?

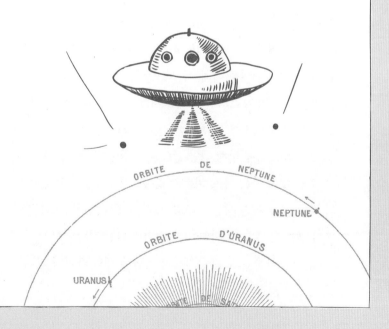

05

두렵고 기이한
뱀들의 이야기

축복과 복수의 화신

여기는 서해의 작은 섬, 지도에 나와 있지 않아 그 이름을 아는
사람도 없다. 아니, 애초에 이름 따위는 붙여지지도 않았다고 해
야 옳다. 천지가 개벽한 이래, 아무도 살지 않는 무인도였지만 지
금은 한 명의 사람이 초라한 움막을 치고 그 안에서 지내고 있다.

그는 화약과 대포를 다루는 기술자인 화포장이었다. 그러나
하는 일의 중요성에 비해 집안 살림은 무척이나 가난했다. 나이
든 아내와 함께 사는 작고 허름한 집 한 채와 월급으로 받는 약
간의 쌀이 그가 가진 재산 전부였다. 하늘에서 돈벼락이라도 떨
어지지 않는 한, 그는 도저히 이 진절머리 나는 가난에서 벗어날
길이 없었다. 물론 그도 사람인지라 가난에 대한 불만이 없지는

않았으나, 그저 자신이 타고난 운명이려니 하고 반은 체념하며 살았다.

그러던 어느 날, 그는 중국으로 가는 사신단에 참가할 수 있게 되었다. 도대체 어쩌다가 이런 일이 생긴 건지, 감을 잡을 수 없었으나 그런 건 중요하지 않았다. 이유야 어찌 되었든 자신이 사신단에 포함되어 중국에 갈 수 있다는 사실 자체가 좋았다. 사신단에 끼면, 우선 조정으로부터 여행에 쓰라고 돈을 받는다. 그리고 중국에 도착하면 황제가 사신단을 환영하는 연회도 열고 선물도 준다. 평소 같으면 꿈에서나 볼 수 있는 온갖 호화로운 요리들을 실컷 먹을 기회가 바로 이때다. 그리고 고향으로 돌아오면 황제가 준 선물들을 다시 장사꾼들에게 비싸게 팔아서 더 많은 돈을 벌 수 있으니, 이거야말로 일석사조다. 화포장은 하늘과 땅, 그리고 이름도 모르는 조상들에게 이런 횡재와 행운을 준 것에 대한 감사의 기도를 마음속으로 수없이 올렸다.

하지만 좋은 일에는 재앙이 낀다는 말처럼, 화포장의 여행은 순조롭지 못했다. 사신단 일행이 탄 배에 몸을 싣고 서해를 가르던 도중에, 식수를 구하기 위해 이 무인도에 들렀다가 배가 움직이지 않는 불운이 발생했다. 원인을 알 수가 없어서 혼란스러워하다가 한 사람씩 섬에 내렸는데, 그만 화포장 자신이 섬에 내리자 배가 움직이는 게 아닌가? 뱃사람들은 미신을 깊이 믿기에 화포장에게 뭔가 불운이 있어서 배가 멈추었다고 여기고, 일단 그를 섬에 두고서 자기들끼리만 중국으로 다녀오자고 결정했다. 그리고 화포장에게 "우리가 중국에 갔다 돌아올 때, 반드시 자네를 찾아서 함께 조선으로 갈 테니, 힘들더라도 이 섬에서 참고 지내게"라고 말하며 음식과 옷과 솥과 칼을 주고는 자기들끼리 중국으로 떠나 버렸다. 화포장은 눈물을 흘리며 두 손을 모아 싹싹 빌면서 제발 자기를 버리지 말아 달라고 애걸했으나 소용이 없었다.

그렇게 해서 화포장은 서해의 이름 모를 이 무인도에 버려져서, 거의 반 년 동안이나 혼자서 살아왔다. 사신단 일행이 주고 간 음식은 몇 번 먹으니 금방 떨어졌고, 할 수 없이 그는 섬 안에서 끼니를 때울 방법을 찾아야 했다. 다행히 섬은 곳곳에 먹을 것이 널려 있어서 배는 곯지 않았다. 바닷가에서 조개를 캐어 끓여 먹을 수 있었고, 나뭇가지를 꺾고 실과 추를 매달아 낚싯대를 만들어 고기도 낚아 올렸고, 섬 안에 있는 야생 열매와 나물 또 사슴과 토끼 같은 동물들도 배를 채우는 데 도움이 되었다.

다만 불편한 점이 있다면, 물이 부족하다는 것이었다. 매일 아침과 저녁으로 바닷가에서 불어오는 세찬 바람과 소금기에 입고 있던 옷은 바싹 말랐고, 세탁을 하기도 어려웠다. 그나마 섬에 비가 자주 내렸고, 야생 과일을 먹으며 그럭저럭 수분을 보충할 수 있었다. 하지만 비가 내릴 때가 아니면 몸과 얼굴을 씻기도 어려웠다.

그렇게 화포장은 오직 먹고 마시고 자면서 중국으로 떠난 사신단이 빨리 돌아오기만을 기다렸다. 자신을 이 외딴 무인도에 버리고 간 그들에 대한 원망도 있었지만, 지금 같이 고립된 상황에서는 하루라도 빨리 그들이 와서 자신을 배에 태워 조선으로 데려가는 것만이 유일한 탈출구였다. 벌써 반년이 지났지만, 1년이나 2년 혹은 그 이상이 걸리더라도 좋으니 제발 그들이 돌아오기만을 손꼽아 기다리는 수밖에 없었다. 그렇지 않으면 영원히 이 섬 안에서 갇혀 지내다 혼자서 쓸쓸하게 늙어 죽고 말 테니까 말이다.

그러던 어느 날, 움막 속에서 자고 있던 화포장의 귀에 이상한 소리가 들려왔다. 그 소리는 먼 바다에서부터 들렸는데, 마치 천둥이 치거나 나무가 삐걱거리는 것 같았다. '혹시 사신단이 중국에서 돌아온 것일까?' 하는 생각이 들어 화포장은 두근거리는 가슴을 부여잡고 서둘러 움막을 뛰쳐나가 바닷가로 향했다.

그러나 바닷가로 달려간 화포장은 곧바로 실망과 충격에 빠졌다. 아무리 해안을 둘러보아도 사신단이나 그들이 타고 왔을 배는 없었다. 그렇다면 대체 그 큰 소리를 일으킨 주인공은 누구였을까?

놀랍게도 그것은 통나무처럼 크고 굵은 징그러운 구렁이 한 마리였다. 구렁이가 바다에서 섬으로 들어오는 와중에 커다란 몸을 물과 땅에 닿으면서 내는 소리가 멀리서 천둥처럼 들렸던 것이다. 혹시 구렁이가 자신을 발견하고 당장 잡아먹으려 덤벼들 것 같아서 그는 얼른 높은 나무 위로 올라갔다. 육지로 올라온 구렁이는 멧돼지며 사슴, 토끼 등 섬에 있는 동물들을 닥치는 대로 한입에 집어삼켰다. 큰 동물들도 손쉽게 먹어 버리는 뱀이라면, 사람 하나쯤 삼키는 것은 문제도 아니다. 세상에 저런 뱀이 있다는 말은 전혀 들어 보지 못했다. 화포장은 얼마 못 가 자신도 뱀의 몸속으로 들어갈까 봐 온몸이 덜덜 떨렸다.

그렇게 한참 육지 동물들을 집어삼키던 구렁이는 이제 먹을 만큼 먹었다는 듯이 섬을 떠나 바다로 들어갔다. 그러나 바다로 가서도 여전히 폭식을 멈추지 않았다. 상어나 고래를 비롯하여 온갖 바닷물고기들이 구렁이에게 잡아먹혔다. 얼마나 먹어 댔는지 구렁이의 몸이 잔뜩 부풀어 올랐다. 그 모습을 보며 화포장은 어릴 적, 할머니가 잠자리에서 들려준 괴물 뱀 이야기가 생각났다. 바닷속에서 지내다가 모든 살아 있는 것들을 집어삼키고 끝내는 땅과 하늘마저 삼켰다는 뱀…….

화포장은 실로 막막하기만 했다. 이제는 사신단이 오는 것을 예전처럼 학수고대할 수만은 없었다. 자칫 사신단이 이 섬에 왔다가 저 뱀을 보고 놀라서 달아나 버리거나, 아니면 그들도 잡아먹힐지 몰랐다. 그렇게 되면 자신도 고향에 돌아갈 수 없다. 더운이 나쁘면 사신단과 함께 뱀에게 잡아먹힐지도 모르는 일이었다.

어떻게 해야 할지 고심하던 화포장의 눈에 사신단이 주고 간 칼 한 자루가 띄었다. 저것이라면 뱀과 싸워 볼 만도 하다. 하지만 뱀과 정면으로 맞서는 것은 무리다. 뱀은 사람보다 훨씬 크고 힘이 세다. 섣불리 덤볐다가는 그대로 뱀의 배 속으로 들어가 버릴 것이다. 그러니 머리를 써야 한다. 자신은 다치지 않으면서 뱀을 확실히 죽일 수 있는 방법을 말이다. 그것은 뱀의 치명적인 약점을 노려 정확히 공격하는 것이다. 뱀의 약점은 어디일까? 한 곳은 뱀의 머리이고, 또 다른 한 곳은 뱀의 배 부분이다. 아무리 사납고 힘센 뱀이라도 머리가 잘리면 그대로 끝이다. 그러나 뱀의 머리를 노리다가 자칫하면 뱀에게 물리거나 먹힐 수도 있으니 위험하다. 뱀의 배를 노리는 것도 좋은데, 뱀은 배가 부드러워서 날카로운 물질에 찢기기 쉽기 때문이다. 하면 날카로운 무기로 뱀의 뱃가죽 부분을 노리면 된다.

밤을 새워 궁리하던 화포장은 조심스레 움막에서 나와 섬의 이곳저곳을 둘러보다가 뱀이 오가던 길목을 발견했다. 그리고 그곳이 뱀을 공격하기에 좋은 장소라고 생각했다. 그길로 화포장은 섬에 자라는 대나무 수백 그루를 잘라 끝을 뾰족하고 날카롭게 갈았다. 그러고 나서 그것들을 뱀이 다니는 길목에 날카로운 끝이 위를 향하도록 하여 깊이 파묻었다. 준비를 마친 화포장은 높은 나무 위로 올라가서 뱀이 오기만을 기다리며, 자신이 믿던 모든 신들에게 제발 도와 달라고 마음속으로 기도를 올렸다.

이윽고 새벽이 지나가고 해가 떠올라 아침이 되었다. 그와 동시에 뱀은 어제처럼 바다에서 헤엄쳐 나와 육지로 올라왔다. 뱀은 길목으로 올라가다가 그만 쇠칼과 날카롭게 간 대나무 끝에 걸려 턱에서부터 꼬리까지 모조리 찢어지며 죽었다. 화포장은 재빨리 나무에서 내려와서 뱀의 시체로 달려갔다.

그런데 뱀의 몸속에서는 뜻밖의 것들이 나왔다. 화포장이 그것들을 들춰 보니, 낮에도 밤에도 빛을 낸다는 구슬인 야광주를 비롯하여 귀한 보석인 진주와 옥 등이 무수히 흘러나와 있었다. 아마 뱀은 구슬과 보석들이 뭔지도 모르고 그저 삼켰으리라. 이것들은 뱀에게는 아무런 가치가 없는 물건이었겠지만, 고향으로 돌아가서 시장에 팔면 엄청난 돈을 벌 수 있는 보물들이었다. 화포장은 그렇게 머릿속으로 계산을 하고는 섬의 여기저기에 난 풀들을 칼로 베고 엮어서 꾸러미를 만들고, 그 안에 뱀의 몸속에서 나온 야광주며 진주와 옥을 담았는데 어찌나 많았는지 꾸러미가 열 개나 필요했다.

얼마 후, 화포장이 기다리던 사신단의 배가 섬에 도착했다. 화포장은 행여 그들에게 자신이 겪은 일을 사실대로 말했다가는 귀한 보물들을 빼앗길까 두려워 "내가 섬에서 홀로 지내는 동안, 하도 심심해서 집에 가면 아내한테 장난감으로 갖고 놀라고 돌멩이들을 많이 모아서 꾸러미에 담았습니다" 하고 거짓으로 둘러댔다. 사신단은 그 말을 믿고서 그를 배에 태워 함께 조선으로 돌아갔다. 귀국한 화포장은 서둘러 꾸러미들을 시장으로 가져가 그 안에 든 내용물들을 팔아 큰돈을 벌었고, 그 돈으로 집과 땅을 사고 양식과 비단 등도 마련하여 부귀영화를 누리며 아내와 함께 행복하게 오래 살았다.

"이것이 《어우야담》과 《천예록》에 실린 뱀 때문에 부자가 된 남자 이야기입니다."

송화의 말을 흥미진진하게 듣고 있던 왕은 이야기가 끝나자 감탄이 담긴 어조로 말했다.

"섬에 버려져 홀로 살다 죽을 뻔한 위기를 잘 극복해 내어 횡재를 하다니. 전화위복이란 이런 경우군. 하긴 한고조 유방도 길을 막고 있던 하얀 뱀을 베어 죽이고서 한나라를 세우는 대업을 이루었다고 하지 않던가."

"그렇사옵니다. 예로부터 뱀은 풍요와 결실을 안겨 주는 신비한 동물로 여겨졌습니다. 그래서 민간에서도 뱀을 집에 잘 모셔 두면 풍년이 든다는 속설이 있습니다. 그런 이유로 백성들은 뱀이 집을 지킨다고 하여 '터줏대감'이라고도 부르옵니다."

"과인은 백성들에게 그런 속사정이 있다는 이야기는 몰랐다. 그리고 보면 뱀은 사람에게 고마운 동물인 듯하다."

"하오나 전하, 어떤 사물이든 한 가지 면만 있지는 않사옵니다. 뱀 역시 풍요와 은혜의 동물이라는 모습 뒤에 숨겨진 다른 모습도 있사옵니다. 앞의 이야기에서는 나오지 않았지만, 보통 다른 설화들에서 뱀은 자신을 해친 사람에게 반드시 복수를 하는 동물로 나옵니다. 다음 두 편의 뱀 이야기는 그런 내용들이옵니다."

중종 임금 때, 유명한 학자이자 도인이었던 정북창은 동생인 정고옥과 함께 어느 집을 지날 때, 그곳에서 사악한 기운이 풍겨 나오는 것을 보고 그 집 식구들을 구하기 위해 손님으로 방문했다. 그리고 주인을 만나서 "나는 정북창이오. 우리 형제는 이 집 주인의 운명에 낀 불행을 없애 주기 위해서 왔습니다. 부디 집에 나와 내 동생을 들여보내 주시기 바랍니다"라고 말했다. 정북창의 높은 명성을 들었던 주인은 그를 반기며 기꺼이 맞아들였다.

집에 들어가게 된 정북창은 주인에게 "숯 50석을 오늘 안으로 준비해서 마당 가운데에 쌓아 두십시오. 그리고 뚜껑이 달린 큰 나무 상자 하나도 마련해 주십시오"라고 말했고, 주인은 그대로 따랐다. 정북창이 마당에 쌓인 숯에 불을 피우고 그 가운데로 큰 나무 하나를 넣으니, 그 광경을 주인과 집안 식구들이 모두 나와서 구경하였다.

그중에는 열 살 정도 되는 주인의 아들도 있었는데, 그 아이를 본 정북창은 갑자기 아이의 목덜미를 잡아서는 나무 상자 안에 넣고 뚜껑을 닫아서 불구덩이 속에 던져 버렸다. 난데없이 일어난 변고에 주인과 식구들은 너무 놀라고 당황하여 정신을 잃을 뻔하였고, 주인은 정북창을 당장 내쫓으려 했다.

그러자 정북창은 "잠시만 기다려 보시오. 만일 내가 잘못한 것이 있다면 여기서 바로 목숨을 내놓겠소!"라고 말하고는 다 타 버린 나무 상자를 꺼내서 그 뚜껑을 열어 보였다. 그러자 그 안에는 어린아이 대신, 큰 구렁이 한 마리의 시체가 타 버린 채로 있었다. 도저히 영문을 알 수 없어 당혹해하는 주인과 식구들에게 정북창은 구렁이의 시체를 찢어서 그 배 속에 들어 있던 부러진 낫의 끝을 보여 주며 "이게 무엇인지 아십니까?"라고 물었다.

그러자 주인이 대답하였다.

"보니까 알 것 같소. 내가 10년 전에 연못을 파서 물고기들을 길렀는데, 언제부터인지 물고기들이 점점 줄어들어서 이상하게 여겼소. 그래서 연못을 가만히 지켜보았더니, 어디선가 온 큰 구렁이 한 마리가 연못에 들어가 물고기들을 몽땅 잡아먹는 것이었소. 그래서 내가 화가 나서 큰 낫을 들어 그 구렁이를 마구 찍어 죽였는데, 그때 낫의 끝이 부러졌소. 이 부러진 낫의 끝이 바로 그때의 낫인 줄 알겠소."

그렇게 말한 주인은 하인에게 창고에 보관하고 있던 부러진 낫을 가져오게 하고서 맞춰 보았는데, 정확히 들어맞았다. 놀라는 주인을 보며 정북창이 말했다.

"그대의 아들은 바로 10년 전에 죽은 구렁이의 환생이었소. 복수를 하기 위해서 그대의 아들로 태어났던 거요. 만약 그대로 두었다면 그대뿐만 아니라 이 집안의 식구 모두가 끔찍한 죽음을 맞이할 뻔했소. 우리가 재앙을 없앴으니 이제 그대의 집안은 편안할 것이오."

말을 마친 정북창은 주인에게 작별 인사를 하고 동생과 함께 떠났다.

"복수를 하기 위해 자신을 죽인 자의 아들로 환생을 하다니, 참으로 신기한 일이로다. 왜 하필 아들로 태어났을까? 그보다는 좀 더 힘이 센 장사로 태어나는 게 더 나았을 텐데."

어린 왕은 섬뜩하다는 듯이 말하며 몸을 떨었다.

"그편이 주인에게 더 쉽게 다가갈 수 있으니까요. 만약 전하께서 말씀하신 대로 힘이 센 장사로 태어나 주인에게 나타나면 자연히 주인은 낯선 자인 그를 경계할 것이옵니다. 그러나 아들이라면 주인은 전혀 경계하지 않고 안심할 테니, 그 틈을 노리면 더 편하고 쉽게 복수를 할 수 있지요."

"그렇다 해도 환생을 한 이상, 자신의 아버지인데 복수를 하려 들다니 인륜도 모르는 일 같아서 끔찍하도다."

"원래 뱀은 독을 가지고 있으니, 당연히 그 성질도 독할 수밖에 없사옵니다."

"하긴, 사람이든 동물이든 모든 살아 있는 것들은 다 그 타고난 성질대로 살아간다고 하지 않던가."

"이번에 들려드릴 이야기도 그런 독한 성질을 지닌 뱀의 복수를 다룬 것이옵니다. 이 이야기는 《수신기》에 기록된 내용이옵니다."

중국 사천성의 공도에 어느 가난한 할머니가 살았다. 그 노인은 밥을 먹을 때에 웬 조그만 뱀 한 마리를 발견하여 길렀다. 그 뱀은 머리에 뿔이 달려서 보통 뱀과는 약간 다르게 생겼다. 밥을 주자 자신을 따르는 것을 보고 할머니는 뱀을 마치 강아지나 고양이처럼 귀여워하고 아꼈다.

할머니의 정성이 통했는지, 뱀은 하루가 갈수록 점점 커져서 몸이 일 장이나 되었다. 그래도 할머니는 뱀을 자기가 낳은 자식처럼 사랑했다. 할머니가 젊은 시절에 아이를 잃었기 때문에 거기에 대한 보상 심리로 뱀을 아이처럼 생각했던 듯하다.

문제는 뱀이 할머니에게만 애정을 느끼고, 다른 사람이나 동물에게는 그렇게 하지 않았다는 것이다. 그 와중에 드디어 사고가 벌어졌다. 공도를 다스리던 현령이 아주 훌륭한 명마 한 필을 타고 다녔는데 그만 뱀이 그 말을 잡아먹고 만 것이다. 아끼던 말을 뱀에게 잃자, 화가 난 현령은 주위 사람들에게 물어 그 뱀이 사는 곳과 키우는 사람을 알아냈다. 그리고 할머니가 사는 집으로 포졸들을 보내서 할머니를 관아로 잡아 오게 한 다음, 뱀을 어디에 숨겼는지 말하라며 모진 고문을 가했다. 할머니는 온갖 고문에 시달리며 고통을 받으면서도 끝내 말하지 않았고, 이에 더욱 분노가 치민 현령은 계속 고문을 가하다가 그만 할머니를 죽이고 말았다.

그리고 다음 날, 마을의 어느 사람이 갑자기 귀신에 씌어서 꼭 현령을 만나야겠다고 소동을 일으켰다. 주위 사람들이 아무리 말리고 포졸들이 관아 문을 막아도 그는 무슨 힘이 솟아나는지 계속 밀치면서 관아 문을 열고 달려갔다. 궁금함을 느낀 현령이 그를 만나자, 그는 괴상한 목소리로 말했는데 마치 짐승이 사람의 말을 배워 하는 것처럼 들렸다.

"현령은 듣거라. 너의 말을 잡아먹은 것은 나인데, 너는 무슨 이유로 내 어머니를 죽였느냐? 내가 반드시 너와 이 마을 주민들에게 그 피값을 치르게 할 것이다!"

말을 마친 사람은 땅바닥에 쓰러지더니, 입에서 하얀 거품을 뿜으면서 몸을 덜덜 떨었다. 놀란 포졸들이 달려들어 몸을 일으켜 세우려 했으나, 어느새 그는 죽어 있었다. 현령과 주위 사람들은 이 해괴한 변고에 불안해하며, 혹시 할머니가 기르던 뱀의 귀신이 그에게 들려서 말한 것이 아닌가 하고 무당을 불러 굿을 하여 뱀을 달래게 하였다. 하지만 무당은 한참 굿을 하다가 잔뜩 겁에 질려 "이 뱀 귀신은 너무나 원한이 커서 도저히 내가 진정시킬 수 없소. 여러분은 하루빨리 이 마을에서 도망가시오. 안 그러면 다 죽소"라고 말하면서 굿을 멈추고 마을을 떠났다.

그로부터 40일 동안 마을에는 매일 같이 천둥이 내리치고 거센 바람이 불었다. 사람들은 대체 무슨 일이 벌어지는 것인지 영문을 알 수가 없어서 두려움에 떨었다. 길가에는 인적이 끊겼고, 모두들 집 안에 틀어박혀 하루빨리 무서운 일들이 지나가기만을 빌었다. 그러다 40일이 지나자 천둥과 바람이 멈추었고, 사람들은 이제 평온이 찾아온 줄 알고 다들 집 밖으로 나갔다.

그런데 마을 사람들은 서로를 보고는 깜짝 놀랐다. 모두가 머리 위에 물고기를 한 마리씩 얹고 있었기 때문이다. 그래서 "왜 당신은 머리에 물고기를 얹고 있소?"라고 물었지만, 아무도 그 이유를 몰랐다.

그리고 그날 밤, 하늘에 구멍이 뚫린 것처럼 비가 퍼붓고 저수지가 무너져 마을 사방의 40리가 물에 잠겨 현령을 비롯한 마을 주민 전체가 물에 빠져 죽고 말았다. 마을은 하나의 큰 호수로 변했는데, 나중에 낚시꾼들이 와서 고기를 낚았다. 다만 할머니가 살던 집만은 물에 잠기지 않았다. 결국 뱀이 사람의 입을 빌려 예언한 대로 마을 전체에 복수를 한 셈이다.

그래서 이웃 마을 사람들은 이 괴변을 두고 "할머니가 기르던 뱀이 요술을 부려서 마을을 호수로 바꾸었다. 마을 사람들의 머리 위에 얹힌 물고기들은 그 호수에 살아가기 위해 왔던 것이다"라고 수군거렸다.

"뱀이 마을을 물에 잠기게 했다고? 거참, 어떻게 그럴 수가 있지?"

왕의 의문에 송화는 한참 생각을 하다가 답변을 꺼냈다.

"그건 아마도 그 뱀이 사실은 용이었기 때문에 가능했다고 여겨지옵니다."

"무슨 소리인가?"

"소신이 이야기의 첫 부분에서 그 뱀에게 작은 뿔이 달렸다고 하지 않았사옵니까? 이 세상에 뿔이 달린 뱀은 없사옵니다. 그런데 뱀에게 뿔이 있다면, 그것은 뱀이 아니라 용이옵니다. 사실, 용은 본래 뱀이었사옵니다. 그런데 뱀이 천년 동안 도를 닦게 되면, 몸에 뿔이 돋고 네 개의 팔과 다리가 생겨 용이 되지요. 그런 이유로 그 뱀은 사실 덜 자란 용이었다고 생각되옵니다."

"그렇다 하더라도 어찌 용이 한 마을을 물에 잠기게 할 수가 있는가?"

여전히 왕은 궁금증이 풀리지 않은 듯했다.

"용은 연못과 호수, 강과 바다 등에 살며 하늘에서 비를 내리게 한다고 하옵니다. 그런 점들로 보아 용은 물을 다루는 신이옵니다. 그러니 용이라면 충분히 저수지를 부수거나 하여 마을을 물에 잠기게 할 수 있사옵니다."

"오호."

"또한 용은 온갖 물고기들의 왕입니다. 용왕들이 바다에 살면서 물고기들을 부린다는 점을 보면 알 수 있사옵니다. 그래서 그 뱀이 물고기들을 마을 주민들의 머리 위에 올라가게 했던 듯하옵니다."

송화의 해박한 설명에 왕은 수긍했다.

"송전경의 말은 잘 들었다. 뱀의 복수는 참 독하고 무섭구나."

"하지만 그런 독하고 무서운 뱀을 상대로 싸워서 이긴 사람들도 있었사옵니다."

"그런가? 그럼 어서 과인에게 들려다오."

"그리하겠사옵니다, 전하."

"바닷가와 마주한 충청도 결성 삼산에 이복영이란 사람이 있었사옵니다. 그는 삼산 위에 산정을 짓고 사방에 높은 난간을 올리며 살았는데, 산정 앞에는 둘레가 수십 아름이나 되고 높이가 무려 천 길이나 되는 매우 오래된 큰 나무 한 그루가 있었사옵니다. 한데 언제부터인가 아침마다 안개가 나무와 산정의 뜰을 덮어서 앞을 분간하기 어려울 지경이었사옵니다. 어느 날, 이복영이 나무 앞을 지나가다 문득 위를 올려다보니, 나무에 난 큰 구멍으로 어떤 물체가 보이는데 너무나 그 흔적이 크고 분명해서 짙은 안개 속에서도 뚜렷이 드러났사옵니다. 이복영은 이를 이상하게 여기고 마침 가지고 있던 마상총으로 그것을 향해 총탄을 쏘았는데, 괴물체가 움츠리고 나무 구멍 속으로 들어가더니 이윽고 천둥 같이 크고 우렁찬 소리가 났사옵니다. 놀란 이복영이 자세히 보니, 구렁이 한 마리가 피를 뚝뚝 흘리고 있었습니다. 몸집이 너무나 커서 그 크기가 얼마인지 짐작할 수가 없었고, 머리에 뿔과 털도 달려 있었습니다. 그리고 수많은 뱀들이 나무 구멍에서 나왔사옵니다. 그제야 이복영은 방금 자신이 총으로 쏜 물체가 구렁이였으며, 그것이 나무 구멍 속에 살면서 다른 뱀들을 불러들였다는 사실을 깨달았사옵니다. 이제 나무 구멍에서 완전히 나온 구렁이와 다른 뱀들은 서로 꼬리를 이어 산정으로 향하려 했사옵니다. 그러자 이복영은 마상총을 들어 이 무기에게 총탄을 쏘았고, 총탄이 다 떨어지자 총을 들어서 구렁이와 다른 뱀들의 머리를 내리쳤사옵니다. 가장 먼저 구렁이가 이복영이 내리친 마상총에 머리가 깨지고 짓이겨져 죽었고, 다른 뱀들도 마찬가지의 신세가 되었사옵니다. 이복영이 총으로 뱀들의 머리를 부수는 속도는 그 빠르기가 마치 바람과 같았사옵니다. 그렇게 해서 이복영은 잠시도 쉬지 못하고 저녁까지 뱀들을 때려죽였는데, 일을 모두 끝내고 나자 피가 온통 뜰에 가득하고 비린내가 코를 찔러 냄새를 못 맡을 지경이었습니다. 주인이 오래도록 모습을 보이지 않자 궁금하게 여긴 하인이 와서 보니, 죽은 뱀들이 뜰에 온통 산더미처럼 쌓여 있어서 크게 놀랐습니다. 이복영은 그에게 다른 건장한 노비들을 데려와서 뱀의 시체를 바다에 모조리 내다 버리게 하였습니다."

"잘 들었다. 재밌는 이야기구나. 한데, 마상총이 무엇인가?"

왕의 질문에 송화가 대답했다.

"기마병이 달리는 말 위에서 쉽게 쏠 수 있도록 길이를 짧게 줄인 총을 말하옵니다. 한때는 선조 임금 시절에 쓰인 삼안총과 동일시되기도 했으나, 소신은 여기서 이복영이 사용한 마상총이 삼안총이라고 생각하지는 않사옵니다."

"어째서인가?"

"본래 삼안총은 세 개의 총신이 나무로 만든 하나의 총대에 묶인 무기이온데, 총의 구멍이 세 개라서 삼혈총이라고도 불리었으며, 명나라 숭정 황제는 이자성의 반란군이 북경에 쳐들어오자 손에 삼안총을 들고 달아났다고 하옵니다. 그러나 삼안총은 화력이 세지 못하여 거리가 조금만 멀어도 갑옷을 뚫을 수 없다고 하였사옵니다. 그런데 이런 빈약한 삼안총을 가지고 이복영이 커다란 구렁이와 다른 뱀들을 쏴 죽였을 것이라고는 볼 수 없사옵니다. 따라서 소신은 이복영이 사용한 마상총은 선조 임금 시기의 삼안총이 아니라 정조 임금 시기에 사용된 마상총이었다고 생각하옵니다. 실제로 정조 임금 16년 시절, 승문원 판교 손석주는 '마상총을 각각 한 자루씩 주어 군사들로 하여금 총 쏘는 것을 연습하게 한다면 3,000명의 정예한 군사가 일당백이 될 수 있을 것이옵니다'라고 상소를 올리기도 하였사옵니다."

"그대는 야담뿐 아니라 군사 무기에도 지식이 풍부한 신하로다. 그런데 한 가지 더 궁금한 것이 있다. 이복영이 죽인 구렁이에게 뿔과 털이 달려 있었다고 하는데, 그런 뱀이 있을까?"

"소신은 이복영이 죽인 구렁이가 아직 용이 되지 못한 이무기였다고 생각하옵니다. 용에게는 뿔과 수염이 있는데, 그 구렁이가 달고 있었던 뿔과 털이 바로 장차 용이 되면서 돋아날 뿔과 수염이었던 것이지요. 그리고 매일 같이 산정에 짙은 안개가 끼어 앞을 분간하기 어려웠던 것도 분명히 이무기의 농간이었을 것이옵니다. 이무기는 아직 용이 아니나 용에 가까운 능력을 사용할 수 있으며, 용은 물을 부리는 신이기 때문에 물로 이루어진 안개를 일으키는 것쯤이야 문제도 아니었겠지요."

송화의 해박한 설명에 왕은 감탄하였다.

"듣고 보니 그렇도다. 과연 그대의 해설을 들으니 과인이 쉽게 이해가 되는구나."

"이해를 하셨다니 다행이옵니다, 전하. 자, 그럼 이제 오늘 밤의 마지막 이야기를 들려드리겠사옵니다."

"중국의 동남쪽, 그러니까 절강성 지역은 춘추전국시대부터 동월이라고 불렸사옵니다. 예로부터 동월은 날씨가 따뜻하고 습도가 높아 뱀들이 많이 사는 지역으로 유명했고, 현지의 주민들도 그런 환경에 익숙했사옵니다. 그러나 간혹, 사람이 도저히 손대기 어려운 크고 무시무시한 뱀들도 있었사옵니다. 동월의 민중군 용령 서북쪽에는 습지가 있었는데, 거기에는 길이가 무려 7~8장에 달하는 거대한 뱀이 살았사옵니다. 이 뱀은 많은 사람들을 해치고 주민들이 기르는 소와 양을 잡아먹었으며, 온갖 잡다한 신을 섬기는 무당의 꿈에 나타나 12~13세 정도의 어린 소녀들을 바치라고 요구하였습니다. 만약 거부한다면 모든 마을 주민을 잡아먹겠다는 위협도 서슴지 않았습니다. 주민들은 그 뱀이 너무나 크고 힘이 세어 도저히 이길 수 없다며 무서워했고, 할 수 없이 소녀들을 뱀이 요구하는 대로 제물로 바쳤사옵니다. 그리하여 뱀이 사는 습지의 동굴 입구에는 뱀을 섬기는 사당이 세워졌고, 매년 8월마다 그곳에서 뱀에게 인간 제물을 바치는 의식이 행해졌사옵니다. 모두 아홉 명의 소녀가 뱀에게 잡아먹혔고, 사람들은 행여 자신의 딸이 뱀의 먹이가 될까 봐 전전긍긍하며 자기 차례가 오지 않기만을 바랐사옵니다. 드디어 열 번째 소녀가 제물로 바쳐질 차례가 왔는데, 아무도 나서지 않아서 주민들은 불안에 휩싸였사옵니다. 이대로 가만히 있다가 행여 분노한 뱀이 주민들 전체를 잡아먹거나 죽이려 드는 것은 아닌지 불안했던 것이지요. 그런데 동월의 장락현에는 이기라는 소녀가 있었사옵니다. 그녀는 이탄이란 사람의 막내딸이었는데, 평소 마을 주민들이 뱀에게 자기 또래의 소녀들을 제물로 바쳐서 살아남는 일을 무척 못마땅하게 여기고 있었습니다. 그런 와중에 제물로 바칠 소녀가 나서지 않자, 자신이 제물로 가서는 뱀을 죽여 마을의 근심을 없애겠다고 결심하였사옵니다. 소녀는 아버지에게 자신을 뱀의 제물로 보내 달라고 부탁하였고, 딸을 아낀 아버지는 완강하게 반대하다가 결국 이기의 고집을 꺾지 못했습니다. 그리고 이기는 열 번째 제물이 되어 뱀을 섬기는 사당으로 가게 되었사옵니다. 그러나 이기가 빈손으로 가서 맥없이 뱀의 먹이가 되기를 기다렸던 것은 아니었사옵니다. 그녀는 뱀을 죽이기 위해 튼튼하고 날카로운 칼을 챙기고 사나운 개를 함께 데리고 갔습니다. 그리고 뱀을 유인하기 위해서 수십 개의 꿀떡도 챙겼습니다. 사당에 도착한 이기는 동굴 입구에 꿀떡을 넣은 보따리를 풀어 늘어놓았습니다. 그러자 잠시 후, 뱀이 모습을 드러냈는데 과연 소문대로 머리가 벼를 보관한 곳간처럼 컸고 눈도 두 척 크기의 거울 같이 큼직했사옵니다. 꿀떡을 본 뱀은 정신없이 삼키기 시작했는데, 그 틈을 타서 이기는 사나운 개를 보냈사옵니다. 개가 뱀을 물어뜯으며 공격하자, 이기는 재빨리 칼을 뽑아 수십 번이나 뱀을 계속 베었사옵니다. 뱀은 몸이 찢기어 고통스러워하다가 결국 죽었습니다. 이기가 동굴 안으로 들어가니 뱀이 잡아먹고 토해 낸 소녀들의 뼈가 잔뜩 쌓여 있었사옵니다. 이기는 무사히 집으로 돌아갔고 마을 사람들에게 지금까지의 일을 이야기했습니다. 그녀의 가족과 주민들이 동굴로 달려가서 직접 보니, 과연 이기의 말대로 뱀이 죽어 있었습니다. 한 용감한 소녀가 뱀을 죽였다는 소식은 인근 마을에 널리 퍼졌으며, 마침내 동월왕의 귀에까지 들어갔사옵니다. 이기에 관심이 생긴 동월왕은 그녀를 불러다 일의 자초지종을 듣고는 감동하여 자신의 왕비로 맞았으며 아버지인 이탄에게 장락령이란 벼슬을 내렸고 남은 가족들에게 큰 상을 주었사옵니다. 이기가 뱀을 죽인 이후로 동월 지방에는 뱀이 사람을 해치는 불상사가 사라졌으며, 주민들은 그녀의 업적을 기려 찬양하는 시와 노래를 지었다고 하옵니다."

송화의 이야기를 들은 왕은 감탄을 멈추지 않았다.

"대단하도다. 남자들도 하기 어려운 일을 소녀가 해내다니. 참된 용기는 몸이 아니라 마음이 굳건해야 생기는 것이로구나."

"잘 보셨사옵니다, 전하. 마음의 기백만 강하다면 얼마든지 자신보다 더 강한 자와 싸워 이길 수 있는 것이옵니다. 전하께서도 부디 이 교훈을 잊지 마시옵소서."

뱀은 보통 사악하고 음흉한 동물로 인식되지만, 사실 고대 신화에서 뱀은 신비한 비밀을 간직하고 인간에게 풍요를 선사하는 신으로서의 면모도 지니고 있던 존재였다. 이집트와 그리스, 인도와 중국 그리고 중남미 등 고대 문명국들에서 섬기는 신들 중에는 뱀의 모습을 한 신도 있었다. 이집트의 최고신인 태양신 라는 뱀인 우라에우스의 보호를 받았으며, 그리스신화에서 미래를 예언하는 델피의 신탁소는 피톤이라는 뱀이 살던 땅에 세워졌다. 인도 신화에서 신들에게 영원한 생명을 주는 우유의 바다는 뱀의 왕인 나가에 의해 정제되었으며, 중국 신화에서 인류에게 문명을 전해 준 신인 여희와 복희는 뱀의 몸을 지니고 있었다. 중남미 아즈텍에서 평화와 풍요의 신인 케찰코아틀은 날개 달린 뱀의 모습이었다. 이렇듯 뱀은 인류에게 유익한 존재로 여겨져 신으로도 숭배를 받았던 것이다.

고대 한국 신화에서도 뱀은 좋은 면을 많이 지닌 존재로 인식되었는데, 본문에서 언급된 송화의 말처럼 집에 살면서 식구들을 지켜 주고 농사의 풍요를 가져다주는 이른바 터줏대감이 바로 뱀이었다. 그래서 지금도 오래된 농가에서는 집에 사는 뱀을 함부로 대하지 않으며, 만약 뱀이 집 밖으로 나가면 그 집이 망한다는 속설을 믿고 있다. 이는 뱀이 벼를 갉아먹는 유해한 동물인 쥐 등을 잡아먹는 사실에서 유래한 듯하다.

송화가 왕에게 들려준 첫 번째 이야기는 조선 중기의 소설책 인 《어우야담》과 후기의 야담집인 《천예록》에 공통적으로 실린 내용을 종합하여 각색한 것이다. 화포장이 무인도에 버려졌다가 큰 뱀을 죽이고 그 뱀의 몸속에서 나온 야광주며 옥과 진주 등을 주워 부자가 되었다는 이야기는 뱀이 주는 풍요의 속성을 보여 준다.

그러나 뱀은 독을 지니고 있으며 적을 사정없이 물어 죽이는 데, 이런 독한 성질에서 뱀의 잔혹성과 복수심에 대한 속설들도 많이 나왔다. 송화가 왕에게 들려준 두 번째와 세 번째 이야기는 바로 그런 뱀의 악독함을 잘 담고 있다.

정북창이 활약하는 두 번째 이야기는 조선 말의 야담집인 《청 구야담》에서 인용한 것이다. 정북창은 학자이자 도인으로 명성이 높았는데, 그의 유명세에 힘입어 이러한 일화가 만들어진 것으로 보인다.

네 번째 이야기 역시 《청구야담》에서 인용하였다. 충청도의 깊 은 산속에 사는 이무기를 다룬 설화인데, 으레 영웅이 뱀을 퇴치하는 이야기들과는 달리, 칼이 아니라 근대식 무기인 총을 사용한다는 점이 특이하다. 따라서 이 설화는 비교적 조선 후기에 만들어진 것임을 알 수 있다.

다섯 번째 이야기는 《수신기》에서 발췌한 것인데, 남자 영웅이 아니라 여자 영웅이 나서서 뱀을 퇴치한다는 점에서 이색적이다.

06

귀신을 만난 사람들

이승과 저승의 경계

　아무도 느끼지 못하게 서서히 바닷가를 덮치는 밀물처럼, 시간은 흘러서 어느덧 한여름이 되었다. 해는 전보다 더 길어졌고, 그만큼 대지를 뜨겁게 달구어서 사람들을 더위에 지치게 만들었다. 온 나라를 다스리는 왕궁도 따가운 햇볕과 더위에 시달릴 수밖에 없었다. 왕을 비롯하여 궁궐을 드나드는 신하들과 내관들 그리고 궁녀들은 하루 종일 몸에서 흐르는 땀을 닦느라 부지런히 손을 움직였다. 뜨거운 뙤약볕이 사라지고 밤이 된 이후에도 더위는 좀처럼 가시지 않았다. 그래서 왕과 신하들은 야대를 하면서도 유독 예전보다 차가운 오미자차를 자주 마셨다.

　한참 동안 중국의 역사서인 《자치통감》을 읽으며 신하들과 토론을 하던 왕은 멈추지 않고 계속 솟아 나오는 땀에 지쳤는지, 휴식을 하자고 제안했다. 땀과 더위에 지친 신하들도 그 제안에 응했고, 그들은 곧바로 내관들이 가져온 차가운 오미자차를 순식간에 비워 버렸다. 어느 정도 더위를 식힌 왕은 평소처럼 송화에게 말을 건넸다.

"송전경, 이처럼 더운 여름밤에는 그대에게 재미난 이야기를 듣는 일이 매우 즐거울 듯하네. 비록 타는 듯이 덥지만, 그래도 그대가 들려주는 이야기를 들으면 잠깐이라도 더위를 잊을 수 있단 말일세. 그래서 과인이 그대에게 부탁하네. 한여름 밤의 더위를 물리칠 수 있는 재미난 이야기를 알고 있는가?"

송화는 마시던 오미자차를 재빨리 내려놓고서 대답했다.

"예, 전하. 소신이 전하께서 원하시는 이야기를 알고 있사옵니다."

"오호, 그렇다면 어서 들려주게나."

"백 잔의 찬물을 마시는 것보다 무서운 귀신 이야기를 듣는 것이 더위를 잊는 데 더 나은 방법이옵니다."

'귀신'이라는 단어가 나오자, 가만히 듣고 있던 영의정이 나서서 송화를 공격했다.

"송전경, 자네는 이제 귀신까지 들먹이는가? 도대체가 매일 밤마다 전하께 허무맹랑한 잡설들만 늘어놓고 있으니, 나는 자네 때문에 전하의 공부가 방해를 받을까 봐 걱정이 크다네."

영의정의 핀잔에 송화는 점잖은 목소리로 대꾸했다.

"영상 대감, 소인은 어디까지나 전하께서 듣고 싶어 하시기에 들려드리는 것뿐입니다. 또한 전하께 경전이나 사서에 있는 글 이외에 살아가는 데 필요한 교훈을 얻을 이야기들을 말씀드리는 것이 어째서 잘못이라 생각하십니까?"

그러자 영의정의 목소리가 높아졌다.

"자네는 한낱 잡설의 가치가 공자와 맹자 같은 성인들이 가르친 경전의 내용과 같다고 보는가?"

"대감, 그것이 아니오라……."

"그만하시오, 영상."

곤경에 빠진 송화를 왕이 나서서 구했다.

"송전경의 이야기는 어디까지나 과인이 시켜서 한 것이니, 굳이 꾸짖겠다면 송전경이 아닌 과인한테 하시오."

"전하, 소신이 어찌 전하께 감히……."

송화를 굳게 보호하는 왕의 태도에 영의정은 당황하여 몸 둘 바를 몰라 했다. 그런 영의정을 보며 왕은 말을 이어 나갔다.

"영상이 염려하는 바를 과인도 알고 있소. 그러나 과인은 결코 영상이 생각하는 것처럼 학문과 수양을 게을리하지 않소. 매일 같이 그대들과 함께 야대를 빠지지 않고 치르고 있지 않소? 과인은 단지 야대를 하다 쉬어 가는 시간에 지루함을 달래고 색다른 교훈이 담긴 이야기도 알고 싶어서 송전경이 하는 말을 듣는 것뿐이오. 그리고 송전경이 이야기를 들려주면서부터, 과인은 야대 시간이 예전보다 더욱 기다려지고 즐겁게 느껴졌소. 그런 면에서 과인은 야대를 즐겁게 만든 송전경에게 감사하오. 이쯤이면 과인의 뜻을 영상도 잘 아실 테니, 더는 여러 말로 송전경을 압박하지 말기 바라오. 아시겠소?"

"이 늙은 신하가 어찌 전하의 뜻을 거스르겠사옵니까? 소신은 단지 걱정이 되어서 말씀드려 본 것뿐이옵니다."

영의정은 왕을 향해 고개를 숙이며 송구함을 드러냈다. 그런 영상을 보며 왕은 짧게 한숨을 쉬더니 곧바로 송화에게 말했다.

"그럼 송전경은 어서 이 자리에 모인 과인과 다른 대신들에게 무더위를 잊을 수 있는 즐거운 이야기를 해 보라."

"알겠사옵니다, 전하. 이번에 말씀드릴 이야기도 지난번에 말씀드린 그 화성의 아이처럼, 중국 서진 시대의 고전소설인 《수신기》에 실린 이야기이옵니다."

"참으로 신기한 책이로다. 과인도 그 책을 갖고 싶으니, 송전경이 구해 오라."

"예, 전하. 그리하겠사옵니다. 그럼 이제부터 시작하겠습니다. 천하 동서고금을 통틀어 귀신에 관련된 이야기는 무수히 많아서, 그것들을 모두 말하려면 하룻밤이 아니라, 책 수백 권을 써도 모자라옵니다. 그래서 소신은 이야기의 주제를 '귀신을 직접 만난 사람들'이라고 한정 짓고, 그중 재미와 교훈을 가진 세 편을 골라 전하께 말씀드리겠사옵니다."

"귀신을 직접 만난 사람들이라고?"

왕은 눈을 반짝이며 호기심을 드러냈다.

"그렇사옵니다. 지금 말씀드릴 이야기의 주인공들은 모두 살아생전 자신들이 귀신을 직접 만나 보았다고 하옵니다."

송화는 자신이 알고 있는 귀신 이야기들을 말하기 시작했다.

옛날 중국에 송정백이란 사람이 있었다. 어느 날 그는 밤거리를 걷던 도중 귀신과 마주쳤다. 놀라는 와중에도 송정백은 정신을 가다듬고 귀신에게 "당신은 누구요?"라고 물었다. 그러자 귀신은 "나는 귀신이오. 그러는 당신은 누구요?"라고 말했다. 송정백은 혹시 자신이 사람이라고 솔직하게 대답하면 귀신이 무슨 해코지라도 할까 봐 짐짓 자신도 귀신이라고 대답했다.

그러자 귀신은 송정백의 행선지를 물었고, 송정백은 자신이 완시로 간다고 말했다. 그 말에 귀신은 자신도 완시로 간다고 해서, 둘은 함께 동행을 하게 되었다. 귀신을 길동무로 삼게 되어 송정백은 내심 두려웠지만, 결코 그런 속마음을 드러내지 않으려 했다. 옛말에 귀신은 사람의 약한 마음을 파고든다고 했기 때문이다.

한데 길을 가던 도중 귀신은, 걷는 속도가 느리니 서로 업어주며 가자고 제안했다. 송정백은 그 말에 동의하면서 먼저 귀신의 등에 업혔다. 송정백을 업은 귀신은 얼마 동안 걷다가 뭔가 꺼림칙했는지 그에게 물었다.

"당신의 몸이 너무 무겁소. 귀신이라면 그럴 리가 없는데…….당신, 정말로 귀신이 맞소?"

순간 송정백은 자신의 정체가 들통난 것 같아서 심장이 오그라들었다. 그러나 여태까지 자기가 거짓말을 해서 귀신을 속였다는 사실이 알려진다면, 더 큰 곤욕을 치를까 봐 애써 태연한 척하며 적당한 핑곗거리를 내세웠다.

"그게 무슨 말이오? 나는 귀신이 맞소. 다만 죽은 지 얼마 안

되어서 그대가 무겁게 느끼는 것뿐이오."

송정백의 해명에 귀신은 고개를 갸우뚱하며 대충 넘어갔다. 그 모습에 송정백은 안도의 한숨을 내쉬었다.

어느덧 시간이 흘러 이제 송정백이 귀신을 업게 되었다. 귀신은 매우 가벼워서 마치 바람을 안은 것 같았다. 송정백은 귀신을 업고 밤길을 걷다가 문득 뭔가 생각이 났는지, "나는 귀신이 된 지가 얼마 안 되어서 귀신이 두려워해야 할 일을 잘 모르오. 그대는 나보다 귀신이 된 지가 오래된 것 같으니, 내 조심스레 물어보겠소. 귀신이 두려워할 일이 무엇이오?"라고 물었다. 그 말에 귀신은 '사람이 뱉는 침'이라고 알려 주었다.

그렇게 송정백은 귀신을 업은 채로 길을 걷다가 작은 개울을 만났다. 조심스레 물을 건너는데 송정백이 물을 건널 때 소리가 나는 것을 듣고 귀신이 기이하게 여기며 질문을 했다.

"귀신은 물을 건너도 소리가 나지 않는데, 왜 당신은 소리가 나는 거요?"

그 말에 송정백은 아까와 같은 해명을 하며 위기를 모면했다.

"방금 말했잖소? 나는 귀신이 된 지가 얼마 안 되었다고 말이오. 그래서 물을 건널 때 소리가 나는 거요. 그 정도는 당신이 좀 이해를 해 주시오."

거짓말도 한 번 할 때가 어렵지, 두 번 하면 익숙해진다는 말처럼 송정백은 태연하게 변명을 했다. 다행히 하늘이 도왔는지, 귀신은 송정백의 해명을 그대로 믿고 더는 추궁하지 않았다. 아슬아슬한 순간을 넘긴 송정백은 등과 목덜미에 땀이 흐르는 것을 느꼈지만 숨을 고르며 계속 가던 길을 재촉했다.

귀신과의 기묘한 동행이 한참 계속될 무렵, 어느덧 완시가 송정백의 눈에 보였다. 그러자 송정백은 업고 있던 귀신을 둘러쳐 붙잡았다. 귀신은 당황해하면서 놓아 달라고 애걸했으나 송정백은 그 말을 듣지 않았다. 그리고 서둘러 완시로 가서 귀신을 내려놓으니, 귀신은 그만 양으로 모습을 바꾸었다. 송정백은 귀신이 침을 두려워한다는 말을 떠올리고, 귀신에게 침을 뱉고는 다른 사람에게 팔아서 돈을 받고는 서둘러 완시에서 달아났다.

"그것 참 신기한 이야기로다. 하마터면 귀신을 만나 큰 봉변을 당할 뻔했던 송정백은 오히려 목숨도 건지고 돈까지 벌었으니 일석이조인 셈이로군."

어린 왕은 송화가 들려주는 이야기에 감탄하면서 연신 고개를 끄덕였다.

"맞사옵니다. 자칫하면 죽을 뻔한 상황에서 송정백은 침착하고 용감하게 행동하여 위기를 잘 넘겼던 것이지요."

송화가 맞장구를 쳤다.

"송전경이 한 이야기는 잘 들었습니다. 호랑이에게 물려 가도 정신만 차리면 산다는 속담이 딱 맞는군요."

시독관 교리 강상한이 감상 소감을 말했다.

"그렇습니다. 《수신기》를 쓴 간보가 그런 교훈을 전하려 송정백의 이야기를 쓴 것이지요."

말이 끝나기 무섭게 왕이 송화에게 질문을 던졌다.

"그런데 송정백 이야기에 귀신은 몸이 가볍다거나 물을 건널 때 소리가 안 나야 한다는 대목이 있더군. 중국인들은 귀신이 바람처럼 가볍다고 생각했던 듯하다."

"본래 귀신은 죽은 사람의 혼백이라고 하지 않사옵니까? 혼백에 무게가 있거나 소리가 날 리 없지요."

"듣고 보니 그렇도다. 하면 송전경, 이제 두 번째 이야기를 해 보라."

"알겠사옵니다."

송화는 왕의 주문에 이야기보따리를 다시 풀었다.

"이번에도 《수신기》의 이야기옵니다. 하지만 첫 번째와는 달리, 사람이 죽는 무서운 결과로 끝을 맺으니, 전하께서는 다소 꺼림칙하시더라도 양해해 주시옵소서."

옛날 중국에 완첨이란 사람이 있었다. 완첨은 이론에 뛰어난 학자였는데, 그는 평소부터 주변 사람들이 귀신에 대해 떠드는 것을 무척 못마땅하게 여겼다. 그래서 틈만 나면 귀신은 있지도 않은 허상이라고 주장하고 다녔다. 간혹 귀신이 있다고 말하는 사람을 만나면, 즉시 그런 주장을 반박하는 치열한 논쟁을 벌였다. 완첨의 그런 신념이 얼마나 굳건했는지, 어떤 학식과 재주를 가진 사람이라도 완첨과 만나서 '귀신이 있느냐 없느냐'라는 주제로 토론을 하면 도저히 당해 낼 재간이 없었다. 이런 일이 계속되다 보니, 완첨은 자신이 귀신 문제와 관련된 토론에서는 누구와 논쟁이 붙어도 이길 수 있다는 오만함에 한껏 부풀었다. 그럴수록 주위 사람들은 완첨이 지나치게 거만하다고 고개를 저었다.

그러던 어느 날, 비가 부슬부슬 내리는 밤이었다. 완첨은 빗소리를 들으며 방 안에 호롱불을 켜고 귀신을 다룬 책을 읽고 있었다. 그때 웬 덕망 높은 학자 한 명이 그의 집을 방문했다. 완첨이 읽던 책을 덮고 손님을 맞으러 나가 보니, 그는 평소부터 완첨이 귀신의 존재를 부정한다는 말을 듣고서 일부러 멀리서 찾아왔다고 했다. 자신은 완첨과는 반대로 귀신이 있다고 생각하며, 그래서 완첨의 잘못된 생각을 일깨워 주려 한다는 것이었다.

완첨은 평소 귀신이 있는지 없는지의 여부를 놓고 벌이는 논쟁에서 항상 상대방을 이겼다고 자부해 왔기 때문에 학자를 자신의 방으로 맞았다. 그리고 간단한 인사를 나누고 차를 대접하다가, 이윽고 귀신 문제와 관련하여 토론을 시작했다.

"일찍이 성인이신 공자께서는 괴력난신에 대해 말씀하시지 않으셨소. 그렇듯 무릇 글을 배운 선비라면 괴력난신에 속하는 귀신 같은 허무맹랑한 이야기는 감히 입 밖에 내어서는 안 되는 것이오."

완첨이 공자의 권위를 내세우며 귀신에 대해 부정적인 주장을 꺼내자, 학자는 가만히 듣고 있다가 반박을 했다.

"공자가 비록 성인이었으나, 그 혼자서 세상 모든 일들을 다 알고 있지는 않았소. 혹시 누가 아오? 공자가 귀신이 있는지 없는지에 대해 잘 몰랐는지 말이오. 더구나 공자는 지금으로부터 천 년도 더 전에 죽은 사람인데, 과연 그가 아는 것만이 세상 지식의 전부였겠소? 선생께서도 세상 보는 눈을 넓혀 보는 것이 어떻소? 선생이 아는 것만이 세상의 전부는 아니오. 내가 모르는 지식이 있을 수도 있으니, 언제나 내가 틀릴 수도 있다고 생각의 문을 열어 두는 것이 합당하지 않소?"

그러나 완첨은 학자의 말에 전혀 동의하지 않았다.

"지금 도대체 무슨 말씀을 하시는 것인지 나는 도무지 모르겠소. 그래서 나더러 근거나 출처도 없는 귀신에 관련된 허황된 말들이 맞을 수도 있다고 여기라는 것이오? 한낱 뜬소문이나 유언비어 따위를 마음에 둬서야 어찌 글을 배운 선비라고 할 수 있겠소? 옳지 않은 말은 보지도 듣지도 전하지도 말라는 옛말도 모르시오?"

완고한 반응을 보이는 완첨에 학자는 혀를 끌끌 찼다.

"선생은 참으로 단순하구려. 세상에 떠도는 말이라고 해서 모두 거짓이 아니고, 책 속에 있는 글이라고 모두 진실은 아니오. 선생이 읽는 책에 떠도는 말을 그대로 옮겨 놓은 구절이 없다고 어떻게 확신할 수 있소? 선생이야말로 선생이 읽는 책에 거짓이 있는지 없는지 확실히 구분할 수 있단 말이오? 책에 있는 글귀라고 해서 모두 믿는다면, 차라리 책이 없는 것만 못하다는 맹자의 말도 못 들어 보았소?"

"이보시오, 당신 말대로라면 세상에 믿고 볼 만한 책이 어디 있겠소? 그런 식이라면 세상의 모든 학문은 다 문을 닫아야 할 거요. 덮어놓고 의심하는 건 좋지 않소."

"아니, 무엇이 진실이고 거짓인지를 따져서 밝혀내는 것이 글을 아는 자의 도리가 아니오? 지금 선생은 모순을 저지르고 있소. 세상에 떠도는 말은 모두 믿을 수 없다며 무시하더니, 책에 쓰여 있는 글들은 무조건 믿어야 한다니, 이런 황당한 소리가 도대체 이치에 닿는 것이오?"

"그래서 당신은 근거도 없는 허황된 귀신에 관련한 말들을 떠벌리는 길거리의 천박한 시정잡배들과 고매한 학문을 다루는 학자들을 같은 선상에 올려놓고 비교한단 말이오? 그게 말이나 된다고 생각하시오?"

"시정잡배들이 하는 말이라고 해서 모두 거짓이고, 학자들이 하는 말이라고 해서 모두 진실이라는 법이라도 있소? 공자도 다섯 살 아이한테 배울 것이 있다면 곧 내 스승이라고 했소. 또한 선생이 시정잡배라고 무시하지만, 백성들의 여론을 듣고 그 속에서 깨달을 점을 찾아내는 일도 중요하지 않소?"

"무시한다? 그렇소. 나는 시정잡배를 비롯해서 무식하고 천박한 백성들을 무시하오. 글을 읽고 쓸 줄도 모르고,《시경》이나 《서경》 같은 고귀한 책들은 들어 보지도 못한 저 무지한 무리들을 뭐하러 존중해야 한단 말이오? 혹시 당신은 배우지 못하고 무식한 자들을 존경하며 살고 있는 거요?"

"어허, 당신은 그저 책 속에 든 글귀만으로 세상을 판단하는 것이오? 참으로 안타깝구려."

둘은 치열하게 논쟁을 주고받다가 지쳤는지, 각자의 앞에 놓인 찻잔을 들어서 식은 차를 단숨에 마셔 버렸다. 차를 마시자 어느 정도 마음이 진정되어서, 완첨은 방문한 학자에게 사과를 했다.

"선생, 아까는 내가 다소 성급해서 실수를 했소이다. 부디 너그러운 마음으로 이해해 주시기 바라오."

"원, 별말씀을. 나는 전혀 마음에 두고 있지 않소. 잊어버리시오."

완첨과 학자는 잠시 숨을 고르다가 다시 논쟁을 시작했다. 물론 이번에는 완첨이 아까보다 태도를 다소 누그러뜨려서 말문을 열었다.

"선생께서는 정말로 귀신이 있다고 생각하시오?"

"그럼 귀신이 없다는 확실한 증거는 있소? 어떤 일이든 사실일 수도 있다는 가능성은 열어 두어야 하지 않겠소?"

"그렇소? 만약 정말로 귀신이 있다고 칩시다. 그럼 왜 세상이 이토록 조용한 거요? 특히나 원한을 품고 죽은 사람들이 무수히 많을 텐데 말이오. 항우는 한고조와 천하를 다투다 패배하고 자살해서 원혼이 되었을 텐데, 어째서 한고조의 후손들은 400년이나 천하를 다스리며 부귀영화를 누렸소? 항우의 원혼은 그동안에 대체 무엇을 하고 있었던 거요? 한무제는 평생 흉노족과 전쟁을 벌였는데, 그의 손에 죽어 간 흉노족들의 원혼은 무엇을 했기에 한나라는 그 후로도 계속 번성한 것이오? 또 세상에 정말로 귀신이 있다면, 무엇하러 관아를 만들어 살인 사건들을 수사해야 하겠소? 그저 원한을 품고 죽은 귀신들이 알아서 범인들에게 복수하기를 기다리면 되는 것이 아니오?"

완첨이 열변을 토하자 학자는 소리 없이 웃었다.

"글쎄, 나는 이렇게 봅니다. 사람이 원한을 가졌다고 모두 살인을 하거나 할 수 있는 것이 아니듯, 귀신들에게도 각자의 사정이 있어서 함부로 산 사람에게 손을 못 대는 것은 아닐지 말이오."

"그보다는 차라리 귀신이 아예 존재하지 않기 때문에 남들에게 원한을 산 사람이라고 해도 무사히 죽을 수 있다는 결론을 내려야 더 이치에 맞지 않겠소?"

"뭐든지 단순하게 본다고 다 맞는 일은 아니오."

"그렇소? 그렇다면 내 눈앞에 당장 귀신이 나타난다면, 내가 한 말이 틀렸음을 인정하겠소. 그거야말로 귀신이 있다는 객관적이고 중립적인 증거일 테니까."

그러자 학자는 완첨을 지긋이 보면서 말했다.

"하긴 백문이 불여일견이라는 말도 있지요. 그렇다면 내가 당장 선생에게 귀신을 보여 주리다. 그러면 되겠소?"

"어떻게 말이오?"

의아해하는 완첨을 향해 학자는 자리에서 일어섰다.

"잘 봐라. 내가 바로 네가 엉터리 궤변으로 부정해 왔던 귀신이다! 이래도 귀신이 없다고 할 테냐?"

말을 마친 학자는 곧바로 붉은 핏발이 가득 찬 두 눈과 풀어헤친 머리카락을 한 귀신으로 변한 채, 그 자리에서 사라져 버렸다. 지금까지 진짜 귀신과 논쟁을 하고 있었다는 사실을 깨달은 완첨은 너무나 충격을 받아서 아무런 말도 하지 못하고, 그날 이후 자리에 앓아누워서 공포와 정신착란에 시달리다가 일 년 후에 죽었다.

"저런, 평소에 귀신이 없다고 굳게 믿었다가 바로 눈앞에서 귀신을 보았으니 얼마나 놀랐을꼬. 혼이 나가 죽을 만도 하다."

완첨의 비참한 최후에 동정심을 느꼈는지, 왕은 혀를 찼다.

"그것도 그렇지만 자신의 사상이 완전히 부정당했으니, 거기서 받았을 충격도 매우 컸을 것이옵니다."

송화가 왕의 말을 거들었다.

"한데, 《수신기》를 쓴 간보는 귀신이 없다고 하는 자들을 굉장히 아니꼽게 보았던 듯합니다. 귀신을 부인하던 사람을 그리 잔혹하게 죽이는 걸 보면 말입니다."

"글쎄요, 홍문관 부제학. 저는 다르게 봅니다. 귀신이 있다 없다의 여부는 이 이야기에서 들려주고자 하는 주제가 아닙니다."

이수능의 견해를 송화가 반박하고 나섰다.

"저는 간보가 쓴 완첨 이야기의 교훈을 '교만과 편협함의 어리석음'이라고 여깁니다. 우리가 사는 이 세상이 얼마나 넓으며, 지나온 세월은 얼마나 오래되었으며, 세상에 지식은 또 얼마나 많습니까? 그런데 고작 수십 권의 책과 수십 년의 인생살이만으로 세상의 모든 일들을 옳다 그르다로 판단할 수 있습니까? 만약 그렇게 생각한다면 그것이야말로 터무니없는 교만함이자 어리석은 짓이 아닐까요? 완첨 이야기를 통해 간보가 말하고자 했던 바는 자신의 견해만 옳다고 고집하지 말고, 생각의 문을 항상 열어 두어야 한다는 것이었다고 저는 봅니다."

"음, 그도 그렇군요."

송화의 해설에 이수능을 비롯한 다른 신하들과 왕이 수긍했다. 그들의 모습을 보며 송화는 계속 말을 이어 나갔다.

"이번에 들려드릴 이야기는 우리나라 선비인 임방이 지은 《천예록》에 실린 한 대목입니다. 역시 완첨 이야기와 마찬가지로 귀신을 만났다가 죽은 사람의 이야기입니다."

경주의 서악서원은 옛 신라의 훌륭한 공신인 설총과 김유신 그리고 최치원을 모시고 매년 제사를 지낸다. 어느 날 서악서원에 모시는 위인들의 위패를 빼는 일을 두고 선비들이 모여서 논쟁을 벌이고 있었다. 그중 어느 선비는 "설총과 최치원은 학문에 업적이 있으나, 김유신은 일개 장군일 뿐이고 유학자와는 어울리지 않으니, 마땅히 그를 모신 위패는 서원에서 제외해야 합니다"라는 의견을 제시했다. 하지만 "그렇다 해도 김유신이 세운 업적을 감안한다면, 결코 무시할 수 없습니다" 하고 반대하는 의견들도 많아서, 김유신의 위패를 제외하는 일은 결정되지 않았다.

그날 밤, 김유신의 위패를 빼자고 주장했던 선비는 서원에서 잠을 자다가 꿈을 꾸었다. 갑옷을 입고 칼을 찬 장군이 1만 명의 병사들과 함께 서원에 자리를 잡고서, 자신을 심문하는 내용이었다. 선비는 어찌된 일인지 영문을 몰라 하면서도 위엄이 가득한 장군의 기세에 주눅이 들어 겁을 먹었다. 이윽고 장군은 선비에게 서릿발 같은 불호령을 퍼부었다.

"듣자 하니 네가 오늘 낮에 변변치 않은 말재주로 나를 헐뜯었더구나! 그래서 내가 화를 참지 못하고 이렇게 직접 너를 심문하러 왔느니라."

선비는 그 말을 듣고 심장이 멈추는 것 같았다. 그 장군은 바로 자신이 폄하했던 김유신이었던 것이다. 선비가 변명을 할 시간도 없이, 김유신 장군은 선비를 계속 질타했다.

"먼지가 앉은 책장을 들춰서 낡아 빠진 글귀나 찾아내는 썩은 선비 주제에 어찌 감히 나를 모욕하려 드느냐? 나는 어른이 되고 나서 줄곧 군대를 이끌며 전쟁터에 나가 목숨을 걸고 싸웠다. 너처럼 편하게 살면서 인생을 허비하지 않았단 말이다. 내가 전장에서 세운 공들은 책에도 다 적을 수가 없다. 그래도 몇 가지만 말하자면, 내가 살아 있을 때에 신라는 북으로 고구려와 서로는 백제, 동과 남으로는 일본에 에워싸여 사방이 적이었다. 하지만 그런 와중에도 나는 고구려와 백제를 멸망시키고 일본이 감히 침입하지 못하게 하는 등 주위의 모든 위험으로부터 나라를 무사히 보존하게 만들었다. 이것이 바로 내가 세운 충이니라. 또한 나는 망한 나라인 가야의 왕족 출신으로, 신라에서 어렵게 자라면서 끝내 세상에 이름을 떨쳐 부모가 주신 이름을 자랑스럽게 빛냈으니, 이것이 바로 내가 세운 효이다. 살아생전에 내가 이룩한 업적은 모두 충효에 맞으니, 유학에서도 칭송해야 마땅하다. 그래서 이 나라 최고의 유학자인 퇴계 이황도 나를 서원에 모시는 일에 반대하지 않았거늘, 하물며 너는 대체 무엇인데 그따위 망발로 나를 능멸하였느냐? 더러운 혀를 놀린 죄로 너는 반드시 죽어야 한다. 그래야 훗날 어리석은 유생들에게 본보기가 될 것이다."

추상같은 김유신 장군의 분노에 선비는 그저 덜덜 떨면서 입을 다물었다. 김유신 장군은 곧이어 병사들에게 명령했다.

"이 썩은 선비에게 천벌을 내리겠다. 하나, 이곳은 나 말고 다른 위인들의 위패가 있는 성스러운 서원이니, 내일 저자의 집에서 다스리겠다."

바로 그 대목에서 선비는 꿈에서 빠져나와 현실 세계로 돌아왔다. 그러나 꿈속에서 김유신 장군이 호통을 친 일은 마치 방금 있었던 일처럼 생생하게 기억에 남았다. 그리고 다음 날, 그는 아무런 이유도 없이 갑자기 코와 입으로 피를 잔뜩 토해 내고는 죽어 버렸다.

"독한 사람이로다. 자기를 모욕했다고 바로 죽이는군."

송화가 한 이야기를 다 듣고 난 왕이 짧은 평을 남겼다. 다른 대신들도 서로 쳐다보면서 웅성거렸다.

"김유신 장군에게 그런 면이 있었소?"

"내가 《삼국사기》나 《삼국유사》는 잘 읽지 않았지만, 성품이 무척 모질고 엄격한 사람이었다고 하더이다. 황산벌 싸움에서 백제의 장군 계백이 끈질기게 저항하자, 신라군의 사기를 높이기 위해 일부러 어린 화랑들을 돌격시키고 그들이 전사하도록 만들었던 일도 있었다지요."

"황산벌 싸움 뿐이겠소? 나중에 황산벌 전투를 치르느라 당나라 군대와의 합류 약속이 늦어져서 당나라 장군인 소정방이 신라군 장교를 죽이려 하자, 도끼를 뽑아 들고서 하는 말이 '우리가 황산벌에서 백제군과 싸우느라 시간이 늦었던 사정도 고려하지 않느냐? 만약 당신이 신라군의 몸에 칼을 대면, 백제군보다 먼저 당군과 싸우겠다'라고 고함을 질렀다고 하더이다."

"하지만 당시 신라가 놓인 국제 정세를 감안한다면 그런 김유신 같은 사람이 있었기 때문에 신라가 망하지 않고 나라를 보존한 것이 아니오? 사방이 고구려와 백제, 일본 같이 적국으로 둘러싸인 상황에서 신라가 끝내 살아남아서 삼국을 통일한 원동력은 바로 대담하고 엄격했던 김유신의 노력 덕분이오. 그 어찌 대단한 일이 아니겠소?"

"옛말에 장군은 거칠고 사납더라도 나약해서는 안 된다고 했소. 김유신이 비록 독하고 모질기는 했으나, 고구려와 백제를 멸하고 당나라마저 물리쳐 나라를 보존하게 한 공은 실로 크오."

신하들의 토론을 흐뭇하게 감상하던 왕은 자신의 생각을 입 밖으로 꺼냈다.

"그런데 그 선비는 대체 무엇 때문에 서원에서 김유신의 위패를 빼야 한다고 했던 것일까? 김유신이 세운 업적을 생각한다면 그런 말을 함부로 할 수 없을 텐데, 참으로 이상한 일이로다."

왕이 던진 질문의 해답을 구하기 위해 많은 신하들이 고민하다가, 그들 중에서 송화가 의견을 제시했다.

"그야 김유신이 장군이다 보니, 우선 깔본 것이 아니었을지요? 김유신이 선비들처럼 유교 경전들을 읽고서 해석한 책을 쓰지는 않았으니 말이옵니다. 그러니 그 선비로서는 김유신을 학식이 없는 위인이라고 여겨 위패를 뺄 생각을 했을 지도 모르옵니다."

"참으로 한심하도다. 물론 선비가 학문을 닦는 일은 중요하지만, 세상에는 그에 못지않게 중요한 일이 많이 있거늘……. 우리나라가 들어선 이래로 조정에서 무관을 하찮게 여겼는데, 그래서 임진년과 병자년에 큰 고난을 겪지 않았던가? 그 선비야말로 과거의 일에서 교훈을 찾지 못하는 어리석은 자였도다."

　앞의 세 가지 귀신 이야기들 중에서 첫 번째와 두 번째는 본문
에서 밝힌 것처럼 중국 서진 시대의 고전소설인 《수신기》에서 따
왔으며, 세 번째는 우리 문헌인 《천예록》에서 가져왔다.

　첫 번째 《수신기》의 설화에서 송정백이 귀신에게 자신도 귀신
이라고 거짓말을 하는 장면을 보고 '아니, 어떻게 감히 귀신을 속
일 수 있지?'라고 의문을 품을 독자들도 있을 것이다. 그야 귀신
을 소재로 한 소설이나 영화 등에서는 귀신에게 거짓말을 했다가
들통이 나서 끔찍한 일을 당하는 경우가 자주 등장하니, 그렇게
생각할 만도 하다.

　그러나 신화 연구 학자인 유재원 교수는 그의 저서 《그리스
신화의 세계 2》에서 "원시 신앙을 믿던 아주 먼 옛날에는 인간이
신을 속인다는 것이 결코 죄로 여겨지지 않았다. 오히려 강력한
존재인 신마저 속일 수 있는 인간의 뛰어난 지혜와 용기를 드러낸
다고 여겨져서 찬양을 받았다"라고 말했다. 실제로 지금도 샤머
니즘을 신봉하는 동북아시아의 무당들은 제사를 지낼 때, 자신
들이 원하는 것을 얻기 위해서 신들을 속이거나 협박하는 일도 꺼
리지 않는다. 우리 고전 가요인 '구지가'에도 신의 상징인 거북을
향해 "거북아 머리를 내밀어라, 내밀지 않으면 구워서 먹으리" 하

고 협박하는 내용이 들어 있다.

송정백의 설화에서 주인공은 귀신과 마주쳐도 결코 당황하지 않고 침착하게 속이며 자신에게 유리한 완시까지 조용히 걸어가다가, 완시에 도착하자 재빨리 귀신을 제압하고 빠져나왔다. 이런 설정은, 아무리 두려운 존재와 만나도 태연하게 제정신을 유지한다면 얼마든지 어려움을 극복할 수 있다는 교훈을 《수신기》의 저자 간보가 독자들에게 전하고 싶었기에 넣었던 듯하다.

두 번째 이야기는, 귀신을 부정하던 무신론자인 완첨이 유신론을 주장하던 학자의 방문을 맞아 자신의 화려한 이론을 뽐내며 논쟁을 하다가, 그 학자가 자신의 정체를 드러내고 귀신이 되자, 너무나 큰 충격과 공포에 빠져서 정신을 잃고 앓아누웠다가 죽었다는 내용을 담고 있다. 겉으로 보면 단순히 미스터리에 심취한 간보가 신비 현상을 부정한 사람들을 골탕 먹이는 것 같으나, 그 대목을 잘 읽어 보면 자신의 생각을 결코 바꾸지 않는 완고한 사람들에게 '너희들이 아는 것만이 세상의 전부가 아니다! 생각의 눈을 크게 뜨고, 언제든 자신이 틀릴 수 있다는 가능성을 열어 두어라!' 하고 교훈을 주려 한 것임을 알 수 있다.

세 번째 이야기는 조선의 학자인 임방이 지은 《천예록》에 실렸는데, 경주 서원에 모셔진 김유신 장군의 영정을 두고 어느 선비가 "김유신이 살아생전에 한 일들은 별거 아니다"라고 폄하하며 빼려고 했다가, 분노한 김유신의 귀신이 내린 천벌에 목숨을 잃었다는 내용이다. 조선은 후기로 갈수록 유교의 원리주의적인 성향이 짙어졌는데, 저자인 임방은 그런 사회 분위기에 은근히 반발심을 가지고 일침을 가하려 했던 듯하다.

원래 《천예록》의 원문에는 김유신이 선비에게 '당나라 천자의 위엄으로도 우리나라에 군대를 보내지 못하게 하였다'라는 내용이 실려 있다. 그러나 이는 약간 잘못된 말이다. 김유신의 사망 연도는 서기 673년인데, 신라가 당나라와 싸운 나당전쟁은 그보다 3년 앞선 670년부터 시작되었다. 즉 김유신이 살아 있을 때에도 이미 당나라는 신라 땅에 군대를 보냈다. 그러니 《천예록》에 실린 김유신의 말은 명백한 오류다. 아마 《천예록》의 저자인 임방이 나당전쟁과 김유신의 사망 연도를 잘 몰라서 그런 오류를 범한 듯하다.

그런 이유로 필자는 당나라 운운하는 대목을 '일본이 이 땅을 넘보지 못하게 하였다'는 식으로 고쳤다. 실제로 김유신이 죽을 때까지 일본은 신라를 공격하지 못했으니까 말이다.

07

초야에 묻힌 영웅들

세월 속으로 사라져 간 호걸들

"영웅은 가슴속에 큰 뜻을 품고 이를 성취한 사람을 가리키옵니다. 성공을 하면 왕과 제후가 되지만, 실패하면 역적으로 몰리기도 합니다. 그러나 영웅의 용기와 업적이 뛰어나다면 성공하지 못하더라도 후세의 사람들은 그 공을 기억하고 추앙하옵니다. 한나라를 부흥시키려고 했던 관우도 결국 손권에게 붙잡혀 죽었지만 그 후 천년이 넘도록 모든 중국인들이 열렬히 숭상하는 영웅이 되었던 것만 보아도 알 수 있사옵니다."

한여름 밤의 경연당에서 영의정은 어린 왕을 상대로 '영웅이란 무엇인가'란 주제를 가지고 강연을 하고 있었다. 늙은 재상의 말을 듣고 있던 왕은 비단 수건을 들어 얼굴에 흐른 땀을 닦

앉고, 잠시 휴식할 것을 제안했다. 여느 때처럼 내관들은 경연당 안의 사람들이 목을 축일 수 있도록 차갑게 얼린 수정과를 가져왔다. 수정과를 마시니 후덥지근한 여름밤의 열기를 조금이나마 식힐 수 있었다. 그렇게 한참 수정과를 마시던 왕은 찻잔을 내려놓으며 주위를 향해 질문을 던졌다.

"방금 영상이 한 말은 잘 들었다. 관우가 거론된 것처럼 중국에는 예부터 영웅호걸들이 많았다고 하는데, 우리나라에는 그런 사람들이 없었을까?"

그 말에 영의정이 나서서 대답했다.

"비록 우리나라가 중국보다 땅이 좁고 인구가 적으나 나름대로 수천 년의 역사를 가졌는데, 어찌 영웅호걸이 없겠사옵니까?"

"혹시 영상은 그런 영웅호걸에 관한 이야기를 알고 있소?"

"고려 때는 강감찬과 척준경, 김경손과 최영이 있었사옵고 우리 조정에는 이순신과 곽재우, 김시민과 권율이 있었사옵니다. 혹시 전하께서는 이들에 관한 이야기를 듣고 싶으시옵니까?"

그러나 왕은 만족하지 못한 듯 고개를 저었다.

"영상이 말한 사람들이 영웅호걸인 줄은 과인도 알고 있소. 하나 그들에 관한 이야기는 이미 사서에서 충분히 읽었소. 과인은 사서에 기록되어 있지 않은 다른 영웅호걸들에 대한 이야기를 알고 싶소. 혹시 영상은 그들에 대해서도 알고 있소?"

왕의 까다로운 요청에 영의정은 난색을 표했다.

"전하, 송구하오나 이 노신은 전하께서 원하시는 이야기에 대해서 알지 못하옵니다. 아무래도 전하께서 듣고 싶어 하시는 그런 야사는 저기 송전경에게 물어보심이 옳을 줄 아옵니다."

영의정의 말 속에는 은근히 송화를 비아냥거리는 느낌이 담겨 있었으나, 왕은 눈치를 채지 못하고 송화에게 말을 건넸다.

"송전경, 그대에게 한 가지 요청을 하고 싶네. 과인이 사서에서 보지 못한 영웅호걸들에 관한 이야기를 들려주게나."

"알겠사옵니다, 전하."

왕의 부탁에 송화는 얼른 고개를 숙여 절하고는 자신이 아는 대로 이야기를 꺼내기 시작했다.

"영웅호걸이란 주로 강인함과 용맹함을 뽐낸 사람들을 가리키는 말이옵니다. 소신은 조정에 들어오기 전에 여러 야담집을 통해 그런 사람들에 관한 이야기들을 몇 편 읽었사옵니다. 우선은 정조 임금 때, 도적 이경래를 잡았던 구담의 일화부터 들려드리겠사옵니다."

구담은 정조 임금 때의 사람이었다. 그는 어릴 적부터 용감하고 지혜로웠으며, 술과 노래를 좋아하고, 거기에 잘생긴 외모도 지녔던 인물이었다. 어릴 때 무과에 급제하였으나 재상에게 미움을 받아서 십 년 동안 벼슬을 못 하였는데, 어느 날 정조 임금의 부름을 받게 되었다. 당시 강원도 양양에서 도적 이경래가 패거리를 모아 기세를 떨치며 조정의 큰 근심이 되어서, 정조 임금은 구담의 용맹을 기억하고 그를 다시 불러들여 선전관에 임명하며 이경래 일당을 소탕하라는 명을 내린 것이다. 또한 이경래 일당을 잡는 데 섣불리 군사를 동원하지 말고 암행을 하라는 지시까지 덧붙였다.

명을 받고 물러난 구담은 강도들을 체포하는 데 능숙하다고 알려진 포교 변시진과 하루에 300리를 간다고 할 만큼 빠른 발을 가진 남완석과 함께 이경래 체포에 나섰다.

일행을 데리고 양양에 도착한 구담은 현지의 지방관으로 부임해 온 숙부인 구세적과 만났다. 그리고 이경래에 대한 좀 더 많은 정보를 확보하기 위해 산 위로 올라가 장막을 치고 술과 고기를 푼 다음, 지방 관아의 아전과 양반들을 불러서 잔치를 벌였다. 공짜로 술과 고기를 실컷 먹을 수 있다는 사실에 시골 아전과 양반들이 몰려와 구담과 함께 매일같이 잔치를 즐겼다.

구담은 자신을 찾아온 사람들을 유심히 살폈는데, 그들 중 별감 한 명이 유독 풍채와 말솜씨가 뛰어나서 눈에 띄었다. 그 별감을 눈여겨본 구담은 어느 날 밤, 그와 함께 술잔을 기울이다가 갑자기 칼을 뽑아 들고 별감의 가슴을 겨누었다. 겁에 질린 별감에게 구담은 자신의 신분과 목적을 밝히면서 "왜 양양에서 유명한 도적인 이경래가 지금은 모습을 보이지 않는가? 혹시 당신이 그와 내통하는 것은 아닌가? 이경래의 위치를 안다면 지금 어디에 있느냐"고 날카롭게 추궁했다.

별감은 구담의 기세에 눌려 자신이 아는 대로 이경래에 관한 정보를 털어놓았는데, 자신은 이경래와 한패는 아니지만 그와 잘 알고 지내는 사이이며, 이경래는 얼마 전까지 양양 읍내에 머물렀다가 한양에서 자신을 잡으러 선전관 일행이 온다는 소식을 듣고는 황급히 금강산으로 도망쳐서 숨어 지낸다는 것이었다. 그리고 이경래의 용모와 특징 등의 기록까지 다 넘겨주었다. 정보를 알아낸 구담은 별감에게 "만약 네가 나의 일을 방해한다면 너의 일가친척이 모조리 멸문을 당할 것이나, 나를 돕는다면 마땅히 큰 공을 세우는 것이니 방금 있었던 일을 결코 누구에게도 말하지 말라"고 회유와 엄포를 동시에 놓으며 그를 단속했다.

이경래의 위치를 알아낸 구담은 변시진과 남완석을 데리고 금강산으로 떠나 자신의 신분을 광대 구명창이라 속이고, 북을 치면서 악곡인 영산회상을 불렀다. 어릴 때부터 노래 부르는 것을 좋아하고 솜씨도 있던 터라 그가 부르는 노래를 들으면 누구나 그를 명창이라고 믿어 의심치 않았다. 그렇게 연일 금강산에서 노래를 부르자, 산을 오르내리는 사람들이 모두 구담의 곁에 모여 그가 부르는 멋들어진 노래를 들으려 했다.

구경꾼들을 살펴보던 구담은 별감이 자신에게 넘겨준 용모 파기의 기록을 떠올렸으나 그들 중에서도 끝내 이경래를 찾아내지 못했다. 그러고는 아무래도 노래를 부르는 것만으로는 이경래를 유인할 수 없다고 여겨 노래 부르기를 그만두고, 금강산에 사는 사람들을 상대로 이경래에 대한 정보를 더 알아내기로 결심했다. 옛날 황해도를 떠들썩하게 한 도적 임꺽정도 현지 주민과 관원들을 상대로 깊이 결탁하여 관군에게 잘 잡히지 않았던 사실을 떠올렸던 것이다.

구담은 금강산 밑을 살펴보다가 한 초막에서 불빛이 비추는 것을 보고 호기심이 일어 찾아갔다. 그 초막 안에는 승려 한 명이 있었는데, 구담이 오는 것을 보자 황급히 무엇인가를 자신의 무릎 밑에 숨겼다. 구담은 얼른 다가가 승려를 밀치고 숨긴 것을 살폈는데, 그것은 커다란 짚신 한 짝이었다. 승려가 짚신을 숨긴 것을 이상하게 여긴 구담은 승려를 추궁했다. 양양 별감에게 넘겨받은 이경래의 용모파기 기록에서 그의 발이 매우 크다는 사실을 읽었기 때문이다.

승려는 구담의 추궁에 이경래가 신을 짚신을 삼고 있었다고 고백하면서, 이경래는 술을 좋아하니 독한 술을 준비하고 그를 취하게 하여 잡으라고 가르쳐 주었다. 드디어 이경래에 대한 구체적인 정보와 그 실체에 다가갈 방법을 알게 된 구담은 기뻐하며 남완석을 급히 양양으로 보내 건강한 포졸 50명을 데려오게 하였으며, 독한 소주를 구해 초막에서 팔면서 이 사실을 널리 알리도록 하였다. 그리고 자신은 초막 앞에서 예전처럼 북을 치고 큰 소리로 노래를 부르며 사람들을 유인하였다.

그러자 다음 날, 정말로 이경래가 초막 앞에 그 모습을 드러냈다. 승려가 말한 대로 독한 소주를 판다는 소문이 귀에 들어간 모양이었다. 이경래도 노래 듣기를 좋아했는지, 구담이 부르는 노래를 듣고 연신 '잘한다!'를 외치며 무릎을 쳤다. 구담은 그에게 소주가 가득 담긴 술잔을 건네며 마실 것을 권하였고, 이경래는 구담이 내미는 대로 소주잔을 받아 모두 들이켰다. 그렇게 독한 소주를 잔뜩 마신 이경래는 어느새 취하여 두 눈이 풀리고 몸이 비틀거렸다.

그 모습을 지켜보고 있던 구담은 미리 소매 속에 숨겨 둔 철퇴를 꺼내서 번개 같이 이경래를 내리쳤다. 그러나 한 번에 쓰러질 것이라는 예상과는 달리, 이경래는 힘이 장사여서 정신을 잃지 않고 재빨리 초막 밖으로 달아났다. 구담은 포졸들과 함께 그의 뒤를 쫓았고, 각지에서 파수꾼들이 호각을 불자 이경래는 자신을 잡으러 군사들이 몰려오는 줄 알고 당황하여 우왕좌왕하였다. 그때 구담이 잽싸게 달려가서 이경래의 다리를 향해 온 힘을 실어 철퇴를 후려치자, 이경래는 다리가 부러지면서 쓰러지고 말았다. 그렇게 해서 구담은 이경래를 붙잡는 데 성공했고, 그를 포승줄로 묶어 데려가게 했는데 그 와중에서도 이경래는 무시무시한 괴력을 발휘하여 자신을 묶은 포승줄을 썩은 새끼줄처럼 끊어 버렸다. 그러나 곧이어 구담이 철퇴로 이경래의 팔을 내리쳐 부러뜨리자, 그제야 이경래는 더 이상 힘을 쓰지 못하고 포승줄에 묶여 포졸들에게 붙잡힌 채로 한양까지 수레에 실려 갔고, 결국 처형을 당하였다.

한편 이경래를 잡는 데 큰 공을 세운 구담은 당상관에 올랐고, 별감과 승려도 포상을 받았다. 그렇게 해서 이경래의 위협은 끝났으며, 나라는 다시 평온을 되찾게 되었다.

"송전경의 이야기는 잘 들었도다. 한데 정조 임금은 세종 대왕에 못지않은 성군이라 들었는데, 그때에도 역적이 있었던가?"

어린 왕이 의문을 제기하자, 송화는 바로 대답하지 못하고 머뭇거렸다. 그러자 영의정이 나서서 답변했다.

"정조 임금께서는 분명히 성군이셨지만, 수많은 음해 세력들의 위협에 시달리셨사옵니다. 즉위하신 지 1년 만에 홍상범과

강용휘, 전흥문 등이 서로 짜고서 정조 임금을 시해하려한 역적 모의가 발각되기도 하였사옵니다. 또한 방금 송전경이 강원도 양양의 도적 이경래를 거론했는데, 이경래는 실제로 정조 임금 시절 양양에 살면서 문인방 등과 함께 계획을 세워 스스로 도원수가 되어 군사들을 이끌고 한양을 침범하려는 역모를 꾸미다가 발각되어 처형을 당했던 자이옵니다. 신이 알기로 정조 임금이 즉위하신 지 6년에 있었던 일이옵니다."

"그렇구려. 영상의 상세한 설명 덕분에 과인이 한층 더 잘 이해가 되었소."

왕이 영상에게 감사를 표하자, 영상은 고개를 숙여 황송함을 나타내면서 몇 마디를 덧붙였다.

"황공하옵니다, 전하. 역사를 제대로 알고 싶으시다면 정사를 읽으셔야 하옵니다."

그 말 속에는 은근히 송화가 왕에게 들려준 이야기가 쓸데없고 허무맹랑한 야사에 불과하니, 그런 것은 굳이 알 필요가 없다는 뜻이 담겨 있었다. 송화도 그것을 눈치 채고 약간 불쾌한 기분이 들어 얼굴을 굳혔다. 그러나 잠시 후, 송화는 곧바로 얼굴을 펴면서 나쁜 기분을 없애려 애썼다. 어차피 영의정이 자신을 걸고넘어지는 일에야 이제 익숙해졌으니까.

"영상의 말은 과인이 잘 알고 있소. 하나 그렇다고 과인이 결코 공부를 게을리하는 것은 아니오. 그러니 너무 염려 마시오."

영상이 이에 수긍하자, 왕은 송화에게 새로운 요구를 했다.

"선전관 구담이 도적 이경래를 잡은 이야기는 과인이 잘 들었네. 다른 이야기는 없는가?"

"물론 있사옵니다, 전하. 다음은 감사 맹주서가 금강산에서 어느 승려와 만난 이야기이옵니다."

현종 임금 때, 안동 부사와 가선대부를 지낸 맹주서는 산과 물을 좋아하여 자주 등산을 했는데, 한번은 금강산에 오른 적이 있었다. 산 깊은 곳에 웬 암자가 있었는데, 그곳에 어느 늙은 승려가 살고 있었다. 그 늙은 승려는 나이가 족히 백 세는 되어 보였으나 매우 건강하고 정신도 맑아 사람을 대하는 데 아무런 문제가 없었다. 맹주서는 암자에 며칠 동안 머물렀는데, 어느 날 그 승려가 상좌승을 불러 "내일은 내 스승의 제삿날이니 준비를 하라"고 지시를 내렸다. 그래서 새벽에 제사를 지내는데, 늙은 승려가 매우 슬퍼하며 울기에 맹주서가 이상하게 여겨 "스님을 가르친 스승님이 누구이며 무슨 연유로 제사를 지내며 이리 슬퍼하는 것인지요?"라고 묻자, 승려는 놀라운 대답을 했다.

"나는 본래 조선 사람이 아니라 일본 사람이오. 나의 스승도 중이 아니라 조선의 어느 선비였소. 임진년 이전, 일본에서 조선을 침범하기 위해 미리 첩자 여덟 명을 보내 조선 팔도의 자연 지형과 도로 그리고 내부 사정 등을 염탐했는데, 내가 그 첩자들 중 한 명이었소. 나는 다른 동료들과 함께 일본에서 미리 조선말을 배웠고, 조선 승려의 복장을 입고서 조선으로 침투했소. 처음에는 조선의 금강산이 명산이라고 하니, 그 산에 들어가 일이 잘되기를 기도한 후에 각자 흩어지자고 뜻을 모으고 금강산으로 들어갔소. 그렇게 해서 약 열흘 동안 일행과 함께 동행했는데, 회양 땅에 도착하자 어느 조선 선비 한 명이 황소를 탄 채로 우리 앞에 가까이 오는 모습이 보였소. 그러자 나와 함께 동행한 첩자 중 한 명이 우리가 연일 굶주려 배가 고픈데 저 선비를 죽이고 그가 탄 소를 잡아먹어 배를 채우자고 말하며 선비에게 달려들더이다. 그러자 그 선비는 분노하여 '너희들은 어찌 이리 무례하게 구는가? 너희들이 왜국의 간첩인 줄 내가 모를 줄 아느냐? 너희들은 모조리 죽어야 마땅하다'라고 외쳤소이다. 그 소리에 나와 다른 동료들이 모두 크게 놀라서 일제히 칼을 빼어 들고 달려들자, 그 선비는 귀신같이 다리를 날리고 주먹을 휘두르며 우리들 중 다섯 명의 머리를 부수고 사지를 부러뜨려 죽였소이다. 나를 포함한 세 명은 간신히 살아남아 땅에 엎드려 살려달라고 빌었고, 그 선비는 '너희들 세 명이 진심으로 항복하려든다면 나를 따르라'고 말하며 우리 셋을 자기 집으로 데려갔소. 그리고 '너희가 비록 왜국의 첩자이나 진심으로 항복하였으니 해치지 않겠다. 내가 너희에게 검술을 가르칠 테니, 만일 왜군이 쳐들어오면 너희와 함께 군사를 일으켜 적을 막을 것이다. 그러면 너희들도 이 나라에서 좋은 대우를 받으며 살 수 있다'라고 설교하면서 우리들에게 검술을 가르치고 자신의 집에서 생활하게 하였소. 그러던 어느 날, 내가 아침에 일어나 보니 그 선비가 온통 피투성이가 된 채로 죽임을 당했더란 말이오. 나는 너무나 놀라서 어찌된 일인지 두 명의 동료들에게 물으니 그들은 '비록 저 자를 섬겨 검술을 배웠으나 같이 온 다섯 명의 동료가 형

이다."

"소신이 듣기로 왜국에는 상대방에게 절을 하는 척하다가 갑자기 칼집에서 칼을 뽑아 베어 죽이는 검술도 있다고 하옵니다. 그만큼 왜인들은 남의 허점을 노리고 공격하는 데 뛰어난 자들이옵니다. 우리나라도 임진년에 그런 왜인들에게 크게 당해서 하마터면 망할 뻔하지 않았사옵니까? 그것 역시 오랫동안 전쟁을 하지 않아 방비가 느슨했던 우리나라의 약점을 왜인들이 잘 파고들었기 때문이옵니다."

"옳은 말이다. 그래서 세조와 성종 임금 때의 대신인 신숙주는 왜국과는 우호 관계를 유지하되, 항상 그들의 태도를 잘 살피라고 하였다지. 왜인들은 일찍이 신라 시대부터 거의 2,000년 동안이나 이 땅을 노렸던 자들이니, 우리로서는 항상 그들을 주의하고 경계해야 마땅하다."

"지당하신 말씀이옵니다."

왕은 식어 버린 수정과를 마시다가, 문득 어떤 생각이 떠올랐는지 송화에게 물었다.

"그나저나 그 승려가 되었다던 왜인 말인데, 다른 두 첩자야 자기네 족속의 원수를 갚았다지만 그는 어째서 그런 두 사람을 죽였던 것일까? 왜인이면서 동족에게 등을 돌리고 이방인에게 충성을 한다? 이게 가능한 일인가?"

"전하께서 그리 말씀하시는 것도 당연하옵니다. 하나 소인이 알기로 임진왜란 시절 항복했던 왜인들, 즉 항왜들은 오히려 자신들의 충성심을 증명하기 위해 자기네 동족이었던 왜군과 싸우는 데 우리나라 군사보다 더 적극적이었다고 하옵니다. 한 예로 사백구라는 항왜는 황석산성 전투에서 패배한 김해 부사 백사림을 구하기 위해 조총을 쏘아 왜군 네 명을 사살했으며, 백사림이 비만한 체구로 인해 잘 뛰지 못하자 그를 바위 굴에 숨겨놓고서 왜군 진영으로 들어가서 음식을 가져와 백사림에게 가져다줄 정도로 지극히 충성스러웠다고 하옵니다. 이렇듯 왜인들 중에서도 충성과 의리를 아는 자들이 있었사옵니다."

역사적인 실화까지 거론하며 설명하는 송화를 보고 왕은 감탄했다.

"듣고 보니 그럴 법도 하군. 송전경이 들려준 두 번째 이야기도 좋았다. 그럼 다른 이야기는 더 알고 있나?"

"이번에는 어느 용감한 무관이 산속에서 겪은 이야기를 들려드리겠사옵니다."

인조 임금 무렵, 한양에 이수기라는 이름을 가진 무관이 있었다. 어느 날 그는 강원도 양양에 가게 되었는데, 말을 타고 산을 올랐다가 날이 어두워져 길을 분간하지 못하고 이리저리 방황했다. 그때 멀리서 희미한 불빛이 보였다. 그 빛을 향해 가니 나무로 지어진 집 한 채가 나왔는데, 노파와 젊은 여자가 살고 있었다. 이수기는 자신이 산속에서 길을 잃어 그러니 하룻밤 묵게 해 달라고 부탁하였고, 노파와 젊은 여자는 이를 수락하고 그를 집 안으로 안내했다.

안으로 들어간 이수기는 노파가 올리는 산나물과 술로 이루어진 저녁상을 받아 맛있게 먹고 마셨다. 그러다 문득 궁금증이 생겨 처녀에게 "그대의 남편은 어디에 갔소?"라고 물어보았다. 그러자 처녀는 약간 겁을 먹었는지 조용한 목소리로 "얼마 전에 나갔으니 아마 금방 돌아올 것입니다"라고 대답했다. 그 대답처럼 밤이 깊어지자 한 남자가 집 안으로 들어왔는데, 잘생긴 용모에 키가 팔 척이나 되었으며 목소리가 천둥 같이 우렁차서 장사라는 사실을 알 수 있었다. 그가 젊은 여자를 향해 "한밤중에 어떤 자가 남의 아내가 혼자 있는 방에 들어왔느냐? 참으로 괴이하니 도저히 가만두지 못하겠다"라고 엄포를 놓았다. 그러자 자칫 여자가 곤경에 처할까 봐 이수기가 얼른 나서서 "멀리서 온 손님이 밤중에 길을 잃고 헤매다가 이 귀한 집에 온 것뿐인데, 주인이 가엾게 여기지는 못할망정 도리어 꾸짖다니 도리에 맞지 않는 일이오"라고 해명했다. 그 말을 들은 사내는 웃으면서 "손님의 말이 옳소. 내 그저 장난삼아 희롱을 해 보았으니 너무 마음 쓰지 마시오"라며 대범하게 넘어갔다.

곧바로 사내는 자신이 사냥해 온 사슴을 가마에 삶아 안주로 내고 좋은 술을 꺼내 와 이수기와 먹고 마시며 함께 이야기를 나누었다. 그러던 중 문득 사내는 이수기를 보면서 이렇게 말했다.

"그대는 분명히 범상치 않은 대장부인 것 같소. 마침 나한테 반드시 죽여야 할 원수가 하나 있으니, 그대가 이 부탁을 들어줄 수 있겠소?"

이수기가 궁금해서 "그게 누구요?"라고 묻자 사내는 눈물을 흘리며 대답했다.

"우리 집안은 조상 대대로 이 산속에서 살아왔소. 그런데 십 년 전에 크고 사나운 호랑이 한 마리가 나타나더니, 이 주변 마을 사람들을 마구 잡아먹어 그 피해가 매우 심하오. 내 할아버지와 할머니는 물론 아버지와 어머니, 형제들도 모두 그 호랑이에게 잡아먹히고 말았소. 내 가족들이 이리 희생되니 나도 더 이상 이곳에서 살고 싶지 않으나, 그래도 그 호랑이를 반드시 죽인 후에 떠나고 싶소. 그런데 지금 그대 같이 용감한 장사를 만나니, 드디어 나의 오랜 원한을 갚을 수 있을 것 같소. 그대는 부디 나의 간절한 부탁을 거절하지 마시오."

사내의 사연을 들은 이수기는 마음속에서 감정이 복받쳐 올라와 그의 손을 잡고서 말했다.

"그대의 간절한 바람이 나의 마음을 움직였소. 내 엄숙히 맹세하건대, 기필코 그대와 함께 그 모질고 사나운 호랑이를 없애고야 말리다."

이수기의 승낙을 받은 사내는 엎드려 절을 하였고, 이수기는 그것을 말리면서 호랑이를 잡을 방도를 물었다.

"그대는 사슴을 잡아 온 것으로 보아 뛰어난 사냥꾼이며, 총과 칼도 충분히 있을 터인데 어찌하여 그 호랑이는 죽이지 못했던 것이오?"

"그놈이 비록 짐승이나 매우 교활하여 내가 무기를 가지고 가면 멀리서 눈치를 채고 숨어 버려 보이지 않소. 그렇다고 내가 무기를 안 가져가면 바로 덤벼드니 내가 당해 내기 어려워서 제대로 싸워 볼 수가 없었소. 그래서 여태까지 그 호랑이가 살아남았던 것이오."

"이번에는 내가 그대와 함께 가니 그 호랑이도 결코 살아남지 못할 것이오. 다만 사람이 호랑이를 상대하려면 힘이 평소보다 갑절은 되어야 하니, 일단은 잘 먹고 잘 쉬어야겠소."

그래서 이수기와 사내는 집에 저장된 술과 고기를 하루 종일 먹으며 편안히 지냈다. 그렇게 열흘을 보내던 두 사람은 날씨가 맑고 햇빛이 잘 드는 날을 골라서 마침내 호랑이를 사냥하러 떠났다. 이수기는 사내가 준 칼을 한 자루 지녔고, 사내는 맨손이었다. 동쪽으로 십여 리를 계속 가니, 나무가 빽빽이 우거지고 맑은 시내와 하얀 모래 위에 높이가 수십 장이나 되는 큰 바위 하나가 있는 곳이 나왔다. 사내는 이수기에게 숲속에 숨으라고 한 후에 시냇가에서 길게 휘파람을 불자, 이윽고 바람이 일어나고 사방이 어두워지면서 바위 꼭대기에 한 쌍의 횃불 같은 빛이 나타났다. 멀리 숲속에서 그 장면을 보고 있던 이수기는 그것이 바로 호랑이의 두 눈임을 알아차렸다. 사내가 그것을 보고 크게 호통을 치자, 호랑이는 제비처럼 빠르게 뛰어 내려와 그의 앞에 섰다.

호랑이가 사내를 보고 서 있는데, 사내가 자기 머리를 호랑이의 배 아래로 들이대면서 허리를 끌어안으니 호랑이가 그를 할퀴려 했지만 사내의 등가죽이 단단하고 두꺼워서 그를 쉽게 해치지 못하였다. 그렇게 해서 사내는 호랑이와 서로 엎치락뒤치락하였는데, 바로 그때를 노려 이수기가 수풀 사이에서 뛰쳐나와 칼을 빼어 들고 호랑이에게 달려들었다. 사내는 현명하게도 자신이 호랑이를 붙잡고 상대하는 동안, 이수기에게 공격하라고 제안을 했던 것이다.

이수기가 달려드는 모습을 보고 호랑이가 큰 소리로 울부짖자, 마치 바위가 부서지고 산이 무너지는 것 같았으나, 그는 전혀 아랑곳하지 않고 칼로 호랑이의 허리를 몇 번이나 계속 찔렀다. 이 틈을 타 사내가 이수기에게 칼을 넘겨받아 재빨리 호랑이의 배를 갈라 간을 꺼내자 아무리 힘이 센 동물이라도 살아날 재간이 없었다. 그리하여 사내의 가족들을 십 년 동안이나 잡아먹었던 포악한 호랑이는 결국 죽고 말았다.

원수를 갚은 사내는 호랑이에게 죽임을 당했던 가족의 모습이 떠올랐는지 한참을 통곡하다가 이수기와 함께 집으로 돌아왔다. 그러고는 그를 향해 감사의 의미로 큰절을 올렸다.

다음 날 사내는 이수기에게 소 다섯 마리와 말 두 마리, 짐승 가죽과 인삼 등을 선물로 주었고, 아울러 자신의 집에 살고 있던 처녀까지 함께 데려가라고 말했다. 그 제안에 이수기는 잠시 멈칫했는데, 혹시 그 처녀가 사내의 처가 아닐지 하는 걱정 때문이었다. 그러자 이수기의 고민을 알아챈 듯, 사내가 웃으며 해명했다.

"이 처녀는 내 처나 첩이 아니오. 내가 많은 돈을 주고 데려온 여인이오. 나는 지금까지 이 처녀와 단 한 번도 잠자리를 한 적이 없소. 그러니 그대가 데려가서 사랑해 주시오. 또 그대에게 주는 선물은 내 원수를 갚아 준 은인에게 주려고 일부러 마련한 것이니 사양하지 말고 가져가시오."

이수기는 사양하려 했으나 사내의 간청에 못 이겨 어쩔 수 없이 그가 준 선물과 처녀를 데리고 산에서 내려와 집으로 돌아갔다. 그리고 사내가 준 선물들을 팔아 집안 살림을 넉넉히 차렸고, 함께 온 처녀를 첩으로 삼고 평생을 행복하게 잘 살았다.

"산에 가서 길을 잃고 헤매다가 오히려 재물과 미녀를 얻었으니, 이거야말로 전화위복이로군. 이번 이야기도 잘 들었도다."

"황공하옵니다, 전하."

빈 찻잔을 내려놓으며 왕이 말했다.

"그런데 그 사내는 자기 가족들이 다 죽도록 호랑이가 나타나는 산에서 나가지 않았다고 하는데, 정말 복수를 하기 위해서였을까? 굳이 복수를 하려고 한다면 조부모와 부모가 모두 죽기 전에라도 얼마든지 할 수 있었을 텐데 말이다."

"소신은 사내가 거짓말을 했다고 봅니다."

"그게 무슨 말인가?"

"사실 그 사내는 산에서 내려가고 싶지 않았던 것이옵니다. 비록 호랑이한테 가족들이 잡아먹히더라도 말입니다. 산 아래로 내려가 살아도 고을 현감들이 매기는 무거운 세금 때문에 더 좋을 것이 없으니, 차라리 호랑이의 위협을 당하더라도 그냥 산속에서 사는 것이 낫다고 생각하지 않았을는지요?"

그 대목을 들은 왕은 혀를 끌끌 찼다.

"옛날 중국의 공자가 가혹한 정치가 호랑이보다 더 무섭다고 하였다지? 자기 가족이 몽땅 호랑이한테 잡아먹혀도 차라리 계속 산속에 사는 게 낫지, 무거운 세금과 부역이 있는 산 아래로는 내려가지 않겠다니……. 지금 과인의 시절에도 그러한 일이 반복되고 있다니 참으로 안타까울 뿐이다."

"사실 공자가 말한 가혹한 정치는 역사가 시작된 이후부터 계속되어 왔지요. 어찌 보면 나라를 이끌어 가는 것도 사람의 몸과 같사옵니다. 아무리 많은 음식을 먹어도 시간이 지나면 다 몸 밖으로 배설되어 배가 고프고, 옷을 빨아도 사흘 후면 때가 묻어 다시 빨아야 하는 것과 같은 이치입니다."

"그러니 정치를 하는 자는 항상 잘못된 점을 고쳐 나가야겠지."

"지당하신 말씀이옵니다, 전하. 그럼 이제 다른 영웅의 이야기를 들려드리겠사옵니다."

영조 임금 때, 이병식이라는 사람이 있었다. 그는 힘센 장사로 유명했는데, 한번은 판서 구윤명이 기르던 사나운 말이 마부를 짓밟아 죽이자 구윤명의 부름을 받고 달려간 이병식이 그 말의 꼬리를 잡고서 땅에 내던져 죽인 일도 있었다. 이 일이 조정에 알려져 이병식은 칭송을 받았고, 곧바로 무과에 급제하여 임금과 궁궐을 지키는 금군의 자리에 올랐다.

어느 날 큰 나무가 뽑혀 길을 막아 버리는 일이 발생했다. 설상가상으로 마침 거센 추위가 몰아닥쳐서 나무가 길과 달라붙어 얼어 버렸다. 그래서 수백 명의 사람들이 나무를 치우기 위해서 힘을 썼으나 나무는 도무지 움직이지 않았다. 이때 이병식이 나타나 술을 마시고는 혼자만의 힘으로 나무를 끌어내어 치워 버렸다. 그 광경을 지켜보던 주위의 사람들은 감탄하여 이병식이야말로 진정한 천하장사라며 그를 칭송했다.

그 일이 있은 후, 이병식은 근무를 끝내고 집으로 돌아가기 위해 양화진에서 배를 타고 강을 건너던 중이었는데, 인상이 무척 사납게 생긴 승려 한 명이 가마 속에 앉아 있던 여인에게 못된 수작을 부리고 있었다. 그러나 그 승려가 워낙 거칠고 난폭해 보여서 아무도 그 승려를 말리지 못했다. 그러자 이병식은 분노하여 못된 승려에게 주먹을 날려 쓰러뜨린 다음, 곧바로 강 속에 내던져 죽여 버렸다. 같이 배에 타고 있던 사람들은 모두 박수를 치며 기뻐하였다.

하지만 그 일이 빌미가 되어 이병식은 곤경에 처하였다. 못된 수작을 부리던 승려를 죽인 지 한 달 후, 집에서 소일거리로 텃밭 일을 하던 이병식에게 어느 승려 한 명이 찾아왔다. 그는 이병식보다 훨씬 체격이 크고 인상도 양화진에서 죽은 승려보다 더 험악했는데, 무거운 쇠지팡이까지 들고 있어서 무시무시한 위압감을 주었다. 여태까지 힘으로 남에게 밀린 적이 없었던 이병식조차 그 승려를 보고는 마음속에서 두려움이 솟아날 지경이었다.

쇠지팡이를 들고 온 승려는 이병식에게 "여기 이병식이라는 자가 산다고 해서 왔는데, 그 자가 어디에 있소?"라고 물었다. 이병식은 자신도 모르게 그를 두려워하여 일부러 "지금은 떠나고 없습니다. 무슨 일로 오셨습니까?"라고 대답했다. 그 말을 듣고 승려는 "그 이병식이라는 놈이 나의 제자를 양화진에서 죽였기에, 복수를 하러 온 것이오. 듣자 하니 그놈이 힘이 장사라지만,

나보다는 약할 것이오. 나도 힘으로 따지자면 누구에게도 뒤지지 않소"라고 말했다. 그러자 이병식은 그 승려를 제거할 생각이 떠올라, "대사께서 그렇게 힘에 자신이 있으시다면, 저기 낭떠러지로 저와 함께 가서서 서로의 힘을 가지고 대결해 봐도 괜찮겠습니까?"라고 말했고, 승려는 좋다고 했다.

그런데 이게 어찌 된 일인지, 이병식이 아무리 낭떠러지 끝에선 승려를 온 힘을 다해 발로 걷어차 보아도 그는 도무지 움직일 기미조차 보이지 않았다. 일찍이 수백 명이 달려들어도 치우지 못하던 나무를 걷어 올리고, 양화진에서 행패를 부리던 승려를 한주먹에 죽인 이병식이었지만, 그 승려를 상대로는 마치 갓난아기가 어른과 싸우는 것과 같았다.

지루해진 승려는 돌아서서 "나중에 이병식이 있을 때에 다시 오겠소"라고 말하며 떠나 버렸다. 이병식은 저런 괴력을 가진 승려가 어디에 사는지 궁금하여 몰래 미행을 했는데, 길을 가던 도중 어느 곱상한 얼굴의 젊은 선비가 당나귀를 타고 오다가 그 승려와 마주치자, 승려는 얼른 쇠지팡이를 휘둘러 당나귀를 쓰러뜨렸고, 선비는 그대로 길가의 개울에 빠져 버렸다.

한참 후, 개울에서 올라온 선비는 죽은 당나귀와 태연히 떠나는 승려의 뒷모습을 보며 생각에 잠겨 있다가 중얼거렸다.

"사람을 죽이는 것은 나쁜 일이지만, 저렇게 흉악무도한 자가 멋대로 세상을 누비고 다니게 놓아두면 더 많은 사람들이 죽거나 다칠 것이다. 그러니 저자를 벌하여 장차 많은 사람들의 목숨을 구해야겠다."

그러던 선비는 잽싸게 승려를 뒤쫓아 가더니, 공중으로 뛰어올라서 양 손바닥으로 승려의 두 어깨를 살짝 내리치고는 곧바로 그 자리를 떠나 먼 곳으로 달려가서 사라져 버렸다. 이상하게도 선비가 내리친 다음부터 승려는 가던 자리에서 꼼짝도 하지 않고 계속 서 있었다. 영문을 알 수 없어하며 이병식이 조심스럽게 다가가 승려를 살펴보고는 깜짝 놀랐는데, 그는 눈이 얼굴 밖으로 빠져나오고 혀가 입 밖으로 튀어나왔으며 허벅지까지 하반신이 땅속에 단단히 박힌 채로 죽어 있었다. 그 나약해 보이던 선비가 자신도 이기지 못하던 승려를 저렇게 간단하게 죽여 버렸던 것이다.

이 일을 겪고 나서 이병식은 '내가 그동안 세상에서 가장 힘이 센 줄로 알고 자만했구나. 나보다 훨씬 뛰어난 사람들도 있었구나. 앞으로 경거망동해서는 안 되겠다'라고 깨닫고, 몸가짐을 신중히 했다고 한다.

"천하장사 이병식과 그보다 더 힘이 센 승려, 그리고 지나가는 선비의 대결이라……. 오늘 그대가 들려준 이야기 중에서 가장 재미있었다. 민간의 속담 중, 뛰는 자 위에 나는 자가 있다고 하더니 이런 경우를 두고 하는 말이겠지?"

"사실 그런 사례는 세상의 모든 일들에 적용될 수 있사옵니다, 전하. 그러니 어느 순간이든 자만하지 말고 항상 겸손해야 한다는 교훈을 담은 이야기라고 생각하시면 되옵니다."

이번 항목에서 송화가 왕에게 들려준 이야기들은 모두 조선 후기의 야담집인 《청구야담》에서 인용한 것들이다.

첫 번째 이야기에 등장하는 도적 이경래는 그 이름이 순조 시절 반란을 일으킨 홍경래와 같아서 혹시 가공인물이 아닌가 하고 의심할 사람도 있을지 모르나 엄연히 실존 인물이었다. 실제로 이경래는 정조 임금 시절, 강원도 양양에서 활동한 인물인데 문인방 등과 함께 역모를 꾸며 한양으로 쳐들어가려고 했다가 발각되어 처형당했다. 아마 《청구야담》의 도적 이경래는 실존 인물 이경래를 저자가 각색하여 만들어 낸 인물로 보인다.

두 번째 이야기인 금강산 왜인 승려 편은 임진왜란 무렵, 조선에 귀순한 일본인들인 항왜들의 일화에서 그 모티브를 따온 것으로 추정된다. 항왜들은 뛰어난 검술을 지녔는데, 임진왜란 이후에 일어난 이괄의 난에서 반란군에 가담한 항왜들 때문에 진압에 나선 관군조차 번번이 패배했다고 전해진다. 왜인들의 검술은 중국 명나라 장군 척계광도 인정할 만큼 날카롭고 무서운 것이었는데, 그런 특징에 착안하여 만들어진 이야기로 여겨진다.

세 번째 이야기인 이수기와 호랑이 편은 효종 시절에 활동한 장군 이완의 일화와 그 구조가 비슷하다. 이완이 사냥을 하러 깊은 산속에 갔다가 길을 잃고 헤매던 도중에 어느 민가로 갔는데, 그곳은 젊은 처녀를 붙잡아 둔 산적들의 소굴이었다. 그러나 담력이 컸던 이완은 산적들에게서 무사히 풀려났고, 훗날 산적들을 부하로 거두었다는 이야기다. 이런 구조의 이야기가 인기를 끌어서 이수기라는 다른 인물이 이완을 대신하는 새로운 내용으로 바뀐 듯하다.

네 번째 이야기인 이병식 편은 조선 말기의 야담집인 《금계필담》에서 가져온 것이다. 이 이야기는 결국 악행을 저지르던 승려가 나약해 보이는 선비에게 죽임을 당하는 것으로 끝나는데, 아무래도 억불숭유 사상이 강했던 조선의 문화적 현실을 잘 반영한 장치로 보인다.

08

정체를 알 수 없는
괴물들

세상에는 사람만 사는 게 아니다

송원松原의 어떤 선비가 산을 얻어 집을 지으려 하였다. 처음 그 터를 닦아 흙을 두어 자쯤 삽으로 파니 흙과 돌 사이에 거북이처럼 생긴 벌레들이 한군데 엉켜 있는데, 깊이 팔수록 더욱 많았다. 선비는 벌레들이 들끓는 것을 보고 불쾌하고 화가 나서, 집안에 내려오는 책들을 뒤져 살충제를 만드는 비법을 알아냈다. 그리고 벌레들이 우글거리는 곳에 살충제를 잔뜩 뿌려 모든 벌레들을 죽이고는 집을 짓고 그곳으로 이사해 갔다.

그런데 일 년이 채 안된 어느 날, 그 선비의 아내는 갑자기 정신을 잃고 미쳐 버리는 병에 걸렸는데, 마치 귀신이 들린 것 같은 무겁고 음울한 목소리로 선비에게 말하였다.

"너는 대체 누구이기에 감히 우리가 사는 곳을 빼앗고 우리 족속을 모조리 죽였는가? 우리는 땅속의 금돼지라서 사람에게 해를 끼치지 않는데 어찌 사람이 우리 무리들을 이렇게까지 몰살시켰는가? 네가 우리들의 모습이 보기 싫었다면, 그저 다른 곳으로 이사를 가서 살았으면 되는 일이 아니었더냐?"

그 말을 들은 선비가 놀라고 괴상히 여겨 물어보았다.

"나는 단지 벌레들을 죽였을 뿐인데, 너는 어찌 그런 말을 하는가? 나는 평생 금돼지를 본 적도 죽인 적도 없다. 만약 네가 내 아내를 병들게 한 벌레들과 같은 족속이라면 너희들이 사람에게 해독을 끼치는 것이니, 내가 너희들의 집을 모두 파헤쳐서 가차 없이 다 죽여 버릴 것이다."

그러자 역시 아내가 귀신 같은 목소리로 대답하였다.

"너에게 잡혀 죽은 거북 같이 생긴 벌레가 모두 나의 종들이다. 나는 깊은 저승 밑에 살고 있으니, 비록 온 나라의 군사들을 다 동원해서 손끝이 닳도록 파헤쳐도 어찌 그 단단하고 두터운 것을 다 통하도록 팔 수 있겠느냐? 그런데 네가 나를 죽이겠다고? 참으로 가소롭구나. 오히려 너야말로 죽을 준비나 하거라."

선비는 두려움을 느끼고 공손하게 사과하였다.

"내가 죽인 벌레들이 그대의 종이었다는 사실을 나는 정말 몰랐소. 부디 용서해 주시오. 그리고 우리는 서로 사는 곳이 다르니 각자의 영역을 침범해서는 안 될 것이오."

그러나 금돼지는 전혀 기세를 누그러뜨리지 않았다.

"네가 이미 우리 무리들을 죽였으니 어찌 용서하겠는가?"

말이 끝나자 아내는 병이 더욱 심해져 죽고 말았다. 선비는 겁이 나서 가족들을 데리고 다른 곳으로 이사했는데 몇 년 되지 않아 병이 식구들에게 퍼져 결국 모두 죽었다.

"이 이야기는 중종 때의 김안로가 지은 책인《용천담적기》에 나오는 대목이옵니다. 벌레들을 모두 죽인 선비가 그 벌레들을 부리며 저승에 사는 금돼지라는 자의 노여움을 사서 아내와 함께 일가족이 전부 죽임을 당했다는 내용이옵니다. 이 설화는 무릇 생명을 소중히 여겨 함부로 살생을 하지 말라는 교훈을 담고 있으니, 이 나라 만백성을 다스리시는 전하께도 좋은 가르침이 된다고 여겨 소신이 말씀드린 것이옵니다."

송화의 말에 왕은 고개를 끄덕이며 수긍했다.

"잘 알았다. 자고로 임금이라면 생명을 사랑하고 살리기를 좋아하는 어진 덕을 지녀야 할 터.《용천담적기》의 선비처럼 공연히 살생을 하여 죄를 지어서는 안 될 것이다. 오늘도 과인이 송전경에게 이로운 가르침을 받았도다."

"그렇사옵니다. 임금은 한 명의 백성이라도 소중히 여겨야 하옵니다. 중국의 옛말에도 임금이 백성을 소중히 여기면 백성이 감격하여 따르지만, 백성을 하찮게 여기면 임금을 원수로 본다는 말이 있사옵니다. 아무쪼록 전하께서는《용천담적기》의 이야기를 가슴에 잘 새기시고 기억하시기를 바라옵니다. 그럼, 다음 이야기를 들려드리겠사옵니다. 선조와 인조 시대의 뛰어난 신하인 이덕형이 지은《송도기이》에서 발췌한 이야기이옵니다."

선조 임금이 나라를 다스린 지 37년 되던 해에 이덕형은 나라 안의 여러 산을 다녀 봤다는 안경창과 친구가 되었다. 안경창은 재미있는 이야기를 잘하였는데 어느 날 개성의 박연폭포에 대한 기이한 일을 들려주었다.

그는 열두 살에 같은 마을 친구들을 따라서 박연폭포에 갔었는데, 그곳에는 남녀노소가 거의 30명이나 있었다. 때는 마침 4월 보름이라서 철쭉꽃이 한창이라 숲이 정말 아름다웠으며 더욱이 비 온 뒤라서 폭포 물이 넘쳐흘러 경치가 좋았다. 새로 시집간 여인 하나가 자색이 몹시 아름다웠는데, 옷을 벗고 가슴을 드러낸 채 물에 들어가 몸을 씻었다.

그러자 바람도 불지 않는데 못의 물이 저절로 끓어오르고 물결이 치솟더니 검은 구름 한 줄기가 마치 일산 같이 펴졌다. 그리고 무슨 물건이 못 가운데에서 나오는데, 그 모양이 곡식을 골라낼 때에 쓰는 키와 같았으며, 구름과 안개가 모여들어 머리도 얼굴도 분별할 수가 없고 눈빛만이 번개처럼 번쩍였다.

물속에서 나온 괴물을 보고 사람들은 모두 두려워 떨고 있는데, 갑자기 그 여인이 놀라 부르짖고 물에 자빠지는 것이었다. 일가친척들이 엉겁결에 그녀를 업고 도망하여 바위 밑에 두었더니, 이윽고 검은 구름이 사방을 메우고 골짜기가 캄캄해지면서 큰비가 물 쏟아지듯이 내리고 바람 소리와 물소리가 산골짜기를 진동했다.

사람들은 모두 나무를 껴안고 앉아서 벌벌 떨고 어찌할 바를 모르는데, 한참 만에 날이 개자 엎어지고 넘어지며 분산하여 겨우 동구를 나오니, 태양은 중천에 떴고 풀이나 나뭇잎에 하나도 젖은 흔적이 없어 비가 온 기운이란 전혀 없었으니, 더욱 이상한 일이었다.

한편 그 여인은 집에 돌아와서 한 달 만에 죽었는데, 그 후에 이웃에 사는 사람이 박연 못가에 가니, 그 여인이 어느 흰옷을 입은 소년과 함께 박연 못가에서 놀고 있었다고 한다.

"그렇다면 그 여인은 대체 어떻게 된 것인가? 죽은 후에 영혼이 박연폭포로 가서, 그곳에 사는 귀신과 한 패거리가 되었단 말인가?"

왕의 질문에 송화가 대답했다.

"소신도 잘은 모르옵니다. 다만 젊은 부인이 옷을 벗고 연못에 들어가 씻으려 하자, 연못 속에서 나와 형체를 드러냈다는 점을 감안한다면 대략 짐작은 가능하옵니다. 아마도 연못에 사는 산신이나 정령이 젊은 여인의 아름다움을 탐내어 일부러 죽인 다음, 그 영혼을 자신의 집인 연못으로 데려가서 살게 했다고 여겨지옵니다."

송화의 답변이 다소 선정적인 내용이어서 아직 어린 왕은 얼굴을 붉혔다.

"연못에 사는 신령스러운 존재가 어찌하여 여인을 탐한단 말인가?"

"귀신이 여인의 아름다움에 반해 결혼을 하거나 혹은 납치를 하여 함께 산다는 이야기들은 예로부터 각 지역마다 무수히 전해 내려왔사옵니다. 귀신이라고 성스러운 덕을 지닌 존재들만 있는 것은 아니옵니다. 옛날 중국에서는 강의 신인 하백의 아내로 삼을 처녀들을 강에 내던져 죽이는 풍습도 있었사옵니다. 그리고 《삼국유사》에는 후백제를 세운 견훤이 지렁이의 모습을 한 귀신이 처녀를 겁탈하여 태어났다는 이야기도 기록되어 있습니다."

왕은 쓴웃음을 지었다.

"귀신도 결국 사람과 다를 바 없군."

"당연합니다. 귀신은 본래 사람의 욕망이 만들어 낸 존재이니, 사람을 닮은 것이 이치에 맞사옵니다. 그럼, 이제 세 번째 이야기를 들려드리겠사옵니다. 폐주 연산군 시절, 예조판서를 지낸 성현이 지은 《용재총화》에서 발췌한 것들이옵니다. 이 책에 따르면 성현의 외삼촌인 안공은 성격이 엄하고 굳세었으며, 특이하게도 귀신의 모습을 잘 보았다고 하옵니다."

안공이 임천林川 군수로 지내던 시절이었다. 하루는 이웃 관리들과 술을 마시고 있는데 사냥개가 숲 속의 큰 나무를 향하여 계속 짖어 댔다. 안공이 돌아다보니 높은 관을 쓰고 큰 얼굴을 한 어떤 괴물이 나무에 기대어 서 있었다. 주위 사람들은 너무나 놀라서 아무도 움직이거나 말을 꺼내지 못했으나, 안공이 그 괴물을 뚫어지게 바라보자 그것은 점점 사라져 버렸다.

또 하루는 하늘이 흐리고 비가 부슬부슬 내리는데, 안공이 변소에 가게 되어 어린 하인이 초롱불을 받들고 앞을 인도하는데, 대나무 숲 속에 한 여자가 붉은 저고리와 치마를 입고 머리를 풀고 앉아 있었다. 안공이 곧장 그 앞으로 가니 여자가 담을 넘어 달아났다.

고을 사람들은 그 숲을 '도깨비 숲'이라고 내버려 두며, 아무도 들어가려 하지 않았다. 안공이 와서 처음으로 들어가고자 하니 고을 사람들이 눈물을 흘리며 말렸으나 안공은 듣지 않고 태연하게 숲 속에 들어갔으며, 민간에서 귀신들을 섬기기 위해 만든 사당들도 모두 불을 질러 없애 버렸다.

관청 남쪽에 오래된 우물이 있는데, 고을 사람들은 그 속에 귀신이 있다 하여 앞을 다투어 모여들어 복을 빌므로 안공이 명령하여 이를 메우게 하였더니, 우물에서 소가 우는 것 같은 소리가 사흘이나 들려왔다. 고을 사람들이 메우지 말라고 청하니, 안공은 "우물이 필시 슬퍼서 곡하는 것인데 무슨 괴이한 일이 있겠느냐"고 말했다. 그 이후부터 요괴들이 벌이는 모든 나쁜 일들이 없어졌다.

안공이 임천 원살이를 할 때, 길옆에 고목 한 그루가 있었는데, 그 크기가 몇 아름 되고 높이가 하늘을 찌를 듯했다. 어느 날 마을의 어떤 소년이 용기만 믿고 가서 그 나무를 자르다가 귀신이 붙어 밤낮으로 미쳐 날뛰니 온 동네 사람들이 당하지 못하였다.

이에 안공이 소년을 찾아가 "너는 이 마을에 있은 지 200여 년이 되는데 불을 켜 놓고 해괴한 행동을 하며 내가 지나가도 걸터앉아 불경한 짓을 하고 이웃집을 괴롭히니 무엇을 얻고자 하는 짓이냐?" 하고 꾸짖었다.

그러자 소년은 이마를 땅에 대고 공손히 사죄하였다. 안공이 동쪽으로 뻗은 복숭아나무 가지를 잘라 긴 칼을 만들어 그 목을 베는 시늉을 하니, 소년이 몸을 굴러 길게 울부짖고 죽은 것처럼 땅에 엎드려 깊이 잠들었다가 사흘 만에 비로소 깨어나더니 미친 증세가 완전히 사라졌다.

"귀신을 잘못 건드려 죽은 사람의 이야기는 들었는데, 귀신과 맞서 싸우고도 무사한 사람이 있다니 참으로 놀랍도다. 대체 이게 어찌된 영문인가?"

"아마 사람마다 타고난 팔자와 기세가 달라서 생긴 일인 듯하옵니다. 기가 강하거나 혹은 유별나게 좋은 운을 가진 사람은 귀신을 충분히 보고 제압할 수 있지만, 그렇지 못하고 기가 약하거나 나쁜 운을 가진 사람은 귀신에게 해를 당한다고 소신이 들었사옵니다."

"그리고 보면 세상 이치는 참으로 불공평하도다. 똑같은 귀신을 대하는데 누구는 죽고 누구는 사니 말이다."

"그것이 바로 삶이고 세상살이지요. 다음은《용재총화》를 지은 성현 자신이 직접 경험한 이야기를 들려드릴 차례이옵니다."

성현이 어렸을 때의 일이다. 그가 남강에서 손님을 전송하고 돌아가는 길에 전생서 남쪽 고개에 이르렀을 때 갑자기 부슬비가 내렸다. 그러자 말이 거품만 뿜고 나아가지 못하고 마침 성현 자신도 취기가 올라 견딜 수가 없었다. 그때 길가 동쪽 골짜기를 바라보니 어떤 사람이 삿갓을 쓰고 서 있는데, 키가 수십 척이요

낯이 소반 같고 눈이 횃불과 같아 범상치 않다고 느꼈다.

　성현은 속으로 '내가 만약 마음을 놓치면 반드시 저놈의 계략에 떨어지겠다' 하고 말을 멈추어 나아가지 않고 한참을 눈여겨보니 그 사람이 갑자기 머리를 돌려 하늘을 향하고는 하늘로 올라가 버렸다.

　"성현이 본 것은 무엇이었을까?"

　왕의 물음에 송화가 대답했다.

　"《용재총화》에서는 허깨비라고 나오지만, 신의 생각에 그것은 아마 도깨비였던 것 같사옵니다."

　"도깨비?"

　왕은 고개를 갸우뚱거렸다.

　"그러고 보니 과인은 송전경의 이야기에서 귀신은 많이 들었으나, 도깨비는 그다지 들어 보지 못했다. 여기서 궁금한 것이 하나 있는데, 귀신과 도깨비는 같은가? 만약 다르다면 어떻게 구분되는가?"

　"소신이 알기로 귀신과 도깨비는 비슷해 보여도 엄연히 다른 존재라고 하옵니다. 귀신은 사람이나 동물이 죽어서 되지만, 도깨비는 죽은 생물에서 생기는 것이 아니라 자연 상태에서 그대로 태어나는 것이라고 하옵니다. 즉 귀신은 죽은 영혼이고 도깨비는 살아 있는 정령인 셈이지요. 그리고 귀신은 사람을 죽이기 좋아하나, 도깨비는 사람을 상대로 장난을 치기 좋아하며 죽이기를 꺼려하옵니다. 귀신은 원한을 품고 있으나, 도깨비는 그런 것이 없기 때문이지요."

"옳거니. 귀신은 원한을 풀려 하기 때문에 잔인하고, 도깨비는 한이 없고 장난을 좋아하기 때문에 유쾌하게 군다는 것이로군."

"그렇사옵니다, 전하."

오랫동안 이야기를 하느라 다소 목이 말랐는지, 송화는 꿀물이 담긴 찻잔을 들어 마셔 버리고는 다시 왕을 향해 말을 건넸다.

"오늘 전하께 마지막으로 들려드릴 이야기는 황해도에 살았다는 어느 괴상한 거인에 관한 것이옵니다."

"과인은 언제나 키가 크고 힘이 센 거인들에 대해 알고 싶었다. 송전경이 들려준다니 참으로 기쁜 일이다. 어서 말해 보라."

"예, 전하. 이 이야기는 소인이 아직 조정에 출사하기 전에 민간으로부터 들었사옵니다."

박천의 한 포수가 묘향산에 사냥을 가서 사슴을 쫓다가 끝내 잡지 못하고 깊은 골짜기까지 갔는데, 날이 어두워져 사방을 분간하기 어려워졌다. 그래서 이리저리 헤매다가 문득 어느 불빛을 보고 무작정 달려가니, 그곳에는 방이 열두 칸이나 되는 초가집 한 채가 있었다. 포수가 집 안으로 들어가니 어느 젊은 미인이 저녁밥을 짓고 있었다.

포수는 미인에게 자신이 사냥을 나왔다 길을 잃고 하룻밤 신세를 지기 위해 온 것이니 받아 달라고 말했다. 미인은 포수를 집 안으로 들인 뒤 곰 발바닥과 말린 사슴 고기, 멧돼지 고기 등을 내와서 대접했다. 포수는 음식을 깨끗이 먹고서 미인에게 "그대의 남편은 어디에 갔소?"라고 물었고, 미인은 "사냥을 나갔습니다"라고 대답했다.

잠시 후, 집 밖에서 인기척이 들렸고 미인은 서둘러 나가 맞았는데, 어찌된 일인지 그녀의 남편은 집 안으로 들어오지 않았다. 궁금증이 생긴 포수는 집 밖으로 나갔다가 순간 너무나 큰 충격을 받아 기절할 뻔했다. 밖에는 키가 무려 8~9장이나 되는, 체구가 집채 같이 크고 우람한 거인이 서 있었던 것이다. 포수는 자신이 집 안에서 왜 거인의 얼굴을 보지 못했는지 깨달았다. 그의 키가 너무 컸기 때문이다.

거인은 미인을 보면서 "손님을 잘 대접하였느냐?"라고 물었다. 그 목소리는 마치 천둥이 치는 것처럼 우렁찼다. 미인은 거인의 말에 "그리하였습니다"라고 대답했고, 거인은 만족해하며 집 안으로 들어왔는데, 체구가 너무 커서 차마 가운데로 들어오지 못하고 1칸에서부터 11칸에 걸쳐서 천천히 몸을 구부려 들어와 누웠다. 포수는 그 모습을 보고 산속에 있는 이 외딴 초가집에 왜 방이 열두 칸이나 들어섰는지를 알았다. 사람이 살려면 방 한 칸만 있어도 되는데, 거인이 살려니 방을 열한 칸이나 더 만들었던 것이다.

거인은 포수를 보면서 "혹시 저 여자와 함께 잠자리에 들었느냐?"라고 물었다. 포수는 겁을 먹어서 사실대로 "나는 여기에 길을 잃고 우연히 왔을 뿐, 저 여인의 털끝 하나도 건드리지 않았소"라고 말했다. 그러자 거인은 태연하게 대답했다.

"상관없다. 나는 저 여자를 단지 음식 차리는 데에만 쓰려고 데려왔을 뿐이다. 저 여자와 잠자리를 하고 싶다면 얼마든지 하라. 나는 전혀 신경 쓰지 않겠다."

말을 마친 거인은 여자에게 먹을 것을 가져오라고 했다. 이에 여자가 등에 멧돼지 고기를 짊어지고 와 칼로 잘라 큰 그릇에 담아 거인의 앞에 놓으니, 거인은 누운 채로 아무것도 남기지 않고 멧돼지 고기를 모조리 먹어 치웠다. 그는 오직 고기만 먹고 다른 반찬은 일절 거들떠보지도 않았다.

식사를 마친 거인은 미인에게 "저 손님과 함께 편안히 잠자리에 들라"고 지시했다. 포수는 무시무시하게 생긴 거인이 바로 옆에 있는 상황에서 아무리 어여쁜 미녀가 있다고 해도 차마 품에 안고 싶지 않았지만, 거인이 전혀 신경을 쓰지 않고 미녀가 자신을 방으로 데려가 잠자리에 눕히고 옷을 벗자, 기분이 편안해져 그녀를 품고 따뜻한 잠자리에 들었다. 그렇게 해서 포수는 산속의 초가집에서 기이하고 두려운 밤을 보냈다.

다음 날 아침, 포수와 미인은 잠자리에서 일어났다. 거인은 미인에게 "손님과 내가 먹을 음식을 가져오라"고 지시했고, 미인은 서둘러 두 개의 밥상 위에 고기 요리를 차려 왔는데, 포수가 먹을 고기는 익힌 것이었고 거인이 먹을 고기는 전혀 익히지 않은 생고기였다. 거인은 생고기를 게걸스럽게 먹어 치웠는데, 그 모습을 보며 포수는 마음속으로 욕지기가 치밀어 올랐지만 차마 내색하지 못하고 자신도 거북하게나마 식사를 했다.

식사를 마치자 거인은 집 밖으로 뱀처럼 엉금엉금 기어서 빠져나갔고, 포수를 보며 말했다.

"내가 너의 관상을 보니, 많은 복을 갖고 태어났도다. 네가 어제 여기에 온 것은 하늘의 뜻이니, 저 여자는 여기에 있으면 안 된다. 그러니 너는 저 여자를 데리고 네가 살던 곳으로 돌아가라. 그리고 그동안 내가 잡아다 모아 놓은 산짐승들의 가죽은 내게는 쓸모가 없으니 네가 모두 가져가라. 단 그것들이 너무 많고 무거워서 네가 다 가져가지 못할 테니, 내가 운반해 주겠다."

포수는 예의상으로라도 사양하려고 했으나, 그랬다가는 자칫 거인의 분노를 살까 봐 차마 그러지 못하고 곧바로 좋다고 말했다. 거인은 곧바로 포수와 미녀를 데리고 길을 나서 산속의 동굴로 향했고, 그 안에 들어가 산더미처럼 쌓인 가죽들을 짊어지고 나왔다. 그리고 포수에게 "배가 대는 포구까지 안내하라"고 말했다. 거인이 시키는 대로 포수는 안주의 포구로 길을 안내했고, 그곳에서 거인은 말했다.

"이 가죽들의 값을 계산하면 한 가문을 일으킬 정도가 될 것이다. 이제 내가 너한테 부탁할 것이 있으니, 닷새 후에 소 두 마리를 잡고 소금 백 석을 가져와서 나에게 달라."

그러고 나서 거인은 이별을 알리고 어디론가 떠나 버렸다.

포수는 일단 배를 빌려 미녀와 함께 가죽들을 싣고 가서, 인근 시장에 내다 팔아 수천금의 재산을 모았다. 그러면서 포수는 다른 사람들에게 미녀가 자신의 아내이고, 자신은 부자라고 소개했다. 그리고 거인이 부탁한 대로 소 두 마리와 백 석의 소금을 사서 모았고, 그중 소 두 마리는 잘 도살하여 고기를 추려 놓았다. 일을 마친 포수는 여인과 함께 거인이 오기를 기다렸고, 마침내 거인이 나타나자 포수는 그에게 우선 소고기를 주었다. 거인은 냅다 소고기를 모두 먹어 치웠고, 곧이어 자신이 짊어지고 온 큰 가죽 주머니에 소금을 모조리 담았는데, 그 과정에서 조금도 힘든 기색을 보이지 않았다. 그리고 포수에게 닷새 후에도 이 자리에 소금 백 석을 가지고 오되, 소 두 마리는 필요 없다고 했다.

하지만 포수는 자신에게 미녀와 재물을 준 거인에게 미안함을 느껴서 닷새 후에 이전처럼 소 두 마리와 소금 백 석을 다시 가져왔다. 그러자 거인이 나타나서 소금은 가죽 주머니에 넣었지만, 소 두 마리는 한사코 사양했다. 포수가 소 두 마리도 가져가라고 말했지만, 거인은 "내가 만약 소고기를 먹고 싶었다면 미리 부탁을 했을 것이다. 오늘은 먹지 않겠다"라며 거절했다.

그러자 포수는 "그대가 나에게 여인을 주어 아내로 삼게 하고, 가죽을 주어 부자가 되게 했는데, 그 은혜를 갚으려면 수만 금이나 되오. 소 두 마리를 잡은 것은 그대가 내게 베푼 은혜에 조금이나마 보답하고자 함인데, 이런 기회를 왜 주지 않는 것이오?"라고 애걸했다.

포수의 말을 들은 거인은 "네가 보여 준 우정에 감동을 받았다. 하나 이제 나는 떠나야 한다. 너는 부디 잘 살기 바란다" 하고 짐을 싸 들고 떠날 채비를 하였다. 그때, 포수가 길을 막고서 "마지막으로 묻고 싶소. 그대는 대체 누구요? 도깨비요, 아니면 짐승이나 신령이요? 그도 아니면 사람이요?"라고 질문을 했다.

거인은 포수를 보며 "내 이름은 부르지 못하게 되어 있다. 만약 꼭 알고 싶다면, 내년 단오일에 낙동강 선착장에서 청포와 초립을 걸치고서 검은 나귀를 타고 오는 미소년을 만나서 물어보라" 하고는 유유히 떠났다.

포수는 거인이 떠나는 것을 애석해하면서 미인과 함께 돌아갔다. 그는 장사에 더욱 열을 올려 마침내 황해도 최고의 부자가 되었다. 그리고 미인과 혼인을 하여 행복하게 삶을 즐겼다.

그러나 그런 와중에도 포수는 거인이 남기고 간 말이 계속 마음에 걸렸다. 그래서 그가 말해 준 대로 단오일에 맞춰 낙동강 선착장으로 가 미소년을 기다렸다. 마침내 거인이 말한 것과 똑같은 차림을 한 사람이 나타났기에, 포수는 얼른 달려가 그에게 자신이 겪은 일들을 말해 주고 혹시 그 거인의 정체를 아느냐고 물었다.

포수의 말을 들은 미소년은 슬프게 탄식을 하며 말했다.

"그대가 말한 거인의 이름은 우요. 그것은 하늘과 땅의 밝은 기운이 뭉쳐서 생겨나는데, 보통은 여인의 자궁 안에 들어가 영웅호걸로 태어나오이다. 그러나 영웅호걸이 뜻을 펼치지 못하는 불행한 시기가 오면, 그것은 우가 되어서 깊은 산속에 숨어 있다가 정치가 어지러워 세상이 혼란스러우면 스스로 목숨을 끊소. 그래야만 죽어서 흩어진 기운이 다시 뭉쳐 영웅호걸로 태어나기 때문이오. 우가 자살을 하려면 소금을 많이 먹어야 하는데, 그대를 만나서 소금 200석을 달라고 했다면 아마 지금쯤 반드시 소금을 먹고 죽었을 것이오. 그리고 앞으로 그대의 나라, 곧 이 세상은 대혼란이 일어나 수많은 사람들이 죽게 될 것이오. 다만 그대는 복을 타고나서 혼란스러운 세상에서도 무사히 살아남을 팔자요. 그래서 거인이 그대더러 여인을 꼭 데려가라고 했던 것이오. 그대의 곁에 있어야 여인도 살 수 있기 때문이오. 그대의 아내가 된 그 여인도 그대 못지않게 매우 큰 복을 타고났소. 그러니 그녀를 아내로 삼아서 백년해로하기 바라오."

말을 마친 미소년이 떠나려 하자, 포수는 그에게 "선생의 이름은 무엇이오?"라고 물었다. 그 말에 미소년은 "나는 정몽주라고 하오!"라고 답하고는 배를 타고 강을 건너갔다.

그리고 얼마 지나지 않아 나라 안은 온통 대혼란에 빠져 수많은 사람들이 죽었지만, 포수와 여인 그리고 그들의 가족은 모두 무사히 살았다고 전해진다.

송화의 이야기 끝 부분에서 정몽주라는 이름이 언급되자, 왕은 놀라서 두 눈을 크게 떴다. 당연한 일이었다. 지금 이 나라 조선의 건국에 반대하다가 끝내는 선죽교에서 암살당한 인물이 정몽주였다. 그런데 정몽주가 나타나서 포수에게 진실을 들려주다니, 도대체 어찌 된 일일까.

"정몽주? 선죽교에서 죽었던 그 포은 정몽주를 말하는 건가?"

"예, 전하. 분명히 그렇사옵니다."

"신기한 일이로다. 그렇다면 이 이야기는 정몽주가 아직 살아 있었을 때 나온 것인가, 아니면 죽은 후에 나온 것인가?"

"뒷부분에 정몽주가 '그대의 나라'라고 하는 부분이 나옵니다. 이 말은 지금 우리가 살고 있는 이 나라인 조선을 가리키는데, 정몽주가 살아 있을 때에 조선은 아직 세워지지 않았사옵니

다. 그러니 이 이야기는 엄연히 정몽주가 죽은 이후에 나왔다고
보아야 하옵니다. 즉, 이 이야기에 나오는 정몽주는 그가 죽은
이후에 영혼으로 나타난 귀신이었던 셈이지요."

"그런가. 과연 정몽주는 이 땅에서 으뜸가는 현인이었도다.
포수가 도무지 알지 못했던 거인의 이름과 정체에 대해 훤히 알
고 있었으니."

왕은 송화의 해박한 설명에 수긍했다.

"한데 과인은 그 거인의 이름이 '우'라는 것이 마음이 걸린다."

"어째서 그러시옵니까?"

"생각해 보라. '우禹'는 곧 걱정과 근심을 뜻하는 말인 '우憂'와
같은 발음이다. 포수가 보았다던 거인은 천하를 근심하는 기운
이 뭉쳐서 생겨난 것이었다. 또한 영웅호걸이 뜻을 펼칠 수 없는
세상에서 우가 소금을 먹고 자살한다는 내용은 달리 생각하자
면 지금 세상에서 빛을 볼 수 없는 불행한 인재들의 운명을 비유
적으로 표현한 말이 아니었을까? 그렇게 생각하니 과인은 못내
마음이 아프다."

"영웅호걸이 필요한 시대는 불행한 시기라는 말도 있사옵니
다, 전하."

"하지만 사람이 자기 뜻을 마음껏 펼칠 수 없는 것이야말로
진정한 불행이 아닐까?"

본문에서 송화가 말한 설화들의 내용은 조선 시대 야담집인 《용천담적기》, 《송도기이》, 《용재총화》, 《청구야담》에서 발췌한 귀신과 도깨비에 관한 것들이다. 조선은 공식적으로 유학을 숭상하는 나라였고, 괴력난신을 말하지 말라는 공자의 가르침을 받들어 귀신과 도깨비 같은 것들은 멀리하였다.

　그러나 그런 와중에도 여러 학자들이 자기들 나름대로 귀신과 도깨비 등 초현실적인 존재에 대한 많은 재미있는 기록들을 남겼다. 그 덕분에 오늘날 우리는 조선 시대 사람들의 다양한 정신세계를 엿볼 수 있다.

　마지막에 실린 우 이야기는 《청구야담》의 내용을 인용한 것이다. 그런데 거의 비슷한 구조의 이야기가 조선 말의 다른 야담집인 《금계필담》에서는 다르게 묘사된다. 거인의 이름도 '우'가 아니라 제비를 뜻하는 '을'로, 포수는 선비로 바뀌었다. 그리고 을은 선비에게 처녀와의 성관계를 강요하며, 이를 거부하면 죽이겠다는 협박까지 서슴지 않는다.

　어차피 신화나 전설은 인간이 마음대로 만드는 것이고, 현대의 판타지 세계처럼 엄격한 설정 규칙이 있는 것도 아니니 그런 면에서 조선 시대의 야담이 더 자유분방했는지도 모른다.

朝　鮮　夜　話

청년이 된 왕은 더 이상 공상 속의 세상을 찾지 않는다.

그는 조선의 바깥에 무엇이 있는지 알고 싶어 한다.

조선 시대, 세계 각국의 정세는 어땠을까?

제2장

조선의 바깥세상

01

폭풍에 떠밀려
낯선 세계로

어느 어부의 세계 일주

맑은 하늘에서 따뜻한 햇살이 내리쬐고 바람은 시원하게 불어오는 어느 화창한 봄날, 조선의 왕은 강원도 동해안에서 많은 수의 신하와 몰이꾼들을 거느리고 사냥에 몰두하고 있었다. 이제 20대로 접어든 왕은 코와 턱에 수염이 자라나 어느덧 어른스러워졌고, 말을 달리며 들판을 누비는 그의 모습에서는 앳된 소년티 대신 건장한 청년의 활력이 느껴졌다.

왕보다 열 살 정도가 많은 송화는 그의 곁에서 약간 뒤쳐져서 말을 달리면서 보좌하는 역할을 맡았다. 그 모습을 다른 신하들은 부러움과 시기가 반반씩 섞인 눈으로 바라보았다. 30대 젊은 나이에 구품 벼슬의 전경이라는 낮은 자리에 머물고 있으면서 왕의 총애를 받는 측근으로 떠올랐으니, 자연히 곱지 않은 시선이 생길 수밖에 없었다. 게다가 듣자 하니 송화는 왕이 어린 시절에 받았던 야대 시간을 틈타 항상 허황된 이야기만 들려주었다는 것이다. 아무런 도움도 안 되는 허무맹랑한 소설 나부랭이나 말했던 미관말직의 젊은 것이 이제는 왕의 측근이라니, 나라가 정상적으로 돌아갔다면 결코 용납할 수 없는 일이라는 여론도 은밀히 조정의 뒤에서 돌고 있었다.

그러나 이 나라 조선은 왕이 다스리는 나라였다. 아무리 신하가 강하고 왕이 약하다고는 하지만, 조선의 왕은 엄연히 모든 백성들에 대한 생살여탈권을 쥔 존재였다. 신하에 의해 왕위에서 쫓겨난 왕이 다섯 명이기는 했으나, 그보다 더 많은 신하와 백성들이 왕의 명령에 의해 목숨을 잃었던 나라가 조선이다. 더구나 지금의 왕은 친족에게 쫓겨난 정종이나 단종처럼 나약하지도 않았고, 연산군처럼 폭군이거나 광해군처럼 조정 내에 적이 많지도 않았다. 그러니 신하들은 어쩔 수 없이 왕이 하는 대로 그저 지켜볼 수밖에 없었다.

한참 말을 몰며 들판을 달리던 왕은 사슴 한 마리를 발견하고 말고삐를 잡아당기며 말을 멈추었다. 뿔이 없는 것으로 보아 암사슴인 듯했다. 모처럼 만에 발견한 먹음직스러운 사냥감이라, 왕은 활의 시위를 당겨 화살을 쏘았다. 그러나 화살은 사슴의 머리 위로 빗나가 버렸다. 다시 화살을 시위에 메기려 하자, 사슴은 재빨리 등을 돌려 달아나고 말았다. 서툰 활 솜씨 때문에 사냥감을 놓친 왕은 맥이 풀렸는지 쓴웃음을 입가에 머금었다. 그때, 송화가 말을 천천히 몰며 왕의 곁으로 다가왔다.

"아깝게 되었습니다, 전하."

송화의 위로에 왕은 고사를 들어 자신의 실패를 변명했다.

"무릇 군주는 나라를 잘 다스려야지, 무술에 꼭 뛰어날 필요는 없네. 초나라의 항우는 누구도 당할 자가 없는 천하무적의 용장이었지만, 끝내 패망하지 않았던가?"

"당나라를 세운 이세민과 몽고의 성길사한은 모두 무예에 능하여 천하를 제패한 명장이었사옵니다."

왕의 말에 똑같이 고사를 거론한 송화의 반박에 정곡을 찔린 왕은 멋쩍게 웃었다. 주군이 웃자 송화도 따라서 웃음을 터뜨리면서 안타깝다는 듯이 위로를 건넸다.

"외람된 말씀이오나 전하, 이렇게 번번이 사냥감을 놓치시다간 오늘 저녁에 고기를 못 드실 수도 있사옵니다."

그 말을 듣고 왕은 머리를 긁적이면서 이렇게 반박했다.

"과인은 이 나라의 임금일세. 임금이 고작 산이나 들에 사는 짐승의 고기를 먹기 위해 사냥을 나왔겠는가? 사실 과인이 그런 짐승의 고기가 먹고 싶다면 굳이 일부러 궁궐에서 멀리 떨어진 이런 시골까지 올 필요가 없네. 그저 궁궐의 방 안에서 앉아서 기다리기만 하면 자연히 밥상 위에 고기가 올라올 테니 말일세. 과인을 비롯한 역대 임금들이 사냥을 나오는 이유는 매일 같이 반복되는 지겹고 짜증 나는 일상에서 며칠이나마 탈출하고 싶어서일세."

왕의 말에 송화는 오래 전의 기억을 떠올렸다.

"소신이 10년 전 야대 시간에 처음 말씀드린 이야기를 들으시고 전하께서는 동해 건너편의 여인국을 찾아가고 싶다고 하셨지요."

여인국이라는 이름이 언급되자 왕은 눈을 반짝였다.

"그래, 여자들만 산다는 그 신비한 나라. 송전경이 과인에게 들려준 이야기들 중에서 가장 재미있고 놀라웠지. 우리나라에서 동쪽 바다라면 바로 이 강원도 동쪽에 있는 동해인데, 동해의 대표적인 섬은 울릉도지. 비록 지금은 사는 사람이 없는 빈 섬이지만, 그래도 가 보면 좋을 것 같았네. 여인국 이야기도 있고 해서 이왕이면 바다를 건너서 섬에 가고 싶었는데, 신하들이 뱃길은 위험하다고 하도 반대를 해서 어쩔 수 없이 이렇게 사냥을 나왔지."

"가시고 싶던 섬에 못 가셔서 무척 속상하시겠사옵니다."

안타까운 표정으로 송화가 위로의 말을 던지자, 왕은 별일 아니라는 듯이 손을 휘저었다.

"되었네. 사냥도 나름대로 즐거운 일이니까."

"정말 괜찮으시겠사옵니까?"

"송전경, 과인은 이제 어른일세. 그대가 야대 시간에 들려주던 신비로운 이야기들을 정말로 믿던 아이가 아니란 말일세. 어른이 되는 일이 무엇인지 아는가? 할 수 있는 일과 없는 일을 받아들이는 것이라네."

약간은 서글픈 어조로 말한 왕은 말 머리를 돌려 왔던 곳으로 돌아갔다. 송화는 왕이 한 말을 마음속으로 곰곰이 헤아려 보고는 쓸쓸함을 느꼈다. 야대 중간에 이야기를 듣고 즐거워하던 어린 왕은 두 번 다시 돌아오지 못한다. 이것이 현실이다. 그렇게 생각하던 송화는 왕이 멀어지자 자신도 얼른 말 머리를 돌려 왕의 뒤를 따라갔다. 모든 신하는 왕에게서 멀어지면 안 된다.

어느덧 해가 서서히 저물었다. 주황색 노을이 하늘을 가득 채우며 대지를 비추었고, 왕이 머무는 장막에서는 출장을 나온 숙수들이 솜씨를 발휘해 온갖 맛있는 음식들을 요리하여 왕의 식탁에 바쳤다. 왕은 신하들과 함께 음식을 즐겼지만, 어딘지 모르게 약간 불만스러워하는 빛이 얼굴에 잠깐 나타났다가 곧바로 사라지곤 했다. 왕의 곁에서 그를 바라보고 있던 송화는 왕의 심정을 간파할 수 있었다. 지금 왕은 이 자리를 별로 좋아하지 않는다. 그는 왕궁을 떠난 지금, 자신을 아는 사람이 없는 낯선 곳으로 가서 자유롭게 놀고 싶어 한다. 그런데 왕의 주변에 있는 조정 대신들은 이곳까지 왕을 따라와서 그에게 골치 아픈 시국 이야기나 하면서 억죄고 있다. 왕은 휴가를 즐겨야 할 이 자리에서조차 대신들의 간섭을 받는 일을 무척 지겨워하고 있다. 이것이 송화가 왕의 심중을 분석한 내용이었고, 얼마 후에 사실로 증명되었다.

저녁 식사가 끝나고 대신들은 각자의 막사로 돌아가 잠자리에 들었다. 그러나 송화는 자지 않고 기다렸다. 분명히 왕이 자신을 찾아오리라고 확신했기 때문이다. 송화의 예상은 적중했다. 송화가 있는 막사의 천막 입구가 들려지더니 곧바로 왕이 들어왔던 것이다.

"송전경, 자고 있는가?"

왕의 말에 송화는 얼른 일어나서 대답했다.

"전하께서 부르시리라 생각해서 깨어 있었나이다."

영리한 신하를 보며 왕은 소리 없이 미소를 지었다.

"송전경은 과인과 마음이 통하니, 무척 편하도다. 그럼 어서 옷을 차려입고 나오라. 이곳까지 와서 코를 골며 곯아떨어지는 일은 시간 낭비다. 시골에서 밤을 보내는 일이 얼마나 흥겨운 일인지 모르는 자들이나 그런 짓을 하지."

"지당하신 말씀입니다, 전하."

왕의 말에 공감을 표하며 송화는 서둘러 옷을 입고 왕을 따라 장막 밖으로 나왔다. 이미 많은 수행원들이 코를 골며 잠에 빠져 있었고, 지금 이 자리에서 깨어 있는 사람은 왕과 그를 호위하는 병사, 그리고 송화 자신뿐이었다. 왕은 조정 대신들이 잠들어 있는 막사 쪽을 쳐다보며 약간의 경멸이 섞인 말을 내뱉었다.

"궁궐에서 아침저녁으로 지겹게 보는 얼굴들을 여기까지 와서 또 봐야 한다는 사실이 과인에게는 무척이나 괴롭다. 어차피 궁으로 돌아가면 계속 보게 될 얼굴들이니, 이곳에서 잠시 잊고 산다고 해서 크게 문제될 것은 없겠지."

평소였으면 꺼내지 못할 말을 하고 있는 왕에게 송화가 주의를 주었다.

"하오나 전하, 여기에 계속 머무르고 계시다가는 잠에 든 대신들이 깨어나서 전하를 보고는 못 가게 막을지도 모르옵니다.

그러니 어서 이 자리를 뜨시는 편이 옳은 줄 아옵니다."

"옳거니, 송전경의 말이 맞다. 무릇 군사를 부리려면 신속함이 제일이라고 했지. 자, 어서 떠나자꾸나."

그때, 호위 병사들을 지휘하는 군관이 왕에게 목소리를 낮추며 말했다.

"전하, 이곳은 시골이라 궁궐과는 다르옵니다. 혹시 불순한 무리나 도적 떼가 전하를 노리고 있다가 옥체에 해를 입힐까 봐 걱정이 드옵니다."

그러자 왕은 피식 웃으며 핀잔을 주었다.

"과인은 근래 강원도에 도적들이 출몰한다는 보고는 도무지 듣지 못했거늘, 무슨 도적 떼를 운운하는가? 그리고 과인은 이 나라의 주군이거늘, 한낱 도적 떼 몇이 무서워서 밤길 산책도 못한단 말인가? 그래 가지고서야 과인이 어찌 나라의 으뜸가는 주인이라 할 수 있겠는가? 그대는 여러 말 말고, 어서 과인을 따라오면서 본업인 호위나 하도록 하라."

호위군관을 쏘아붙인 왕은 재빨리 막사가 있는 자리를 떠나 밖으로 나갔다. 파수를 서는 병사들이 왕을 알아보고 인사를 올리자 왕은 얼른 화답하면서 밤 산책을 다녀올 테니 돌아올 때까지 자신이 밖으로 나갔다는 말은 아무한테도 하지 말라고 당부했다. 빠른 걸음으로 걷는 왕의 뒤를 호위군관과 병사 그리고 송화가 따라갔다.

막사가 보이는 곳을 완전히 떠나 바닷가가 있는 곳으로 간 왕은 철썩이는 파도 소리를 배경 삼아 맑고 서늘한 밤공기와 바닷

바람을 실컷 들이키다가, 우거진 풀 위에 앉아 고개를 올려 밤하늘을 보았다. 송화도 얼른 왕의 곁으로 다가가 같은 행동을 했고, 둘의 주변에 호위군관과 병사들이 적당한 거리를 두고 서 있었다. 한참 밤하늘에 뜬 별들을 감상하던 왕은 송화에게 말을 걸었다.

"그대는 예전에 뗏목을 타고 은하수까지 건너간 사람에 대해서 들려준 적이 있었지?"

"그러하옵니다, 전하. 아직도 기억하고 계시는군요."

"오래되었지만 매우 인상적인 이야기라 아직도 잊을 수가 없네. 아직도 과인은 그대가 들려준 이야기를 떠올릴 때마다, 저 밤하늘의 별들을 본다네. 혹시나 뗏목을 타고 하늘을 날아 은하수로 가는 사람을 발견할 수 있을까 해서 말일세."

왕의 천연덕스러운 말에 송화는 자기도 모르게 웃음을 내뱉었고, 곧이어 왕도 따라 웃었다.

"또 하늘을 날아다니는 신비한 불덩어리 이야기도 기억나네. 우리나라 광해군 시절에 그런 일들이 있었고, 중국 청나라에도 있었다는 것들 말일세."

"그렇사옵니다, 전하."

"화성에서 왔다는 아이도 떠오르는군. 장차 천하가 사마씨의 손에 들어간다는 예언을 들려준 아이라고 했었지."

"전하께서 《삼국지》에 관련된 이야기를 들려 달라고 하시기에, 소신이 들려드렸지요."

그러자 왕은 짧게 한숨을 쉬면서 송화를 쳐다보았다.

"그런데 어떻게 된 것인지 과인은 그대가 들려준 이야기에서 언급된 일들을 아직 보지 못했네."

"전하, 그것은……!"

놀란 송화가 해명을 하려고 하자, 왕은 오른손을 들어 그를 안심시켰다.

"오해하지 말게. 과인은 그대가 거짓말을 했다고 꾸짖는 것이 아닐세. 다 옛날 사람들이 꾸며 낸 말들을 그대로 들려준 것뿐이 겠지. 어쨌거나 과인은 그대가 들려준 이야기들 때문에 행복했다네. 그것만으로도 과인은 그대에게 감사하고 있네. 늙은 대신들은 허무맹랑하고 쓸데없는 잡다한 이야기나 들려주었다고 그대를 미워하며 과인에게 헐뜯고 있지만, 과인은 그 작자들이 말하는 공자 왈 맹자 왈보다 그대가 해 준 이야기가 더 좋았다네. 아, 방금 과인이 말한 부분은 누구에게도 말하지 말게나."

거기까지 말한 왕은 문득 어떤 생각이 떠올랐는지 송화를 보며 다시 말을 이었다.

"다만 과인은 안타까웠다네. 과인에게는 왜 그런 신비하고 놀라운 일들이 일어나지 않는가 하고 말일세."

그러자 송화는 다소 짓궂은 농담을 건넸다.

"다행으로 여기셔야 합니다. 혹시 전하께 귀신이나 도깨비가 나타나 해코지라도 했다면 어찌하실 뻔 했사옵니까?"

"그래, 그건 그렇지. 귀신이나 도깨비한테 나쁜 일을 당하기는 싫으니까 말이야."

송화의 장난기 어린 위로에 왕은 고개를 끄덕였다.

"송전경, 늙은 대신들은 무시하지만 그대는 분명히 뛰어난 인재일세."

"과찬이십니다, 전하."

"아닐세, 여러 책과 시중에 떠도는 소문을 모아서 재미난 이야기를 꾸며 내는 것도 탁월한 재능일세. 그대가 들려준 이야기가 어찌나 흥미진진했는지, 과인은 야대 시간에 신비한 꿈나라로 가서 사는 줄 알았다네. 용, 이무기, 귀신, 도깨비, 괴물, 보물, 신선, 별에서 온 아이, 하늘을 나는 수레와 은하수를 건너는 뗏목, 여자들만 사는 섬나라······. 모두 꿈같은 이야기지."

송화가 들려준 이야기를 떠올려 보던 왕은 그러다가 고개를 저으며 말했다.

"하지만 영원히 꿈속에서만 살 수는 없지. 모든 잠은 다 깨어나게 되어 있으니까. 언젠가는 반드시 현실로 돌아가야 해."

왕의 혼잣말에서 송화는 어쩔 수 없이 현실에 무릎을 꿇어야 하는 불만과 체념의 냄새를 맡았다. 다소 불경스러운 상상이지만, 송화는 그런 왕에게 동정심을 느꼈다.

"그럼 이대로 돌아가실 것이옵니까?"

"아니, 이대로 막사로 돌아가면 시간이 아깝네. 좀 더 주변을 돌아보다가 가도록 하지."

송화의 말에 왕은 부정적인 반응을 보이며 자리에서 일어났다. 그리고 자신이 앞장서서 어디론가 걸어갔다. 송화와 병사들은 재빠른 걸음으로 그를 따라갔다. 딱히 목적지를 정해 놓지 않고, 그저 발이 가는 대로 걷는 것이라서 수행원들은 왕을 따라가는 데 애를 먹어야 했다.

그렇게 정처 없이 걷던 왕은 갑자기 한 곳에서 발걸음을 멈추었다. 멀지 않은 지점에 불빛이 보였던 것이다. 왕이 멈추자 수행원들도 같이 멈추었다. 왕은 송화를 불러 물었다.

"이 밤중에 불빛이 비춘다는 것은 사람이 있다는 뜻이겠지?"

"그렇겠지요."

"어디 한번 가 보세나."

왕은 불빛을 향해 걸어갔다. 그리고 왕의 짐작이 맞았음이 드러났다. 어느 작은 마을 입구에 걸린 횃불이 불빛의 정체였던 것이다. 파수를 세워 놓지 않은 것을 보면, 전쟁이나 도둑을 겪지 않은 평화로운 마을인 듯했다. 마을은 가끔 울리는 벌레들의 노래를 제외하면 무서우리만치 조용했다. 그리고 마을 입구에 걸어 놓은 횃불을 제외하면 불빛이 켜진 집을 찾아볼 수 없었다.

"다들 자는 것 같사옵니다."

마을을 대충 둘러본 송화가 왕에게 말했다.

"괜히 자는 사람들을 깨워서 귀찮게 할 필요는 없지. 그만 가세나."

왕은 그렇게 말하며 등을 돌려 다시 돌아가려고 했다가, 어느곳을 보고는 "잠깐, 저게 뭐지?" 하며 손가락으로 가리켰다. 송화가 그쪽으로 시선을 돌리자, 구석진 곳에서 작은 불빛이 새어나오고 있었다.

"이 시간에 안 자고 깨어 있는 사람이 있었나?"

호기심에 왕은 불빛의 근원지를 찾아 발걸음을 옮겼고, 그의 뒤를 송화와 수행원들이 따랐다. 불빛이 나오는 곳은 작은 초가집이었는데, 창호지를 바른 문 너머로 상투를 튼 남자의 그림자가 비쳤다. 왕은 사람이 왔다는 것을 알리는 신호로 헛기침을 했고, 그 소리를 들은 남자는 얼른 문을 열고 나왔다.

"내가 깊은 생각에 빠져서 미처 손님이 오시는 줄 몰랐습니다. 이 밤중에 누구십니까?"

어둠에 가려 잘 보이지 않았지만, 송화는 그의 굵직한 목소리를 듣고 대략 40대의 중년 남자일 것이라고 추측했다.

"우리는 지나가던 나그네일세. 이 마을에 들렀다가 불빛이 흘러나오는 것을 보고, 무슨 일인가 싶어서 왔다네. 실례가 안 된다면 방 안에 들어가도 괜찮겠나?"

왕이 짐짓 미행을 나온 것처럼 꾸며 대며 남자에게 공손히 말을 걸었다. 남자는 말을 한 상대가 아직 왕인 줄은 몰랐지만, 자신을 대하는 모습에서 품위를 느껴 그의 부탁을 받아들였다.

"그러십시오."

남자가 허락하자, 왕은 "고맙네"라는 말을 하고는 송화와 함께 방 안으로 들어갔다. 호위군관과 병사들은 마당에 서서 혹시 있을지 모르는 사태에 대비하기 위해 파수를 섰다.

방 안에서는 퀴퀴한 냄새가 났는데, 소금기와 생선 비린내도 섞여 있어서 집주인이 어부거나 바다와 관련된 일을 하는 사람임을 알 수 있었다. 왕은 평소 느껴 보지 못한 고릿한 냄새에 불쾌해하면서도 왠지 그것이 자신과 송화를 미지의 세계로 데려다줄 안내원 같다는 생각을 했다.

방의 가운데에 놓인 낡은 등잔불은 비릿한 냄새가 나는 생선 기름을 태워서 밝은 빛을 냈다. 그것이 국왕 일행을 여기에 부른 장본인이었다. 남자는 방에 손님들이 앉을 방석이 없다는 사실을 깨닫고, 자신의 옷들을 둘둘 말아서 방석처럼 깔고는 왕과 송화에게 앉을 것을 권했다. 왕은 딱딱한 방이 불편했지만 남자의 성의를 봐서 그 위에 조심스레 앉았다. 송화도 왕의 행동을 따라 하며 그의 옆에 자리를 잡았다.

등잔불의 불빛에 왕과 송화의 얼굴이 드러나자 남자는 약간 당혹스러워했다. 그들의 얼굴이, 때와 먼지가 묻은 나그네가 아니라 부와 권력을 가진 자들에게 어울린다는 것을 알 수 있었기 때문이다.

"손님들은 어디에서 온 분들이신지요?"

남자의 물음에 왕 대신 송화가 나서서 말했다.

"여기 이 분은 이 나라 조선의 임금이시고, 나는 이 분을 모시는 전경 벼슬에 있는 송화라고 하네."

한밤중에 자기 집을 방문한 자들의 정체를 알게 된 남자는 헉 하는 소리를 내뱉으며 즉시 왕을 향해 큰절을 했다. 송화는 그를 일으켜 세우다가 얼굴을 가까이에서 보고는 깜짝 놀랐다.

"아니, 상우 자네 맞는가?"

"도련님 아니십니까?"

서로를 알아보는 둘의 모습에 왕이 물었다.

"두 사람, 아는 사이인가?"

"예, 전하. 이 친구 김상우는 소신이 어릴 적 강원도에 살았을 무렵에 알고 지냈던 사이였사옵니다. 한 달에 한 번 들어서는 장터에 이 사람이 생선을 팔러 오면, 소인이 종종 가서 만나고는 했지요. 소인보다 나이가 열 살 정도 많았지만, 서로 금방 친해졌사옵니다."

왕에게 설명하던 송화는 김상우를 보며 약간 서운하다는 투로 말했다.

"한데 자네, 아까 내 이름을 듣고도 나를 알아보지 못했나?"

김상우는 민망한 듯 머리를 긁적이며 변명했다.

"송구합니다만, 도련님께서 떠나신 이후, 한양에서 왔다가 떠난 다른 양반집 도련님의 이름도 똑같이 송화라고 해서 말이죠. 그래서 누가 누구인지 잘 알아보지 못했습니다."

"이런, 아버님께서 이름을 외자로 지어 주신 게 문제였군."

자신의 이름이 짧아 동명이인으로 오해받았다는 말을 듣고 송화는 혀를 끌끌 차다가 다시 말을 이었다.

"그 이후로 나나 자네나 서로 보지 못했군. 내가 아버님을 따라 한양으로 가서 말이지."

"도련님께서 한양으로 떠나지 않으셨어도 소인을 만나지는 못했을 것입니다. 그동안 소인도 이 마을에서 오랫동안 떠나 있었으니까요."

그 말에 송화는 눈썹을 찡그렸다.

"그게 무슨 소리인가? 자네가 무슨 나쁜 일이라도 저질러서 마을에서 쫓겨났단 말인가?"

김상우는 두 손을 저으며 부정했다.

"아닙니다, 도련님. 바다에 고기를 잡으러 나갔다가 폭풍에 휘말려 본의 아니게 객지를 여기저기 떠돌아다녔습니다. 그래서 고향에 한동안 오지 못했습니다."

"객지라면 어디를 말하는 것인가?"

"많지요. 인도와 아불리가 그리고 애굽과 남미대륙, 아라사 등이었습니다."

김상우의 입에서 낯선 지명들이 거론되자, 왕과 송화는 호기심을 느끼고 그에게 다가왔다.

"그럼 자네가 직접 서양의 여러 나라들에 다녀왔단 말인가?" 왕의 물음에 김상우는 그렇다고 대답했다.

"놀라운 일이로군. 과인도 서양 나라들이 있다는 것만 알았지 그들이 구체적으로 어떻게 사는지에 대해서는 까마득하게 몰랐다. 그대가 서양을 직접 둘러보고 왔다면, 혹시 오늘 이 자리에서 과인과 송전경에게 직접 보고 듣고 겪은 일들을 들려줄 수 있겠나?"

"지난 세월의 일들을 들려드리는 거야 뭐가 어렵겠사옵니까. 그렇게 하겠사옵니다."

김상우가 긍정적인 반응을 나타내자, 왕이 반색을 하며 재촉했다.

"그렇다면 그대가 맨 처음 바다에 나갔다가 폭풍에 휘말려서 어떻게 서양까지 가게 되었는지에 대해서부터 말해 보라."

"알겠사옵니다, 전하."

방 안에 앉은 왕과 송화 두 사람을 지긋이 보며 김상우는 지난날의 추억들을 떠올리려 했다. 고통스럽고 아픈 기억들이 되살아나 그의 머릿속을 돌아다니며 수십 년 전의 과거로 인도하고 있었다.

"그러니까 지금으로부터 거의 20여 년 전쯤의 일이옵니다. 여느 때와 마찬가지로 소인은 작은 고기잡이배 한 척을 타고 바다에 나가 있었지요. 평소와는 달리 고기가 잘 잡히지 않아 소인은 조바심을 냈지요. 그래서 좀 더 먼바다로 배를 저어 나아갔는데, 겨우 오징어와 문어 한 마리만 잡혔습니다. 그 정도 가지고는 도저히 고기를 잡았다고 할 수가 없어서 배를 더 멀리 저어 갔는데, 역시 잡히는 것은 꽁치 두 마리가 고작이었습니다. 오늘은 고기잡이를 망쳤다고 생각하여 그만 집으로 돌아가려고 했는데, 갑자기 그때부터 바람이 심하게 불고 파도가 높이 이는 것이 뭔가 심상치 않았습니다. 혹시 태풍이라도 부는 것이 아닌가 싶었는데 불길한 예감이 딱 들어맞더군요. 시꺼먼 먹구름이 몰려와서 하늘을 온통 새까맣게 뒤덮었고, 바람은 미쳐 날뛰며 소인의 배를 이리저리 마구 몰았사옵니다. 집채만 한 파도가 몰려와 소인이 탄 배를 집어삼키려 했고, 소인은 필사적으로 배 안에 차오르는 물을 퍼내고 뱃전을 붙잡으면서 마음속으로 온갖 신들에게 제발 살려 달라고 기도를 했습지요. 그렇게 해서 도대체 얼마나 시간이 지났는지 모르는 동안, 소인은 풍랑을 따라 흘러가는 배에 의존해서 간신히 목숨을 건졌사옵니다. 오랫동안 파도와 바람과 싸우느라 소인은 그 무렵, 완전히 기진맥진해 있었사옵니다. 그래서 그냥 바람과 물결에 배를 맡기고 배 안에 드러누워 있었지요. 그러고 있으니 차츰 햇빛이 소인의 얼굴을 비추었사옵니다. 정신이 없어서 제대로 살피지 못했는데, 어느새 하늘을 뒤덮고 있던 먹구름이 말끔히 사라졌고, 대신에 햇볕이 사방을 비추고 있었사옵니다. 햇빛이 뜬 건 좋았는데, 문제는 그 빛이 너무나 뜨거웠다는 것이옵니다. 평소에는 도무지 느껴 보지 못한 더위와 열기가 소인을 괴롭히더군요. 설상가상으로 물을 담은 호리병은 파도와 싸우는 사이 바닷속으로 빠져 버리고 없었사옵니다. 소인은 목이 타 버릴 듯한 갈증에 시달리며, 제발 비가 와서 목이나 축였으면 하고 간절히 바랐지만 좀처럼 비는 오지 않았사옵니다. 배가 어느 쪽으로 떠내려온 것인지 알 수 없었사옵니다. 다만 보통 때보다 해가 뜨겁고 더위가 심한 걸로 봐서 분명히 고향보다 남쪽이라고 짐작을 했사옵니다. 남쪽으로 내려갈수록 더 더워지니까요. 더위와 갈증에 지쳐서 몸을 이리저리 들썩이며 배 안에 누워 있었는데, 갑자기 바닷물이 크게 출렁이더군요. 힘든 와중에서도 호기심이 생겨 뭔가 하고 내다보았더니 바다를 가르는 집채만 한 커다란 물체가 나타났던 것이옵니다. 처음 봤을 땐 그것이 무엇인지 몰랐는데, 나중에 더 거리가 가까워지자 소인은 그제야 알았사옵니다. 그것은 한 마리의 큰 향유고래였사옵니다. 소인의 고향에서도 가끔씩 해안가에 죽은 향유고래의 시체가 떠밀려 왔기에, 본 적이 있어서 알고 있었지요. 소인이 듣기로 고래가 사람이 탄 배를 공격하는 일은 없다고 했지만, 그래도 그 큰 덩치 때문에 소인은 마음속으로 두려웠사옵니다. 부디 고래가 헤엄을 치다 잘못 보고 소인이 탄 배를 들이받아 침몰시키지 않기를 바랄 뿐이었지요. 그런데 향유고래가 헤엄치는 앞쪽의 수면 위로 갑자기 길고 굵은 촉수 같은 것이 여러 개 나오더니 향유고래를 단단히 붙잡고 억죄더군요. 소인은 난생 처음 보는 장면이라 도무지 어떻게 된 일인지 알 수가 없었사옵니다. 그러자 향유고래는 주둥이와 몸을 바다 위로 높이 띄우더니 입을 벌려 그 촉수 다발을 물어뜯었사옵니다. 잠시 후에 그 촉수 다발의 본체가 나타났는데, 그것은 소인도 생전 처음 보는 커다란 오징어였사옵니다."

"오징어? 오징어가 향유고래를 붙잡고 있었다고? 과인은 도무지 모르겠다. 어떻게 작디작은 오징어가 집채만 한 큰 고래를 붙잡을 수 있단 말인가?"

김상우의 말을 듣고 놀란 왕이 물었다.

"그때 소인이 본 오징어는 전하께서 평소에 드시던 작은 종류의 오징어가 아니었사옵니다. 몸집이 향유고래와 거의 비슷한 큰 종류였지요."

"과인은 그런 오징어에 대해 전혀 들은 바가 없도다."

미심쩍어하는 왕에게 송화가 나서서 김상우 대신 설명해 주었다.

"전하, 소신도 비록 본 적은 없으나 이따금씩 바다에서는 길이가 거의 6장이나 되는 큰 오징어가 나타난다고 하옵니다. 그래서 먼바다에 나가는 뱃사람들이 그런 큰 오징어에게 해를 당할까 봐 두려워한다는 소문을 들었사옵니다. 소신이 알기로 전라도 남쪽의 바다에 사는 어부들이 큰 오징어를 종종 본다고 하옵니다."

"그랬던가?"

"그렇사옵니다. 또한 자고로 오징어는 고래가 가장 좋아하는 먹이인데, 상우가 보았다는 오징어는 워낙 크다 보니 향유고래들이 사냥하기를 즐긴다고 들었사옵니다. 오징어보다는 고래의 힘이 더 좋아서 둘이 싸우면 거의 대부분은 고래가 이겨서 오징어를 잡아먹지요."

송화의 설명에 왕은 고개를 끄덕이며 무거운 어조로 혼잣말을 했다.

"음, 바다는 참으로 넓고도 신비한 일들이 많은 곳이로다. 그래, 상우여, 과인이 중간에 끼어들어 말을 끊어 미안하게 되었군. 그대가 경험했다는 이야기를 다시 시작해 보라."

"예, 전하."

"향유고래와 큰 오징어의 싸움은 한동안 계속되었사옵니다. 두 커다란 바다짐승이 서로 물고 뜯으며 싸우는데, 그럴 때마다 바닷물이 출렁이고 요동치면서 소인이 탄 배도 흔들렸지요. 소인은 두 놈이 싸우는 동안 심장이 덜덜 떨리면서 제발 누가 이기든 빨리 끝나 버리라고 빌고 또 빌었사옵니다. 자칫하면 놈들이 만들어 내는 파도에 배가 뒤집혀 소인이 바다에 빠져 버릴지도 모른다는 두려움에서였지요. 결국 싸움의 승자는 도련님이 말씀하신 것처럼 향유고래였사옵니다. 그놈이 큰 오징어를 우적우적 물어뜯으며 먹어 치우는 소리가 하늘에서 천둥이 치는 것처럼 울려 퍼지더군요. 오징어의 몸뚱이가 갈가리 찢어지고 조각난 다리들이 바다 수면 위에 둥둥 떠 있었는데, 향유고래가 모조리 먹었사옵니다. 그놈은 무척 탐욕스러워서 자기가 물어 죽인 오징어의 몸 조각들을 하나도 남기지 않고 다 먹더군요. 두 놈이 치열하게 싸운 흔적은 오랫동안 남았는데, 바닷물이 온통 향유고래와 오징어가 흘린 피로 붉었사옵니다. 하지만 향유고래와 오징어의 싸움 덕분에 좋은 점도 있었는데, 둘이 흘린 피 냄새를 맡고 사방에서 정어리와 고등어 떼가 몰려오더군요. 그놈들이 어찌나 많던지, 바다 위에 새로운 섬이 생긴 듯하였사옵니다. 한창 배가 고팠던 소인은 그 틈을 놓치지 않고 노를 휘둘러 정어리와 고등어를 닥치는 대로 때려잡았습니다. 손에 잡히는 놈들은 전부 배 안에 가둬 두고는 작은 칼을 꺼내 토막을 내서 날것 그대로 먹어 버렸사옵니다. 하도 배가 고파서 그랬던지, 생으로 먹는 정어리와 고등어 살이 무척 달콤했사옵니다. 그렇게 한참을 먹다 보니 그럭저럭 배가 부르더군요. 이제 남은 것은 물이나 실컷 마시는 것이었는데, 지성이면 하늘이 감동한다고 곧바로 하늘이 어두워지면서 먹구름이 몰려오더니 비가 퍼붓더군요. 소인은 너무나 기뻐서 두 손을 모아 빗물을 받아서 계속 마시고 또 마셨사옵니다. 태어나서 생전 그렇게 시원하고 달콤한 물은 처음이었사옵니다. 하지만 비가 오는 건 좋았는데, 문제는 비와 더불어 심한 바람과 파도까지 왔다는 것입니다. 처음에 경험했던 것만큼이나 큰 바람과 파도가 들이닥쳐 소인이 탄 배를 마구 뒤흔들었사옵니다. 그러다가 결국에 소인은 그만 파도에 휩쓸려서 바다로 추락하고 말았지요. 배는 뒤집혔고, 소인은 그런 배를 붙잡으며 필사적으로 살아남기 위해 발버둥 쳤사옵니다. 그러나 아무리 주위를 둘러보아도 망망대해라 어느 곳에도 도움을 요청하기 힘들었사옵니다. 그래서 이젠 꼼짝없이 죽겠구나 하고 체념한 상태였는데, 그때 거짓말처럼 하늘에서 구원의 손길이 나타났사옵니다. 멀리서 웬 산 같이 생긴 커다랗고 검은 물체가 수평선을 가로지르며 다가오는데, 시간이 지나자 그것의 윤곽이 드러났지요. 마치 바다에 나타난 거대한 산 같은 한 척의 배였사옵니다. 나중에야 그 배가 영국의 상선이라는 사실을 알았지요."

"영국?"

"서양 여러 나라들 중의 하나입니다, 전하."

"그건 어디에 있는 나라인가?"

"서양의 서북쪽에 있는 섬나라인데, 배를 타고 바다로 나가서 세계 각지에 거점을 세우고 활발하게 세력을 넓혀 가고 있지요."

왕의 물음에 김상우가 답해 주었다.

"그리고 소인은 그들과 두 번이나 만나서 같이 살았사옵니다. 폭풍과 비와 바람을 뚫고 나타난 영국 상선은 소인에게 무시무시한 짐승처럼 보였사옵니다. 향유고래도 그 상선처럼 크거나 위압적이지는 않다고 생각했사옵니다. 그래도 배라면 그 안에 사람들이 타고 있을 테니 '설마 바다에 빠진 사람을 못 본 척하고 지나가지는 않겠지'라고 여겨 헤엄을 쳐서 그 배를 향해 있는 힘껏 고함을 질렀사옵니다. 여기 사람이 있으니 제발 와서 구해 달라고 말이죠. 그리고 영국 상선이 부디 소인을 보기를 바랐사옵니다. 처음에 상선은 그냥 소인을 무시하고 지나가는 듯했는데, 서서히 소인이 있는 쪽을 향해 다가오더군요. 그리고 밧줄을 꼬아 만든 사다리를 내려 주었사옵니다. 소인은 서둘러 배 가까이로 가서는 그 밧줄 사다리를 붙잡고 있는 힘껏 배 위로 올라갔사옵니다. 여기서 밧줄을 놓치면 끝장이라는 생각으로 손가락이 하얗게 보일 정도로 힘을 주어 밧줄을 잡았습니다. 사다리를 타고서 힘들게 배 위로 올라가 갑판에 주저앉은 소인은 배에 누가 타고 있는지 궁금해서 주위를 둘러보았습니다. 그랬더니 세상에, 평생토록 단 한 번도 보지 못한 희한하게 생긴 사람들이 소인을 쳐다보고 있는 것이었사옵니다. 코는 독수리 부리처럼 길게 구부러졌고, 눈은 움푹 들어갔으며, 눈동자는 유리알처럼 투명하거나 옥처럼 파랗고, 피부는 멀건 국처럼 하얀 것이 무슨 도깨비나 고양이를 보는 듯하였사옵니다. 나중에야 그런 외모를 가진 사람들이 서양에 산다는 사실을 알았지요. 훗날 소인은 그런 서양인들의 모습에 익숙해졌지만, 처음에는 도무지 사람 같지 않았사옵니다. 반면 영국 상선의 선원들은 소인을 보고도 별로 놀라지 않았는데, 우리나라 사람과 비슷하게 생긴 중국인과 일본인을 이미 오래 전부터 봐 왔기 때문입니다. 선원들은 소인을 선실로 데려가서 바닷물에 젖은 옷을 벗기고 자기들이 입던 새 옷을 내주었사옵니다. 그리고 따뜻한 불을 쬐게 했는데, 오랜만에 쬐이는 불의 따스함에 소인은 그만 깜빡 잠이 들고 말

앉사옵니다. 잠에서 깨어나자 소인의 곁에는 험상궂은 인상을 하고 키가 큰 선원 한 명이 서 있었는데, 소인이 일어나는 모습을 보고는 거칠게 일으켜 세워서는 어디론가 데려갔사옵니다. 그곳은 배를 모는 선장이 있는 선장실이었지요. 붉은 제복을 입은 선장은 소인을 보더니 자기 앞의 의자에 앉게 하고는 자기네 말인 영어로 물어봤지요. 지금 와서 생각해 보면 대략 이런 뜻인 듯했사옵니다. '당신은 어디에서 왔는가? 어느 나라 사람인가? 무슨 일로 바다에 표류하고 있었는가?' 하지만 그 당시 소인은 영어를 처음 들었기에, 뭐라고 하는지 통 몰라서 아무런 대답도 못 했사옵니다. 소인이 영어를 못 알아듣자, 선장은 이어 다른 나라 언어인 불란서어와 서반아어 등으로 물어보았지만 그것들도 소인은 몰라서 그냥 가만히 있었사옵니다. 소인과 의사소통이 안 된다는 사실을 알자, 선장은 선원들이 머무는 선실에 소인을 머물게 하고, 배 안에서 여러 가지 잡일들을 하는 일꾼으로 고용했사옵니다. 그때부터 소인은 일꾼이 되었지요. 지금 와서 생각해 보면 참으로 다행스러운 일입니다. 군사가 아니라 짐을 실어 나르는 일꾼으로 산 덕분에 소인이 수십 년 동안 전 세계 각지의 온갖 전쟁터를 떠돌면서도 끝끝내 죽지 않고 무사히 살아남을 수 있었으니 말이지요. 뱃일 그 자체는 별로 힘들지 않았사옵니다. 소인이 곱게 자란 몸도 아니고, 원래부터 어부로 살면서 여러 힘든 일을 자주 했던 덕분이었지요. 다만, 영국 배에서 먹는 음식은 무척 적응하기 어려웠사옵니다. 모든 음식들은 소금에 진뜩 절여져 있어서 굉장히 짰습니다. 너무 짜서 입에 넣으면 머리가 아플 지경이었지요. 영국인들의 말로는 그래야 음식이 상하지 않는다면서요."

"잠깐, 그대는 어떻게 영어를 알게 되었나?"

"태어날 때부터 영어를 할 줄 아는 사람은 없지요. 다, 자라면서 배우는 것이옵니다. 그처럼 소인도 영국인들과 함께 살면서 영어를 익혔사옵니다. 그들이 하는 말과 행동을 보고 들으며 살았더니 어느새 절로 입에서 영어가 나오고 알아들을 수 있게 되었사옵니다."

왕의 질문에 김상우는 멋쩍게 웃으며 대답했다.

"소금에 절인 쇠고기와 양배추가 주로 그들의 음식이었사옵니다. 그들은 익숙해져서 아무렇지도 않게 먹어 댔지만, 소인은 그야말로 어쩔 수 없이 살기 위해 먹었사옵니다. 힘든 뱃일을 하면서 음식을 안 먹으면 체력이 부족해서 견딜 수가 없으니까요. 그렇게 해서 매일 먹다 보니 입에는 그럭저럭 맞았는데, 돌아서서 생각해 보면 그다지 먹고 싶은 음식은 아니옵니다. 그나마 소인이 탄 배는 상선이라서 항구에 자주 들러 마실 물과 신선한 채소, 과일 등을 챙겼기 때문에 식사를 하는 데는 그리 큰 문제가 없었사옵니다. 정작 나중에 탔던 영국 전함에서는 식사가 매우 어렵고 불편했지요. 한참 동안 영국 배를 타고 가던 소인은 인도에 가서야 비로소 처음, 뭍에 발을 디딜 수 있었사옵니다. 부처가 태어난 땅이 바로 인도인데, 소인은 난생 처음 가 보게 되었던 것입지요. 하나, 소인이 본 인도는 부처의 고향이라고는 믿기지 않을 만큼 평화는 전혀 없고 전쟁과 폭력, 혼란만이 가득했사옵니다. 왜냐하면 영국 군대와 인도인들이 각지에서 치열한 전쟁을 벌이고 있었기 때문이지요. 한번은 소인이 탄 상선이 인도 남부 지방에 주둔하고 있던 영국 군대에 식량을 보급하는 임무를 맡았습니다. 항구에 짐을 내린 다음, 그것들을 말이 끄는 수레에 실어 군대까지 간 적이 있었습니다. 바로 그때, 인도인들이 군대를 거느리고 쳐들어와 영국군과 전투가 벌어졌사옵니다. 인도인들은 덩치가 말보다 훨씬 크고 힘이 센 코끼리라는 짐승을 타고서 싸웠는데, 소문으로만 듣던 코끼리를 그때야 처음 보았사옵니다. 코는 마치 뱀처럼 길었고, 입에 길고 날카로운 송곳니가 돋아나 있었으며, 온몸에 쇠로 만든 갑옷을 입혔더군요. 그래서 소인은 처음 코끼리를 보고는 겁을 먹었사옵니다. '저렇게 산처럼 크고 무서운 짐승을 대체 무슨 수로 상대하겠다는 거지?'라고 말이지요. 하지만 소인의 그런 두려움은 곧 없어졌사옵니다. 영국군이 대포에 포탄을 장전하고 발사하자, 하얀 연기를 뿜으며 날아간 포탄에 코끼리가 맞고는 그만 구슬픈 비명을 지르면서 무릎을 꿇고 쓰러져 버렸사옵니다. 코끼리가 쓰러지자 그 주위에 있던 인도인 병사들은 모두 겁에 질려 달아나 버렸고, 그들의 뒤를 영국 기마병들이 쫓아가서 모조리 찌르고 베어 소탕했사옵니다. 인도인들이 믿었던 철갑 코끼리는 결국 쓸데없이 느리고 무겁기만 한 애물단지에 불과했던 것이지요. 또 한번은 인도 남부의 다른 곳을 지배하고 있던 영국군에 식량을 전달하기 위해서 그들을 찾아간 적도 있었는데, 그들은 크고 하얀 건물 안에 살면서 인도의 영주와 백성들에게 명령을 전달했사옵니다. 모자에 보석을 박고 금과 은으로 장식한 목걸이와 반지를 주렁주렁 몸에 단 인도의 높은 제후들도 모두 영국군 본부에 와서 그들에게 허리를 깊이 숙여 절을 하고 굽실거리더군요."

"인도가 영국의 지배를 받고 있었다고?"

"전하, 모든 지역이 그랬던 것은 아니옵니다. 영국군이 지배하는 지역도 있었지만, 소인이 처음 말씀드린 것처럼 인도인 제후가 다스리면서 영국군에 맞서 싸우는 곳도 있었지요. 그러나 인도인 제후들은 서로 반목하고 대립하고 있었기에, 영국군의 상대는 되지 못했사옵니다."

김상우의 말에 왕은 눈썹을 치키며 의문을 제기했다.

"과인은 역대 선왕들의 말씀을 잘 알기에 불교를 멀리하여 인도가 어떤 나라인지는 잘 모른다. 하나, 과인이 얼핏 들은 바에 따르면 인도는 중국만큼 넓은 땅을 가진 나라라고 하는데, 그 영국은 대체 얼마나 백성이 많고 땅이 넓기에 인도를 집어삼키고 있단 말인가?"

"소인이 나중에 직접 영국에 가서 살아 본 바에 의하면, 영국은 서양의 북서쪽에 있는 섬나라이옵니다. 그리고 영국 본토의 넓이나 백성들의 수는 우리나라와 거의 비슷하옵니다. 반면 인도는 영국보다 훨씬 땅도 넓고 백성들도 수십 배나 많지요."

그 말을 들은 왕과 송화는 모두 놀라서 입을 벌렸다.

"자기 나라보다 훨씬 큰 땅과 많은 백성을 가진 나라를 어떻게 지배할 수 있는가?"

아무리 생각해도 도무지 믿기지 않았는지 왕은 고민에 잠겨 있었다. 그때 골똘히 고심하던 송화가 나서서 말을 꺼냈다.

"전하, 역사를 살펴보면 작은 나라가 큰 나라를 집어삼킨 적도 제법 많았사옵니다. 그 수가 매우 적었던 만주족도 청나라를 세우고 중원으로 쳐들어가 자신들보다 인구가 수백 배나 많은 한족들을 지배하고 있지 않사옵니까?"

현실의 사례를 거론하는 송화의 말에 왕은 "그야 그렇지만"이라고 일단 부족하게나마 동감을 표한 뒤, 뭔가 생각났다는 듯이 김상우에게 질문을 던졌다.

"방금 그대는 영국 본토라고 했다. 맞는가?"

"그러하옵니다, 전하."

"그렇다면 영국 본토가 아닌 다른 땅도 영국이 지배하고 있다는 말이다. 그대는 영국이 섬나라라고 했는데, 대체 어떤 지역들을 영국이 차지하고 있는가?"

왕의 물음에 김상우는 잠시 방의 천장을 올려다보고는 기억을 더듬어 가면서 말했다.

"서양의 서쪽 바다를 건너가면 북미 대륙이라는 큰 땅이 나오는데, 소인이 알기로 그 땅의 북쪽이 영국의 소유입니다. 그리고 인도의 약 절반 정도가 영국의 지배를 받고 있사오며, 얼마 전에 영국이 영토로 선언한 호주도 그 크기가 매우 넓어 가히 중국에 견줄 만하다 하옵니다."

"호주라니? 그곳은 또 어딘가?"

낯선 지명에 왕이 당혹해하자 김상우가 설명해 주었다.

"중국의 남쪽 바다를 건너 약 1만 리 정도를 가면, 사방이 바

다로 둘러싸인 큰 땅이 나오는데 그곳이 바로 호주입니다. 모래
벌판이 많아 인구는 적지만, 금과 은 같은 각종 보물들이 무궁무
진하여 앞으로의 발전이 기대되는 땅이옵니다."

"그래? 호주라고⋯⋯."

김상우의 설명을 듣던 왕은 작게 한숨을 쉬었다.

"세상은 참으로 넓구나. 나라 밖으로 나가서 많은 것을 보고
경험한 그대가 과인은 부럽도다. 그나저나 중국만 한 호주에 인
도와 북미까지 지배하고 있다니, 영국은 정말 대단한 나라군. 한
데 백성의 수가 우리나라와 비슷하다면 별로 많지 않은 것인데,
그렇다면 영국은 군대의 수도 적을 것이다. 적은 수의 군대로 어
떻게 그 넓은 땅을 지배하고 있는 것일까?"

"전하의 말씀이 옳사옵니다. 소인이 직접 보고 경험한 바로도
영국군의 수는 그리 많지 않사옵니다. 하지만 영국군은 두 가지
의 장점으로 이를 만회했습니다. 첫째, 영국군은 매우 엄격한 군
율과 우수한 무기를 갖추어서 적들을 제압했사옵니다. 그래서
대부분의 나라들은 영국군과 싸우기를 굉장히 두려워했사옵니
다. 한 예로 서양의 대부분을 점령하여 무적의 군대라 불렸던 불
란서군도 끝내는 영국군에게 패배하고 말았사옵니다."

송화도 김상우의 말을 거들고 나섰다.

"전하, 옛날 천하를 제패했던 몽고의 성길사한이 거느린 군대
도 십만을 넘지 않았사옵니다. 하지만 엄격한 군기와 무수한 무
기를 갖추어서 그토록 강력했지요. 지금 이 사람이 말한 영국군
도 규율과 무기가 우수하기에 수가 적어도 강한 힘을 발휘하는

것이옵니다. 무릇 군대는 정예한 힘과 용기가 중요하지, 수의 많고 적음은 중요하지 않사옵니다. 잘 갖추어진 소수의 군대가 그렇지 못한 다수의 엉성한 군대를 격파하는 일이 고금을 통틀어 얼마나 많았사옵니까?"

"하긴 명나라 영락제는 자신을 진압하러 온 수십만의 관군을 그보다 훨씬 적은 수의 군대로 쳐부수었지. 당태종이 중원을 통일했을 때에도 그가 거느린 군사는 수만에 불과했다. 후한을 일으켜 세운 광무제 유수도 1만 내외의 군사로 신나라의 수십만 대군을 곤양에서 무너뜨리지 않았던가. 그래, 하면 다시 본론으로 돌아가서 영국군의 두 번째 방법은 무엇인가?"

"둘째로 영국군은 많은 병력이 필요한 지역에는 돈을 주고 고용한 용병들을 투입하여 싸우게 했사옵니다. 아까 소인이 말씀드린 인도에서의 영국군도 마찬가지였사옵니다. 세포이라 불리는 수많은 인도인 용병들이 영국 군대 내에서 돈을 받고 복무하고 있었사옵니다."

왕은 혀를 찼다.

"자기 나라를 억압하는 외국 군대에 돈을 받고 복무하다니. 그 세포이란 자들은 어찌 그럴 수 있는가? 그러고 보면 영국도 중국처럼 이이제이를 하는군."

"그러하옵니다, 전하. 인도는 수많은 제후들이 서로 땅을 차지하고 상대편 제후와 전쟁을 벌이고 있는 군웅할거가 펼쳐지고 있었사옵니다. 그러다 보니 제후들은 외세인 영국군의 힘을 빌려 적대적인 제후들을 제압하려는 정책을 펴고 있었습니다. 이렇듯 인도 내부에 협력자가 많다 보니, 영국군이 자기 나라보다 훨씬 넓고 인구가 많은 인도를 점령해 나갈 수 있었던 것이지요."

"상우의 말이 맞사옵니다. 자고로 동서고금을 막론하고 모든 강대국들은 외국을 지배할 때, 그들을 분열시키고 서로 다투게 하여 약하게 만든 다음, 자신들이 개입하여 조정을 하겠다고 핑계를 대면서 지배를 하려 드옵니다. 간단한 정책이지만 굉장히 효과적이지요."

"그렇다. 역사는 항상 반복되는 법이지."

영국의 인도 지배에 대해 어느 정도 감을 잡은 왕은 김상우에게 그 다음 이야기를 마저 들려 달라고 재촉했고, 김상우는 왕의 명령에 따랐다.

"인도에서의 일을 대강 마친 영국 상선은 소인을 태우고 인도를 떠나 서남쪽의 바다로 향했사옵니다. 그곳은 아불리가라는 큰 땅이었는데, 넓이가 어느 정도인지 아직도 가늠하지 못한다고 했습니다. 왜냐하면 해안가 안으로 깊숙이 들어가면 더위와 전염병으로 외부인들이 죽어 나가기 때문이었지요. 그래서 영국을 포함한 서양인들은 아불리가의 해안가에서만 머물렀지 차마 내륙으로 들어갈 엄두는 내지 못하였습니다. 소인이 탄 영국 상선은 아불리가의 해안가 항구들에 들러서 자주 물과 채소와 과일들을 실으면서 점점 서남쪽에서 서북쪽으로 항로를 바꾸어 계속 바다를 가로질렀습니다. 참, 미처 말씀을 못 드렸는데, 소인이 탄 영국 상선에는 영국인만 있는 것이 아니었사옵니다. 영국 이외의 다른 서양 나라인 불란서 사람들도 함께 일했는데, 대부분은 선장 곁에서 도움을 주는 역할이었습니다. 그들과 살다 보니 소인도 불란서 말을 약간이나마 알아들을 수 있게 되었습니다. 물론 불란서 말은 영어보다 더 어려웠지요. 그러나 어설프게라도 익힌 불란서 말 덕분에 훗날 소인은 불란서 군대와 함께 지내며 많은 도움이 되었습니다. 거의 일 년 동안 아불리가의 바다 쪽을 돌면서 북상하던 영국 상선은 이제 항로를 동쪽으로 바꾸었사옵니다. 영국의 동맹국인 나폴리왕국에 들르기 위해서입니다. 그 나라는 서양의 남쪽을 차지한 지중해의 한복판에 있었는데, 그 무렵 점차 세력을 확장하는 불란서에 맞서기 위해 영국과 동맹을 맺었다고 했습니다. 당시 불란서에는 나파륜이라는 매우 뛰어나고 야심이 큰 장군이 있어서, 서양의 모든 나라들이 그를 두려워했지요."

"나파륜? 그게 누구인가?"

"불란서의 영토였던 코르시카 섬에서 태어난 사람인데, 불란서 학교에 들어가 군대 장교가 되었사옵니다. 처음에는 코르시카를 불란서에서 독립시키려고 했다가, 자신의 반대 파벌에게 쫓겨 생명이 위험하자 그 꿈을 접고 대신 완전한 불란서인이 되어 천하 제패라는 야심을 품었던 인물이옵니다. 그는 학교에서 동서고금의 수많은 역사를 배웠고, 자신이 과거의 제왕들처럼 세계를 정복할 수 있다고 믿었지요. 그리고 그는 실제로 자신의 야심을 거의 실현시키기 직전까지 갔사옵니다."

왕에게 김상우가 그렇게 답변해 주었다.

"과인이 배웠던 역대 중국의 제왕들도 모두 맨주먹으로 일어나 천하를 제패했도다. 그대가 말한 나파륜이란 자도 비슷한가 보군."

"야심가란 다 같은 법이지요."

거기까지 말한 김상우는 다시 이야기를 계속했다.

"아불리가에서 지중해로 들어가기 위해서는 반드시 두 개의 기둥이라 불리는 해협을 통과해야 했사옵니다. 그런데 소인이 탄 영국 상선의 선장은 해협을 지나기 전에 간절히 기도를 하며 뭐라고 계속 빌더군요. 소인은 그 모습을 이상하게 여기고 나중에 선장에게 왜 그랬느냐고 물어보았습니다. 그랬더니 선장은 '해협 남쪽의 항구에는 사납고 무서운 해적들이 득실거린다. 그래서 행여나 그들의 눈에 우리가 띄지 않도록 하느님께 기도한 것이다'라고 했습니다. 그때는 '사납고 무서운 해적'이라는 말이 잘 이해가 가지 않았지만, 나중에야 그 말의 뜻을 비로소 실감하게 되었지요. 기도가 통했는지, 소인이 탄 배가 해적들의 공격을 받은 일은 없었사옵니다. 배와 생명이 무사한 것에 기분이 좋아졌는지, 선장은 선원들에게 평소보다 많은 양의 술을 돌리고 편히 지내라고 지시했습니다. 하지만 선장은 하나만 알고 둘은 몰랐사옵니다. 영국 상선을 노리는 자들은 해적들 말고도 더 있었지요. 바로 영국의 적대국인 불란서였습니다. 상선이 나폴리 왕국에 도착하기 직전, 불란서 군함의 습격을 받았습니다. 마침 선장이 선원들에게 술을 실컷 마시게 하고 긴장을 풀게 했던 탓에 제대로 방비도 못하고 무방비 상태로 당했지요. 불행 중 다행이라면 그 덕분에 상선의 사람들은 모두 무사히 생명을 보존할 수 있었습니다. 상선을 습격해서 순식간에 점령한 불란서 해군 병사들은 상선에서 일꾼과 물자를 징발했습니다. 훗날 알게 된 사실이지만, 이런 식의 해상 습격은 서양 나라들에서 매우 흔하여 일상화된 일이라고 하옵니다. 불란서만 그랬던 것이 아니라 영국도 똑같이 하고 있었사옵니다. 여하튼 그렇게 해서 영국 상선의 일꾼이었던 소인은 졸지에 불란서 군대로 끌려가 그들을 위해 일을 해야 했습니다. 그리고 영국 상선을 습격해 소인을 징발해 간 불란서 군함을 지휘하던 사람은 바로 나파륜 장군이었지요. 나파륜…… 앞으로 들려드릴 이야기에서 이 사람은 꽤나 중요한 비중을 차지할 것이옵니다."

본문에서 김상우가 언급한 세포이는 세계사 교과서에서도 등장하는 이름인데, 영국군이 인도에서 토착 세력들을 제압해 나갈 때 고용한 인도 현지인 출신들로 이루어진 용병 부대다. 인도인 용병들은 영국군에 큰 도움을 주었는데, 훗날 영국이 아편전쟁과 제1·2차 세계대전을 치를 때에도 이들이 영국군의 일원으로 대거 참전했던 것이다. 그래서 영국은 인도인들에게 세포이의 참전을 들어 독립을 약속하기도 했다.

왕이 말한 고사성어인 '이이제이'는 이夷, 즉 오랑캐로 오랑캐를 제압한다는 뜻이다. 이이제이는 역대 중국 왕조들이 강력한 외적인 북방 유목민을 상대할 때에 주로 쓰던 고전적인 수법이었다. 유목민 내부의 파벌들에게 서로 간의 싸움을 부추기고 그들을 분열시켜 약하게 만든 다음, 물자를 지원하는 대신 중국에 충성하는 세력으로 종속시키는 방안이 바로 이이제이였다. 그 예로 한나라는 흉노를 북흉노와 남흉노로 분열시키고 서로 싸우게 하여 약해진 북흉노는 쫓아 버리고 남흉노는 충실한 용병으로 복속시켰다(한나라와 남흉노에 밀려 달아난 북흉노가 바로 로마와 게르만족을 위협한 훈족이다). 이 밖에 수나라가 서돌궐과 동돌궐을 대할 때나 명나라가 오이라트와 타타르를 대할 때나 모두 이이제이였다.

김상우가 언급한 아프리카 부분은 당시에는 어쩔 수 없는 일이었다. 19세기 중엽까지 서양인들은 더위와 습기, 그리고 풍토병이 창궐한 아프리카 내륙으로는 들어가지 못하고 그저 해안가 몇 군데에 거점만 두는 식으로 머물렀다. 그러다가 19세기 중엽에 이르러 말라리아 같은 아프리카의 풍토병을 치료하는 약이 개발되고, 아울러 철도가 놓여 빠른 속도로 군대와 물자를 수송하는 방법이 생기면서 서양인들은 파죽지세로 아프리카 대륙을 식민지로 만들었던 것이다.

'두 개의 기둥이라 불리는 해협'은 현재 스페인 남부의 지브롤터를 말한다. 지중해와 대서양을 잇는 이 해협은 유럽과 아프리카를 구분하는 자연적 경계선이기도 하다.

지브롤터 해협의 남쪽에 산다는 '사납고 무서운 해적들'은 이슬람 해적단인 바버리 해적단을 의미한다. 이들은 거의 300년 동안 유럽인들을 납치해 노예로 팔거나 부렸던 악독한 자들이었다. 그래서 이탈리아의 선원들은 출항을 할 때면 제발 바버리 해적단에게 잡히지 않게 해 달라고 기도를 했으며, 이런 사실을 반영하여 영국인 선장도 해적단의 습격을 두려워하게 설정했다.

김상우가 언급한 나파륜은 나폴레옹을 말한다. 굳이 설명이
필요 없을 만큼 유명한 인물인 나폴레옹은 앞으로 벌어질 이야기
에서 매우 중요한 비중을 차지한다.

02

나파륜 장군과
애급 원정

영웅과 비겁자

거기까지 말을 마친 김상우는 갈증이 났던지, 방구석에 놓인 나무 그릇을 들어 물을 마셨다. 한참을 물을 마신 김상우는 어느 정도 갈증을 해소했는지 빈 그릇을 방에 다시 내려놓았다. 그런 김상우를 보면서 왕이 말을 걸었다.

"그대가 영국 상선을 타고 가다가 불란서 해군에게 체포되어 끌려간 것까지는 잘 들었다. 그래, 그 다음은 어떻게 되었는가?"

"아, 그 부분은 지금부터 말씀드리려고 했사옵니다. 오래된 내용이라 기억이 확실하지는 않지만, 그래도 생각이 나는 대로 들려드리겠사옵니다."

그렇게 해서 김상우가 타고 간 영국 상선은 바다 한가운데에서 불란서 군함에게 나포되었고, 그를 포함해 상선에 타고 있던 사람들은 불란서 군인들에게 끌려갔다.

그 다음에 일어난 일은 이러했다. 불란서 해군은 영국 상선에 실려 있던 물건들 중에서 값이 나갈 만한 귀중품과 식량, 물 등 대부분을 빼앗아 갔고, 일꾼들 또한 강제로 끌고 갔다. 김상우도 그들 중 한 사람이었다.

당시 군함에 타고 있던 불란서 군대의 지휘관은 나파륜 장군이었다. 그는 매우 야심이 크고 탁월한 명장이었는데, 그런 이유로 영국 사람들이 가장 두려워하던 인물이었다.

나파륜 장군이 이끄는 불란서 군대는 바다를 건너 저 면 동쪽의 '애굽'이라는 나라로 간다고 하였다. 그리고 불란서 군대에 연행된 김상우도 그들을 위해 일을 하면서 애굽까지 가야 할 처지에 놓였다. 처음에 김상우는 애굽이 어떤 나라인지도 가서 무엇을 해야 하는지도 몰랐지만, 그래도 가게 된다면 제발 몸이나 무사하기만을 마음속으로 빌었다.

불란서 군대에서 김상우는 일개 일꾼에 불과했기 때문에 감히 장군이나 장교들과 말을 나눌 기회는 없었다. 그러나 영국 상선에서 어깨너머로 불란서 말을 배웠고, 불란서 말만 사용하는 사람들 속에서 한참을 생활하다 보니 어느 정도 그들의 말을 이해할 수 있게 되었다. 군함 안의 불란서 군인들은 모두 영국 함대가 나타나는 것을 우려하는 눈치였다. 훗날 알게 된 사실이지만 불란서 해군은 영국 해군보다 취약해서 바다에서 그들과 싸우면 도저히 당해 낼 도리가 없다는 것이었다. 그런 이유로 그들은 항해를 할 때면 제발 영국 함대와 만나지 않게 해 달라고 기도를 했다. 그들이 군함의 보호를 받지 않는 무방비 상태의 영국 상선을 만나 아무런 피해도 없이 일꾼과 물자를 빼앗은 일은 기적이었던 셈이다.

그렇게 불안한 상황 속에서도 하늘이 도왔는지, 그들은 거의 한 달 동안 무사히 바다를 건너 애굽의 항구에 도착했다. 그 도시의 이름은 대략 알락산도리아라고 했는데, 2,000년도 더 전에 같은 이름을 가진 왕이 세웠다고 하였다. 알락산도리아에 상륙한 불란서 군대는 애굽 군대와 싸워 한 번에 도시를 차지하고, 애굽의 중심부가 있는 남쪽으로 계속 진격하였다. 그러나 애굽 땅은 대부분이 사막이어서 그런지, 따가운 햇볕과 거친 모래알들 때문에 지나가기가 무척 힘들고 어려웠다.

김상우가 불란서 군대와 함께 사막을 행군한 지가 거의 19일 정도 되었을 때의 일이었다. 지평선 너머로 저 멀리, 끝이 뾰족한 돌무더기가 보였다. 처음 보았을 때는 그게 대체 무엇인지 몰랐는데, 나중에 알고 나니 '피라미드'라는 애굽 땅의 건물이라고 했다. 4,000년 전 애굽을 다스리던 왕들이 묻힌 무덤이라고 했는데, 수천 명의 백성들을 동원해서 지었다는 것이다. 건물의 높이는 대략 언덕이나 산 중턱 정도였다.

"4,000년 전? 그때 애굽인들이 그렇게 높은 건물을 지었단 말인가?"

왕이 믿기지 않는다는 듯한 말투로 의문을 제기하고 나서는 바람에 김상우의 말은 중단되었다.

"예, 소인이 분명히 그리 들었사옵니다. 정확히 말하면 4,300년 전이라고 했습지요."

"신기하도다. 그 무렵, 이 땅에는 아직 나라도 없던 시절이었는데⋯⋯."

"소인이 같이 갔던 불란서 사람들에게 들었던 말로는 애굽이 온 세상을 통틀어 가장 역사가 오래된 나라라고 하옵니다. 애굽에서 처음 왕이 나타난 때가 지금으로부터 대략 5,000년 전이라고도 들었던 기억이 나옵니다."

"5,000년 전이라⋯⋯. 이 세상에는 과인이 모르는 사실들이 너무나 많군. 그래, 그 다음에는 무슨 일이 벌어졌나? 어서 얘기해 보라."

김상우는 불란서 병사들과 함께 피라미드가 보이는 사막을 걷고 또 걸었다. 햇살이 뜨겁게 내리쬐어 병사들의 얼굴과 목에서 땀이 흘러내렸다. 어느 병사들은 조용한 목소리로 욕설을 중얼거렸는데, 그중에는 나파륜 장군에 대한 내용도 포함되어 있었다. 자신들을 이 지독한 열탕으로 끌고 온 장군이 미워서 욕설과 저주를 내뱉었던 것이다.

김상우는 그 말을 듣고서 멀리 있는 나파륜 장군을 바라보았는데, 장군은 태연한 자세로 계속 말을 타고 군대를 이끌고 있었다. 그가 들었는지 못 들었는지는 모르겠지만, 설령 들었다고 해도 전혀 신경을 쓰지 않았을 것이다. 왜냐하면 그는 정말이지 강철로 만들어진 심장을 가진 사람이었기 때문이다. 자신의 목적을 달성하기 위해서라면 눈앞에서 10만 명의 사람들이 죽어도 무덤덤하게 지나갈 사람이 바로 나파륜 장군이었다. 김상우는 불란서 병사들로부터 예전에 나파륜 장군이 불란서의 도읍에 있었을 때 정부에 반대하는 시위대를 향해 정면으로 대포를 쏘았다는 말도 들었다. 그때 수많은 사람들이 포탄에 맞아 팔과 다리가 잘리고, 몸뚱이는 산산이 박살이 나서 죽었는데, 나파륜 장군은 오히려 그 사건을 '사회의 질서와 안정을 유지하기 위한 조치'였다며 자랑을 하고 다녔다고 한다.

그때 문득 저 멀리 지평선 너머로 모래 먼지가 일어나는 것이 보였다. 불란서 군대의 정찰병들이 그것을 보고 본대로 돌아와서 "적들이 오고 있다!"라고 고함을 지르자, 나파륜 장군은 전군에 행군을 중단시켰다. 그러고는 각 부대별로 사각형의 방진을 형성하고 지휘관들과 학자 그리고 일꾼들은 모두 그 방진 안으로 들어가 보호를 받으라고 명령을 내렸다.

이윽고 불란서 군대가 행군하던 앞쪽 방향에서 먼지구름을 뚫고 나타난 수천 명의 무리들이 눈에 들어왔다. 그들은 모두 말을 타고 있었고 손에는 창을 들었으며 어떤 자들은 깃발을 들기도 했다. 불란서 병사들은 그들을 가리켜 '맘룩'이라고 불렀다. 김상우가 불란서 군대에 있으면서 들은 이야기에 따르면 맘룩들은 원래 애굽에서 태어난 사람들이 아니고, 저 먼바다 북쪽 건너 땅에서 살던 사람들인데, 애굽 사람들이 돈을 주고 노예로 사와서 군사로 만들었다고 한다. 애굽 땅에도 사람이 많이 사는데 왜 굳이 남의 땅에서 이방인들을 데려와 병사로 삼았는지는 잘 모를 일이지만, 애굽 사람들 말로는 맘룩들이 자기들보다 훨씬 용감하기 때문이라고 했다. 특히나 맘룩들은 말을 타는 솜씨가 매우 뛰어나고 싸움에 능숙하여, 옛날 몽고 군대와 서양 군대가 애굽에 쳐들어왔을 때도 그들이 나서서 모두 물리쳤다고 한다.

"몽고군이 맘룩에게 패배했다고?"

왕이 놀라서 묻자, 김상우가 고개를 끄덕였다.

"예, 전하. 당시 맘룩들을 지휘했던 장군은 바이바루수였는데, 굉장히 용맹하고 지혜로워서 몽고군을 무찔렀다고 들었사옵니다. 그래서 오늘날까지 애굽인들을 포함한 회교도들은 바이바루수를 불세출의 영웅으로 추앙하며, 그를 기리는 이야기 책까지 만들었다 하옵니다. 그 이름처럼 바이바루수는 평생 동안 수십 번의 전투를 치르면서 단 한 번도 패배하지 않은 용장이었습니다. 그리고 이후로도 몽고군이 여러 차례 애굽을 노렸지만 모두 맘룩들에게 참패하여 달아났다고도 했사옵니다."

"신기한 일이로다. 과인이 듣기로 몽고 군대는 동서남북을 파죽지세로 휩쓴 무적의 군대라 했는데, 저 먼 서쪽에서 애굽의 맘룩들에게 패배하여 물러났던 것이로군. 역시 세상에 무적이란 없도다."

왕은 진심으로 감탄했다.

"그렇사옵니다. 전하께서 말씀하신 대로 무적의 군대란 없사

옵니다. 이제 소인이 말씀드리는 내용을 들으시면 더 자세히 아
실 것이옵니다."

　수많은 말들을 타고 나타난 맘룩들은 모두 금과 은으로 장식
된 마구와 화려하게 색이 칠해진 옷을 입고 있었다. 그들의 산뜻
한 차림은, 뜨거운 햇빛과 버석거리는 모래를 헤치고 오느라 땀
과 먼지로 범벅이 된 불란서 군사들의 지저분한 제복과 자연히
대조가 되었다.
　맘룩들은 녹색 바탕에 하얀색 초승달이 그려진 깃발들을 들
고 있었다. 그들은 회교를 믿고 있었는데, 회교에서는 녹색이 성
스러운 색이라고 하여 중요한 날에 녹색 깃발을 내건다고 했다.
깃발에는 풀줄기처럼 이리저리 휘어진 하얀색의 글자들도 적혀
있었는데, 대략 회교의 교리를 나타낸 것이라고 하였다.
　족히 수천 명은 되어 보이는 맘룩들과 마주친 불란서 군대는
전혀 동요하지 않았고, 나파륜 장군이 명령한 대로 굳건한 방진
을 유지하며 계속 맘룩들을 쳐다보고 있었다. 보통 사람이 말과
마주치면 겁을 먹기 마련인데, 불란서 군사들은 그런 모습을 보
이지 않아서 김상우는 이를 매우 이상하게 여겼다.
　맘룩들의 대오를 헤치고 누군가 나와서 불란서 군대에게 뭐
라고 소리를 쳤다. 그는 눈처럼 새하얀 말에 금으로 장식을 한
안장을 올리고 그 위에 타고 있었는데, 입고 있는 옷도 붉은 색
과 녹색의 비단으로 된 것이어서 무척 화려해 보였다. 그 맘룩
기병은 불란서 군대를 향해 계속 외쳤는데, 일종의 제안을 하는

것 같았다. '너희가 정말로 사내대장부고 용사라면 나와 일대일로 대결을 해서 용맹을 겨루자. 그래서 만약 너희가 패배하면 당장 물러가라'는 말인 듯했다.

하지만 불란서 군대 쪽에서는 아무도 일절 대꾸를 하지 않았다. 마치 그 맘룩 기병의 말이 전혀 들리지 않은 것처럼 말이다. 한참을 떠들어도 누구 하나 반응을 보이지 않자, 맘룩 기병은 화가 난 듯했다.

그때 어디선가 총 쏘는 소리가 들렸고, 곧이어 맘룩 기병이 말에서 떨어졌다. 아마 불란서 군대에서 누군가 그를 향해 총을 쏜 것 같았다. 땅 위에 쓰러진 맘룩 기병은 급소를 맞았는지 잠시 몸을 들썩이더니 잠잠해졌다. 맘룩 기병이 죽자 맘룩 군대 쪽에서는 분노와 흥분으로 가득 찬 목소리들이 울려 퍼졌고, 반면 불란서 군대 쪽에서는 재밌다는 듯이 비웃는 소리가 터져 나왔다. 김상우는 나중에 알게 된 어느 불란서 군사에게 그 광경의 술회를 들었는데, 자신들에게 도전을 제안한 맘룩 기병이 용감하긴 했지만 매우 바보 같았다고 했다. 전쟁터에서 일대일 대결을 제안하는 것은 이미 서양에서 수백 년 전에 사라진 풍습인데, 그것을 하는 모습이 너무나 우스꽝스럽다는 얘기였다.

제안을 건넨 사람이 죽자, 맘룩들은 그것을 불란서 군대가 자신들과 싸우겠다는 뜻으로 받아들였다. 그들은 불란서 군대를 향해 뭐라고 고함을 질렀는데, 아마 욕설 같았다. 그리고는 하늘을 쳐다보며 "알라 후 아크바르!"라고 우렁차게 외치면서 일제히 돌격을 감행했는데, 그들의 목소리와 사막의 모래를 헤치고 달리는 말들의 발굽 소리가 가히 허공을 가득 메울 지경이었다. 불란서 군인에게 들은 바로는, 맘룩 군대가 외친 구호는 흔히 회교도들이 일상적으로 사용하는 관용구로, 그들이 믿는 신인 '알라는 위대하다'는 뜻이라고 했다.

수천 마리의 말들이 모래바람을 일으키며 전방의 대군을 향해 달려오는 모습은 정말이지 장관이었다. 그 속도가 어찌나 빠른지, 김상우가 마음속으로 스물을 채 세기도 전에 벌써 그들의 얼굴과 말머리가 눈에 훤히 들어올 지경이었다. 그리고 김상우는 행여 저토록 빠르게 달려오는 맘룩 군사들이 불란서 군대를 무찌르고 그 안에 있는 자기를 죽이고 목을 가져가면 어쩌나 하는 걱정이 들었다.

그러나 그날 김상우는 좀처럼 믿을 수 없는 광경을 보았다. 번개 같은 기세로 몰려오던 맘룩 군사들이 마치 바닷물에 허물어지는 모래성처럼, 너무나 순식간에 무너져 버린 것이었다. 단단히 방진을 유지하고 있는 불란서 군사들은 맘룩 군사들을 향해 정확히, 그리고 빠르게 총을 쏘아댔고 그 총탄에 맘룩 군사들과 그들이 탄 말들이 맞고는 비명을 지르며 모두 사막의 모래 위로 쓰러졌다. 얼마 되지도 않아 불란서 군사들의 앞에는 피투성이가 되어 죽거나 다쳐서 쓰러진 맘룩 군사들과 말들이 가득 쌓였다. 후방에 있던 맘룩 군사들은 돌격을 해오다 앞이 온통 전우들의 몸뚱이로 쌓인 것을 보고는 차마 그대로 짓밟고 갈 수가 없어서 머뭇거리다가 불란서 군사들이 쏜 총에 맞아 말에서 떨어져 죽기도 했다.

맘룩 군사들이 탄 말들도 방진을 형성한 불란서 군사들을 향해 계속 달려가지 못하고 바로 앞에서 멈춰버렸는데, 그 틈을 노려 불란서 군사들이 총을 쏘아 말을 죽이고 맘룩 군사들을 떨어뜨렸다. 낙마한 맘룩 군사들이 허우적거리며 일어나 도망치려고 하면, 어느새 불란서 군사들이 잽싸게 다가와서는 총 끝에 단 총검으로 찔러 죽였다. 김상우가 나중에 듣자하니, 나파륜 장군이 패배한 전투에서도 그런 현상이 벌어졌다고 한다. 기마병이 탄 말들이 적군의 앞에서 머뭇거리며 돌격을 하려고 하지 않다가, 그 틈에 적군이 쏜 총에 맞아 죽었다고 말이다.

물론 맘룩 군사들이 결코 호락호락 당하고만 있지는 않았다. 그들은 손에 든 창과 허리에 찬 칼 이외에도 권총과 장총도 지녔는데, 말을 달리면서 불란서 군대를 향해 총을 쏘아대는가 하면 창으로 불란서 군사들을 찌르면서 방진을 무너뜨리려고 하였다. 하지만 필사적인 분투에도 불구하고 맘룩 군사들은 결코 불리해져가는 전황을 뒤집지 못하였다. 불란서 군대가 그들보다 훨씬 수가 많았고, 무기의 성능 또한 더 우수한 데다, 결정적으로 지휘하는 장군이 매우 탁월했기 때문이다.

불란서 군사들이 쉬지 않고 계속 총을 쏘아대는 통에 사방은 온통 하얀 연기로 가득했고, 김상우는 앞이 보이지 않아 전황이 어떻게 되어가고 있는지 알 수가 없었다. 그러는 와중에도 불란서 군사들은 계속 앞을 향해 총을 쏘았고, 군대의 후방에서는 각종 대포들이 어마어마한 소리를 터뜨리며 포탄을 발사했다. 매캐한 화약 냄새와 비릿한 피 냄새가 코를 찔렀다. 그러는 와중에

앞에서 말발굽 소리가 요란하게 울려 퍼졌는데, 그 소리를 들으면서 김상우는 또 다른 기병 부대가 달려오거나 아니면 다른 곳으로 이동을 하고 있다고 생각했다.

한참 후 연기가 어느 정도 걷히자 전방의 상황이 드러났다. 그 광경은 참으로 끔찍했다. 포탄에 맞아 갈가리 찢겨 죽은 말들과 피투성이가 되어 쓰러진 맘룩 군사들의 몸뚱이가 모래벌판 위에 잔뜩 깔려 있었고, 아직 미처 죽지 않은 맘룩 군사들이 고통으로 가득 찬 신음 소리와 이따금씩 비명 소리를 터뜨릴 때마다 듣고 있던 김상우는 괴로웠다. 성난 파도와 같은 기세로 달려들던 맘룩 군사들은 어디로 사라졌는지 보이지 않았다. 영문을 알 수 없었던 김상우는 그 이유를 곧이어 알게 되었다. 방금 앞에서 들려오던 시끄러운 말발굽 소리는 바로 도망치는 맘룩 군사들의 것이었다. 아마 불란서 군대의 위력에 큰 피해를 입자 겁을 먹고 달아난 듯했다. 제 아무리 용맹한 군사들이라고 해도, 포탄과 총탄을 맞고 살아날 수는 없으니 말이다.

맘룩 군대가 패주한 사실이 확인되자, 나파륜 장군은 전군에 사격 중지 명령을 내렸다. 그리고 방진을 해제하라고 지시했는데, 그 말이 떨어지기가 무섭게 불란서 군사들은 앞쪽의 맘룩 군사들을 향해 달려갔다. 김상우는 그들이 왜 그런 행동을 하는지 이해가 되지 않았다. 설마하니 죽거나 상처를 입고 쓰러진 맘룩 군사들을 불쌍히 여겨서 묻어주거나 치료해 주려는 것일까 하는 생각도 들었으나 잠시 후 그것은 터무니없는 오해였음이 드러났다. 불란서 군사들은 하나같이 맘룩 군사들의 몸을 뒤져서 금화나 금붙이 같은 재물들을 약탈하는 데 열을 올렸던 것이다. 그리고 값어치가 있는 재물을 찾아내면, 그 즉시 옷 속이나 주머니에 쑤셔 넣고 다른 맘룩 군사들을 찾아 나섰다. 저러면 군사들의 군율이 흐트러지는데 장군이 말려야 하지 않을까 하는 생각이 들어 나파룬 장군을 쳐다보았지만, 장군은 전혀 말리지 않고 그저 묵묵히 지켜보기만 할 뿐이었다. 아마 군사들의 사기를 올려주기 위해서 일부러 방관하는 것 같았다. 하긴, 이 지독한 무더위와 따가운 모래알들의 방해를 견디면서 사막을 오랫동안 행군해 왔는데, 그 정도의 소소한 즐거움조차 못하게 막는다면 군사들의 불만이 폭발할 수도 있으니 어쩌면 딱히 이상한 일도 아니었다.

종종 중상을 입고서 모래벌판 위에 쓰러져 있는 맘룩 군사들이 불란서 군사들을 향해 뭐라고 소리를 질렀는데, 아마 '내가 더 이상 고통 받지 않게 어서 죽여 다오'라는 뜻인 듯 했다. 그러나 불란서 군사들은 맘룩 군사들을 죽이기보다는 그들의 몸을 뒤져 돈이 될 재물을 빼앗는 데만 열중했다. 아, 물론 가끔씩 총소리가 들리기도 했지만, 그것은 불란서 군사들이 맘룩 군사들을 동정해서 그들의 고통을 멈추게 해 주려는 의도가 아니라, 옷 속에 간직한 재물들을 빼앗기지 않으려고 반항하는 맘룩 군사들을 제압하기 위해서 불란서 군사들이 일부러 총을 쏘아 죽였던 것이었다.

그렇게 거의 반나절 동안 약탈에 몰두한 불란서 군사들이 재물을 챙길 만큼 챙기자, 나파룬 장군은 군사들에게 본래의 대열로 돌아가라고 명령했다. 그리고 다시 행군을 시작했다. 전투에 승리하고 값비싼 재물을 손에 넣어서 그런지, 불란서 군사들은 다들 기분이 좋아 보였다.

나파륜 장군이 이끄는 불란서 군대는 그렇게 며칠을 더 행군한 후, 애굽의 수도인 카이로라는 도시에 들어갔다. 도시를 지키던 맘룩 군사들은 불란서 군대와의 전투에서 패배한 후, 사기가 떨어지고 더 이상 싸울 의지를 잃어서 모조리 달아나고 없었다. 도망가기 전에 그들은 도시 곳곳을 약탈했다고 들었는데, 아마 그것은 불란서 군대의 관점에서 한 말일 테고 사실은 불란서 군대에게 귀중한 물건들을 빼앗기지 않기 위해서 그들이 미리 가져간 것이었으리라.

카이로에 입성할 때, 불란서 군대에 포함된 군악대가 북과 나팔로 불란서의 국가를 연주했다. 그 소리를 듣고 카이로에 사는 수많은 사람들이 집 밖으로 나와서 불란서 군대의 행진을 구경했다. 그때에야 김상우는 비로소 수많은 애굽 사람들의 모습을 구경할 수 있었다. 애굽 남자들은 터번이라고 하는 수건처럼 생긴 모자를 머리에 둘러썼고, 여자는 조선의 양반 아녀자들처럼 얼굴에서부터 발끝까지 모두 가리는 긴 옷을 걸쳤다. 그리고 남자들은 어른이면 누구나 수염을 길렀다. 애굽 사람들을 포함한 회교도 남자들은 모두 수염을 기르는 것이 관습이라고 했다. 남자가 수염이 없으면 불알이 잘린 환관이거나, 아니면 비역질을 하는 자로 취급받았다. 수염을 덥수룩하게 기른 애굽 남자들과 수염을 깨끗이 면도한 불란서 남자들을 보고 있자니, 자연히 두 집단이 비교가 되었다.

　나파륜 장군은 카이로에 들어오고 나서 자신과 병사들이 머물 숙소를 고른 후, 애굽 사람들을 상대로 포고문을 발표했다. 그 내용은 대략, 불란서 군대는 애굽에서 폭정을 하며 백성들을 괴롭힌 맘룩 군대를 몰아내기 위해 온 것이며, 애굽 사람들을 해칠 뜻이 전혀 없다. 오히려 애굽 사람들에게 자유와 행복을 주려고 한다. 또한 불란서 군대는 애굽 사람들이 믿는 회교의 적인 천주교 교황에게 맞섰으니 회교도의 친구다. 그러니 애굽 사람들은 불란서 군대에게 나쁜 짓을 하지 말고, 화목하게 지내라는 것이었다.

　하지만 포고문의 내용을 들은 애굽 사람들의 반응은 시큰둥했다. 불란서가 대대로 천주교를 믿었던 사실은 다 아는데, 회교도의 친구라는 주장이 말이나 되는가? 게다가 맘룩들이 폭정을 했다고는 하지만 적어도 그들은 회교도였다. 또한 불란서 군대가 아무리 자신들을 미화해 보았자 결국 애굽 밖에서 쳐들어온 침략군이 아닌가. 500년 전 불란서 군대가 애굽 땅에 쳐들어와 살육과 약탈을 한 사실을 다 알고 있는데 이교도 침략자들에게 결코 복종할 수 없다는 것이다.

　한편 불란서 군대에는 남자뿐 아니라 여자들도 섞여 있었다. 물론 여자들은 직접 무기를 들고 전쟁터에 나가 싸우지는 않았다. 대신 군사들이 입는 군복을 빨아 주고 음식을 차려 주는 등의 잡일들을 맡아서 했다. 김상우도 불란서 군대에서 일꾼으로 일하면서 그녀들을 몇 번 보았는데, 처음에 그녀들은 김상우를 무척 신기하게 여겼다. 아무래도 조선 사람을 전혀 못 보았던 것인지, 김상우의 머리카락을 잡아당기거나 맨살을 손가락으로 건드려 보고 눈이 옆으로 찢어져 있다고 비웃기도 했다. 하지만 시간이 지나자 그런 짓궂은 장난은 사라지고, 김상우를 점잖게 대했다.

그런데 불란서 군대가 카이로에 들어오고 얼마 지나지 않아 나쁜 소식이 전해졌다. 영국 함대가 애굽 해안에서 불란서 함대를 격파했다는 내용이었다. 이 소식을 들은 불란서 군사들은 불안한 얼굴을 하며 수군거렸다. 그도 그럴 것이 애초에 불란서 군대는 배를 타고 바다를 건너 자기 나라에서 애굽으로 왔는데, 영국 함대가 자신들의 함대를 격침시켰으니 이제 꼼짝없이 애굽에 갇힌 꼴이 되고 말았던 것이다. 이제 바다를 통해 본국에서 보급을 받기 어려워졌으니, 잘못하면 굶어 죽을 수도 있었다.

나파륜 장군은 이 소식을 애굽 사람들이 듣지 못하게 막으려 했으나, 아무리 강력한 권력도 사람들의 입을 막을 수는 없었다. 얼마 못 가서 카이로 시내에 불란서 함대의 격침 소식이 퍼졌다. 그렇지 않아도 이교도이자 이방인들로 구성된 군대가 들어온 사실에 불쾌해하던 애굽 사람들은, 불란서 군대가 보급이 끊겼으니 곧 쇠약해질 것이라고 여겨 그들을 몰아내려 했다. 또한 나파륜 장군이 군대의 물자를 보충하기 위해 회교도 성직자들에게 무거운 세금을 걷은 일로 애굽의 민심이 이미 떠나 있기도 했다.

불란서 함대가 격침된 지 약 두 달이 지났을 때, 드디어 애굽 사람들은 회교도 성직자들의 지도를 받아 대대적으로 봉기를 일으켰다. 그들은 손에 몽둥이와 창, 칼과 돌을 들고서 불란서 군사들을 습격했다. 주로 다치고 병든 불란서 군사들이 표적이 되었는데, 수적으로 불리한 데다 병상에 누워 있어서 꼼짝없이 죽임을 당하고 말았다.

그러나 애굽 사람들의 봉기는 오래가지 못했다. 봉기가 일어났다는 소식을 들은 나파륜 장군이 곧바로 군대를 동원해 진압하라고 명령했기 때문이다. 나파륜 장군의 지시를 받은 불란서 군대는 즉시 행동에 나서 애굽 사람들을 향해 온갖 포탄과 총탄을 퍼부었다. 제대로 된 무기가 없고 훈련도 못 받은 애굽 사람들은 불란서 군대의 화력을 당해 내지 못하고 수없이 죽어 나갔다. 짧은 시간 동안에 카이로 시내는 불란서 군대에게 죽임을 당한 애굽 사람들의 시체와 거기서 흘러나온 피로 가득 찼다.

불란서 군대에게 밀려난 애굽 사람들은 회교 사원으로 달아났지만, 나파륜 장군은 그조차도 용납하지 않았다. 그는 포병대에 명령하여 회교 사원에 포격을 퍼붓도록 지시했다. 곧 회교 사원은 무너졌고, 그 안에 숨어 있던 수많은 애굽 사람들도 죽었다.

"너무 잔인하군. 사원으로 도망갔다면 최소한 신의 자비를 구하기 위함이었을 텐데, 그조차 무시하고 마구잡이로 공격하다니……."

왕이 나파륜의 잔인함에 소름이 끼친다는 듯이 말하자, 김상우가 별거 아니라는 듯이 대답했다.

"자기 나라 사람들이 일으킨 봉기도 무력으로 억눌렀는데, 하물며 다른 나라 사람들이 일으킨 봉기를 박살 내는 거야 아무것도 아니었겠지요. 하여간 나파륜 장군은 그런 사람이었사옵니다. 자신에게 저항하는 자는 수단과 방법을 가리지 않고 모조리 짓밟는 자. 애굽 사람들의 봉기는 불란서 군대의 무력으로 처참하게 진압되었사옵니다. 그리고 나서 나파륜 장군은 두 번째 포고문을 발표했는데, '나는 회교의 신이 보낸 사람이니 절대로 반항하지 말라. 만약 그런 일이 일어난다면 그 책임과 모든 피해는 애굽 사람들이 감당해야 한다. 무슨 일이 있어도 질서를 파괴하고 난동을 부리지 말라. 그런 자들에게는 무시무시한 보복과 처벌이 뒤따를 것이다'라는 살벌한 내용이었습니다. 한데 얼마 후에 나쁜 소식이 전해졌습니다. 애굽의 종주국인 돌궐이 나파륜 장군의 불란서 군대가 애굽을 점령한 것에 반발하여 애굽을 되찾고자 군대를 보냈다는 내용이었습니다. 가뜩이나 얼마 전까지 애굽 사람들과 싸우느라 지쳐 있던 불란서 군사들은 그 말을 듣고 불안과 당혹감에 휩싸였사옵니다."

"잠깐, 과인은 잘 이해가 가지 않는데 그대는 애굽을 맘룩들이 지배한다고 했는데, 돌궐이 애굽의 종주국이라고? 그게 대체 무슨 말인가? 자세히 설명을 해 보라."

왕의 질문에 김상우는 이야기를 계속했다.

하지만 나파륜 장군은 당황하지 않고, 새로운 계획을 세웠다. 그는 돌궐 군대가 애굽에 쳐들어오기 전에 먼저 돌궐을 칠 것이며, 아울러 그 여세를 몰아 동쪽으로 계속 진군해서 돌궐국을 정복하고, 다시 서쪽으로 행군하여 불란서로 돌아간다는 야심 찬 포부를 밝혔다. 그 말을 듣고 김상우는, 애굽에 와서 사막을 행군하는 것만 해도 매우 힘들고 시간이 오래 걸렸는데 설마하니 애굽보다 더 먼 돌궐까지 갈까 하는 생각이 들었지만, 나파륜 장군이 야심이 큰 인물인 점을 감안한다면 그럴 수도 있겠다고 여겼다.

장군이 그렇게 뜻을 밝혔으니, 군대도 따랐다. 그리고 김상우도 불란서 군대를 따라 종군을 했다. 애굽에는 주요 시설들을 지킬 약간의 수비대만 남겨 두고 대부분의 불란서 군대는 나파륜 장군과 동쪽으로 진군하여 여러 도시와 요새들에 다다랐는데, 가는 곳마다 승리하면서 돌궐 군대를 연이어 격파했다. 그 와중에 항복한 돌궐 군사들은 대부분 나파륜 장군의 명령에 의해 불란서 군사들의 총탄과 총검에 의해 죽임을 당했다. 포로들에게 줄 식량과 의약품이 없다는 이유에서였다. 잔인한 일이었지만, 나파륜 장군과 불란서 군사들은 전혀 주저하지 않았다.

하지만 끝없이 이어질 것만 같았던 불란서 군대의 진군은 어느새 멈추었다. 군대에 전염병이 돌아서 많은 군사들이 죽거나 병에 걸려 쇠약해졌고, 군량과 의약품도 부족했기 때문이다. 앞으로 어찌해야 할지 고심하던 나파륜 장군은 결국 군대를 애굽으로 철수시키라고 지시했다.

나파륜 장군이 불란서 군대를 이끌고 애굽으로 돌아왔을 때, 놀랍게도 애굽은 조용했다. 아마도 예전에 봉기를 일으켰다가 불란서 군대의 무력으로 무참히 진압된 사건 때문에 애굽 사람들이 겁을 먹어서 그런 듯했다. 만약 또 한 번 무기를 들고 반항했다가는 예전처럼 끔찍한 살육을 당할 테니까 말이다.

그렇게 며칠 동안은 비교적 평안했다. 그러나 바깥에서 들려오는 소식은 결코 좋지 않았다. 한번은 어느 영국군 장교가 말을 타고 카이로를 찾아와 나파륜 장군에게 이런 이야기를 들려주었다.

"지금 영국과 돌궐이 동맹을 맺고 나란히 애굽으로 쳐들어오고 있으니, 당신 나파륜은 빨리 군대를 이끌고 불란서로 돌아가시오. 만일 여기에 계속 남아 있다가는 끝내 당신은 당신 군대와 함께 애굽에 고립되어 굶주리다가 결국 자멸하고 말 것이오."

나파륜 장군은 여기에 대해 아무런 말도 하지 않고 그를 돌려보냈지만, 그가 한 말이 옳다는 것을 알고 있었다. 그리고 영국군 장교가 방문하고 떠난 지 얼마 되지 않아서, 돌궐군이 배를 타고 바다를 건너 애굽 땅에 왔다. 물론 목적은 나파륜 장군과 불란서 군대를 몰아내고 애굽 땅을 다시 되찾기 위해서였다.

그러나 나파륜 장군이 먼저 선수를 쳤다. 그는 불란서 군대를 이끌고 해안가에 진을 친 돌궐군을 향해 과감히 돌격을 감행했다. 돌궐군은 완강하게 저항했지만, 불란서 군대의 공격이 더 강력했기 때문에 결국 무너지고 말았다. 수천 명의 돌궐군 군사들이 죽었고, 그들의 시체와 거기서 흘러나온 피가 바닷물을 붉게 물들였다.

돌궐군을 격퇴시키기는 했지만, 불란서 군대를 둘러싼 전황은 여전히 불리했다. 영국 함대가 바다를 누비고 다니면서 본국으로부터 오는 보급은 끊긴 상태였고, 불란서 군대에게 패배하고 달아난 맘룩 군사들은 남쪽에서 계속 불란서 군대를 기습하면서 괴롭혔으며, 동쪽의 돌궐국은 계속 군대를 일으켜 압박을 가해 왔다. 여기에 설상가상으로 불란서 본국은 권력 다툼으로 혼란에 빠진 상황이었는데, 권력자들 중 한 명이 나파륜 장군에게 서둘러 돌아오라며 도움을 요청하였다.

하지만 바다와 육지에서 영국군과 돌궐군이 손을 잡고 옥죄어 오는데, 한꺼번에 많은 군대를 이끌고 철수하는 것은 쉽지 않았다. 사람 수가 많으면 적의 눈에 보이기 쉽고, 그러면 공격을 받아 죽거나 포로가 될 우려도 컸다.

그렇다고 이대로 애굽 땅에 계속 남아 있는 것도 결코 좋은 방법은 아니었다. 비록 처음 봉기가 실패하면서 애굽 주민들이 조용해졌다고는 하지만, 여전히 그들은 나파륜 장군과 불란서 군대를 미워했으며 협조적이지 않았다. 만약 그들이 영국과 돌궐의 도움을 받아 또 한 번 대대적인 봉기를 일으킨다면, 그때 불란서 군대는 더 큰 어려움에 처할 것이 분명했다. 운이 좋아 애굽 사람들의 봉기를 무력으로 진압한다고 해도, 그 사이에 영국군과 돌궐군이 동시에 쳐들어온다면 불란서 군대는 앞과 뒤로 적을 맞는 셈이니 불리하기는 마찬가지였다.

앞으로 어떻게 해야 할지 갈등하던 나파륜 장군은 결국 뜻밖의 결정을 내렸다. 그것은 소수의 측근들만 데리고 조용히, 그리고 빠르게 본국으로 달아나는 일이었다. 바다를 감시하는 영국 함대의 눈을 피해서 나파륜 장군은 측근들과 함께 작은 배에 몸을 싣고, 번개 같이 불란서로 도망쳤다. 하지만 여태까지 그를 믿고 따르던 수만 명의 불란서 군대는 고스란히 애굽 땅에 남겨진 상태였다.

뒤늦게 이 사실이 알려지자 불란서 군사들은 자신들을 남겨두고 도망친 나파륜 장군에 대해 저주와 욕설을 퍼부었다. 그리고 나파륜 장군이 비겁한 배신자라고 성토했다.

김상우의 이야기를 듣던 왕이 도중에 끼어들어 말을 끊었다.

"자신과 함께 동고동락한 병사들을 그대로 버려두고, 본국으로 도망쳤다고? 과인은 실망이로다. 그것은 누가 보아도 비겁한 짓이 아닌가?"

그렇게 말하며 왕은 혀를 찼다.

"나파륜 장군이 훌륭한 명장이기는 했지만, 결코 성인군자는 아니었사옵니다. 그에게도 인간적인 문제점은 분명히 있었지요. 그들은 거의 2년 동안 애굽 땅에 남아서 초인적인 의지로 맘룩 군사들과 영국군, 돌궐군에 맞서 치열하게 싸웠습니다. 장군이나 나라에 대한 충성심이 아니라 단지 살아남기 위한 처절한 사투였습니다. 하지만 그 2년 동안, 나파륜 장군이나 불란서 본국은 애굽에 남겨진 군사들에게 아무런 지원도 해 주지 않았습니다. 제아무리 용맹한 군대라도 보급을 제대로 받지 못하면 싸울 수 없는 법이옵니다. 이 사실은 동서고금을 막론하고 증명된 진리이지요. 결국 더는 버티지 못한 불란서 군대는 영국군과 돌궐군에게 항복하였고, 애굽 땅에서 철수하겠다고 약속을 하여 간신히 불란서 본국으로 돌아갈 수 있었습니다. 그때, 불란서 군대를 따라온 불란서인 일꾼들도 모두 불란서로 돌아갔지만, 소인은 그럴 수 없었습니다. 소인은 불란서인이 아닌 이방인이었기 때문에 불란서인으로 취급받지 못하여 불란서로 갈 자격을 받지 못하였습니다. 그래서 소인은 계속 일꾼으로 분류되어 애굽 땅에 남겨졌고, 그렇게 해서 낯선 이방인들로 가득 찬 땅에 버려졌사옵니다."

이번 항목에서는 18세기 말, 프랑스의 장군인 나폴레옹이 이집트를 원정한 일을 다루었다. 나폴레옹 하면 역사를 모르는 사람들도 한 번쯤은 그 이름을 들어 보았을 위인인데, 한자로는 나파륜이라고 쓴다.

나폴레옹의 이집트 원정은 이집트 고대 문자로 된 로제타 비문을 해독한 일 등으로 인해 매우 낭만적인 것으로 묘사된다. 그러나 실상은 그리 아름답지만은 않았다. 나폴레옹은 자신의 지배에 반기를 든 이집트 민중 수천 명을 무자비하게 학살했으며, 영국과 오스만 군대의 압박에 시달리자 소수의 측근들만 데리고 수만 명의 프랑스 군대를 그대로 이집트에 내버려 둔 채 프랑스로 달아나기도 했다. 이는 누가 보아도 비겁한 처사로 여겨지는 일이다.

이런 일화들을 거론하면 무척 당혹해할 사람도 있겠으나, 우리나라에서 나폴레옹에 대한 이미지가 지나치게 미화되어서 그런 탓도 있을 것이다. 나폴레옹은 훌륭한 군사전략가이자 행정가이기는 했으나, 그렇다고 도덕적으로 완벽한 성인군자는 결코 아니었다. 그는 자신에게 반대하는 의견을 용납하지 않았던 독재자였으며, 시위대에 가담한 시민들을 향해 대포를 쏘아 대는 잔인한 짓도 서슴지 않았다. 아울러 무모한 전쟁을 고집하다가 러시아 원정에서 수십만의 병사들을 얼어 죽고 굶어 죽게 만들었으며, 연합국의 반격을 받아 전황이 불리해지자 막판에는 청소년들까지 마구잡이로 징병하다가 라이프치히 전투와 워털루 전투에서 패배하는 등 프랑스에 큰 피해를 입히기도 했다.

한편 본문에서 김상우가 말한 맘룩이란, 이슬람을 믿었던 중세 이집트 사회에서 외국인 노예들로 구성된 군대인 맘루크Mamluk를 가리킨다. 이들은 주로 지금의 우크라이나에서 살았던 튀르크(터키) 계통의 유목민들로 이루어졌는데, 말타기와 활쏘기에 매우 뛰어난 재주를 가지고 있어서 훌륭한 기병으로 평가받았다. 이집트인들은 맘루크들을 우대했는데, 13세기에 이르자 권력을 갖게 된 이 맘루크들이 반란을 일으켜 자신들의 주인인 이집트인들을 지배하였으며, 맘루크 부대의 사령관이 술탄(이슬람교국의 군주)이 되어 이집트에 맘루크왕조(1250~1517년)를 열기도 하였다.

본문에서 김상우의 입으로 언급되는 맘룩의 장군 '바이바루수'는 13세기 말, 이집트를 지배한 맘루크왕조의 군주인 바이바르스를 가리킨다. 실제로 바이바르스는 1250년 프랑스 국왕인

루이 9세의 십자군을 격퇴하였고, 1260년 아인 잘루트 전투에서 키트부카가 이끈 몽골군을 쳐부수는 승리를 거두어 이집트를 유럽과 몽골의 침략으로부터 지켜 내었다. 그런 이유로 바이바르스는 중세의 이슬람 세계에서 가장 위대한 영웅으로 추앙을 받았고, 그의 무용담을 모은 문학집인 《시라트 바이바르스》가 나올 만큼 인기가 높았다.

맘루크왕조는 1517년 오스만 튀르크, 즉 김상우가 말한 돌궐과의 전쟁에서 패배하고 멸망하였다. 그리하여 이집트는 오스만제국의 영토가 되었으나, 직접적인 통치는 오스만제국에 항복한 맘루크 변절자들이 계속 물려받았고, 이들이 다스리던 18세기 말에 나폴레옹이 프랑스 군대를 이끌고 쳐들어왔던 것이다. 피라미드 근처의 임바바 전투에서 맘루크들은 프랑스 군대의 막강한 화력에 밀려 참패하였으나, 이 맘루크들이 보여 준 용기에 깊은 인상을 받은 나폴레옹은 그들 중 항복한 일부를 용병으로 고용하여 나중에 프랑스로 돌아가서도 맘루크 부대를 프랑스 군대에 편성하였다.

03

바버리 해적단

"애굽 땅에 남겨진 소인의 처지는 별로 달라진 것이 없었사옵니다. 단지, 명령을 내리는 쪽이 불란서 사람들에서 애굽 사람들로 바뀌었을 뿐이었지요. 한동안 소인은 카이로에서 불란서 군대가 남기고 간 자리를 청소하고, 부서진 집들을 수리하느라 바빴사옵니다. 그러다가 어느 정도 정리가 되자 소인을 부리던 애굽 사람들이 '당신은 이제 알렉산드리아로 가서 일을 하라'고 해서 그들이 내어 준 두 마리 낙타가 끄는 수레를 타고 북쪽의 알렉산드리아로 갔사옵니다. 알렉산드리아는 바다를 낀 항구였기 때문에 항상 바닷바람이 불어와서 후덥지근한 카이로보다는 훨씬 상쾌했고, 그런 만큼 지내기가 더 편했사옵니다. 그리고 매일 같이 어선들이 많은 생선들을 잡아 왔고 그중 일부를 소인도 먹을 수 있어서 항상 누린내가 나는 양고기만 질리도록 먹어야 했던 카이로에 비하면 더 좋았지요. 소인은 주로 오징어나 문어, 조개와 홍합, 새우와 게 등을 먹었사옵니다. 애굽 사람들은 회교도라서 비늘이 없는 생선은 일절 먹지 않고 잡히는 즉시 버렸는데, 소인이 보고는 그대로 버리기에는 아깝다고 여겨서 소인에게 달라고 했더니 그대로 주었습니다. 덕분에 소인은 고향에서보다 더 많은 해산물들을 실컷 먹을 수 있었지요. 항구에서의 일은 힘들었지만, 해산물들이 워낙 맛이 좋아서 그럭저럭 견딜 만했사옵니다."

이 대목에서 갑자기 왕이 끼어드는 바람에 김상우의 말은 중단되었다.

"애굽 사람들이 오징어나 문어, 조개와 새우 등을 전혀 안 먹었다고?"

"예, 전하. 그들은 모두 회교를 믿었는데, 회교의 율법에서 금지한다고 하여 안 먹었습니다."

김상우의 설명에 왕은 고개를 갸우뚱거렸다.

"참 이상한 일도 다 있군. 그런 것들이 얼마나 맛있는 바다의 진미인데 먹지 않을까? 바다에서 멀리 떨어져 낯설게 느낀다면 모를까, 바다와 바로 맞닿아 있는 항구에서 먹지 않는다니, 알 수 없는 일이로다."

"소인이 듣기로 원래 애굽 사람들에게는 그런 금기가 없었는데, 지금으로부터 1,200년 전에 애굽의 동남쪽에 살던 회교도들이 군대를 이끌고 쳐들어와 애굽을 정복하고 회교를 전파한 이후부터 애굽 사람들도 회교를 믿으면서 비늘이 있는 해산물은 먹지 못하는 회교의 율법을 받아들였고, 그 이후부터 그런 관습이 생겨났다고 하옵니다."

"그렇다면 회교를 믿기 전에 애굽 사람들은 어떤 신앙을 가졌던가?"

"잘은 모르지만 얼핏 들은 바에 의하면 지금 우리나라 일부 사람들처럼 서양에서 들어온 천주교를 믿기도 했사옵고, 그보다 더 이전에는 태양과 달과 하늘과 땅 등을 다스린다는 여러 신들을 믿었다고 하옵니다. 엄격하게 유일신만 믿는 회교가 들어온 이후부터는 다른 종교를 믿으려면 세금을 더 많이 내야 했고, 그 때문에 천주교를 제외하면 다른 종교들은 다 사라졌다고 들었습니다. 하지만 지금도 애굽의 시골로 가면 남들의 눈을 피해 몰래 전통 신앙을 믿는 사람들도 있다고 하옵니다."

왕은 "그런가" 하고 짧게 혼잣말을 했다. 그리고 김상우는 다시 말을 이어 나갔다.

그렇게 알렉산드리아에서 일한 지 꽤 시간이 지난 어느 날, 항구에 웬 검은 돛을 단 배가 들어왔다. 그러자 김상우와 함께 일하던 애굽 사람들이 모두 그 돛을 단 배를 보고는 두려워하는 것이었다. 나중에 알고 보니 그 배는 애굽 북쪽의 바다가 포함된 지중해에서 악명을 떨치던 해적단의 소유였다. 즉 검은 돛의 배는 해적선이었고 그래서 애굽 사람들이 무서워했던 것이다.

검은 돛을 단 배가 항구에 정박했고, 곧이어 그곳에서 내린 사람들이 항구를 다스리는 관리를 찾아갔다. 그리고 관리에게 금화가 담긴 주머니 하나를 주면서 뭐라고 말했는데, 대략 자신들이 부릴 일꾼이 필요하다는 내용이었다. 그 말을 들은 관리는 그들을 데리고 부둣가로 가서는 김상우를 포함한 일꾼들을 불러 모았다. 일꾼들을 본 검은 배의 사람들은 고개를 끄덕이며 만족하는 표정을 지었고, 관리는 그들이 타고 온 배로 김상우와 다른 일꾼들에게 들어가라고 지시를 내렸다. 김상우는 관리가 한 말의 뜻을 몰랐지만, 분위기로 보아 다른 곳으로 끌려가나 보다 하고 짐작을 했다.

김상우와 다른 일꾼들이 모두 배에 타자, 배는 닻을 올리고 항구를 떠났다. 그리고 김상우는 다른 일꾼들과 함께 배의 밑부분에 있는 선실로 들어갔는데, 그 안에는 김상우와 같은 신세로 보이는 사람들이 잔뜩 있었다. 모두들 얼굴이 험악했고 분위기가 무척 살벌했다. 웬일인지 몰라도 그들은 배에 탄 것 자체를 굉장히 짜증스럽게 여겼다. 그래서 김상우는 그들을 태우고 가는 이 배가 그리 유쾌하지 않은 곳으로 간다는 사실을 어렴풋이나마 짐작할 수 있었다.

배는 대략 서쪽으로 향했는데, 약 닷새 정도 지나자 속도를 줄였고, 이윽고 무거운 소리를 내며 닻이 떨어지고 배가 멈추었다. 선원들이 선실 문을 열고 들어와서 모두 갑판 위로 올라가라고 소리쳤다. 그래서 김상우와 다른 일꾼들은 모두 선실에서 나와 갑판으로 올라갔다. 그러자 알렉산드리아가 아닌 다른 항구가 눈에 들어왔는데, 그곳의 이름은 다르나였다.

김상우와 다른 일꾼들은 부둣가로 천천히 내려가서 마중 나온 사람들의 안내를 받으며 그들이 이끄는 곳으로 발걸음을 옮겼다. 부둣가 바깥은 온통 사막이었다. 그곳의 지형을 보면서 김상우는 예전에 불란서 군대와 함께 카이로까지 행군하던 일이 떠올라서 혹시 이곳도 카이로와 같은 지역에 속해 있지는 않은지 하는 의구심이 들었다. 이 역시 훗날 알게 된 사실이지만, 카이로와 다르나는 같은 땅에 있었고, 실제로 다르나에서 낙타를 타고 동쪽으로 보름 동안 사막을 건너가면 카이로가 나온다고 하였다.

한참을 걷다가 김상우 일행이 발걸음을 멈춘 곳은 크고 낡은 어느 건물이었다. 그곳의 분위기는 매우 음산했고, 겉보기에도 지저분해서 선뜻 들어가고 싶지 않았다. 하지만 일행을 인도하던 사람들이 화를 내고 고함을 지르며 숨겨 둔 채찍을 꺼내 들고 휘두르기에 김상우와 그 일행은 어쩔 수 없이 들어갔다. 그렇게 하자, 그 건물이 어떤 곳인지를 비로소 알게 되었다. 그곳은 사람들을 가둬 놓는 거대한 감옥이었다.

그곳에 있는 사람들은 주로 서양인들이었다. 그들은 모두 손과 발에 쇠사슬과 족쇄가 채워진 상태로 감옥에 갇혀 비참하게 지내고 있었다. 안내원들이 지시하는 대로 안으로 들어가자, 이윽고 덩치가 큰 사람들이 와서는 김상우와 다른 일행들의 손과 발에 쇠사슬과 족쇄를 채웠다. 칼과 창을 든 병사들이 따라와서 감독을 했기 때문에, 김상우는 차마 거부할 엄두조차 나지 않았다.

"가만. 어쩐지 뜬금없는 말인 듯한데, 서양인들이 왜 다르나의 감옥에 갇혀 있었던가?"

왕의 질문에 김상우가 대답했다.

"소인도 처음에는 그 이유를 몰랐는데, 나중에 미군들이 들려준 이야기를 통해 알게 되었습니다. 그 다르나는 회교를 믿는 해적단의 본거지 중 한 곳이었고, 회교 해적단들이 약 300년에 걸쳐 서양의 나라들을 습격하고 서양인들을 납치해 노예로 부리거나 팔아 치웠다는 것이옵니다. 그래서 다르나의 감옥에 서양인들이 끌려와서 갇혀 있었던 것이지요."

"아니, 그렇다면 서양 나라들은 왜 자기 백성들이 해적에게 잡혀가는데 구출하지 않고 가만히 있었던가? 과인은 이해할 수 없도다."

"미군들의 말로는 과거에도 여러 번 불란서나 서반아가 함대를 보내 해적들의 본거지를 공격했으나, 해적들은 그때마다 도망쳤다가 서양 함대가 물러나면 다시 도시로 돌아와서 배와 항구를 재건하고 해적질을 계속했다고 하옵니다. 아무리 군대를 보내 토벌해도 효과가 없자, 서양 나라들은 차라리 해적들에게 보호비를 주면서 제발 자기네 사람과 재산을 약탈하지 말라고 애원을 했다는 것이옵니다. 군대를 보내는 것보다 보호비를 주는 편이 더 돈이 적게 드니까요. 물론 그럼에도 불구하고 해적단의 약탈은 결코 없어지지 않았사옵니다."

김상우의 설명을 들은 왕은 뭔가 깨달은 듯이, 오른손의 엄지와 검지로 턱을 받치며 중얼거렸다.

"흠, 옛날 중국의 역대 왕조들이 국경을 침범하여 약탈을 일삼는 북방 유목민들을 토벌하려 여러 차례 군대를 보냈으나, 그때마다 그들이 달아나 버려 그다지 효과가 없자 차라리 공물을 보내서 달랬던 일과 비슷하군."

왕의 말을 들은 송화가 끼어들어 자신의 의견을 내놓았다.

"전하의 견해가 참으로 탁월하시옵니다. 지역이 달라도 결국 사람 사는 세상은 다 거기서 거기니 말이옵니다."

"그렇겠군. 하면 그 회교 해적단은 계속 마음 놓고 노략질을 했던가?"

"아니옵니다, 전하. 그들도 결국은 예전보다 더욱 강성해진 서양 나라들의 거센 토벌을 받고 몰락했다고 들었사옵니다. 이제 소인이 전하께 그 이야기에 대해 말씀을 드리겠사옵니다."

김상우는 그렇게 말하며 잠시 한숨을 쉬었다. 그는 자신이 겪었던 일들을 회상하는 것이 고통스러운 듯했다.

그렇게 손과 발을 묶인 상태에서 김상우는 불편한 잠을 대충 잤고, 다음 날 해가 뜨자마자 간수들에 의해 감옥에서 다른 사람들과 함께 끌려 나갔다. 김상우는 다른 죄수들과 함께 해안가로 가서 무너지고 구멍이 난 성벽들을 보강하는 일을 맡았다. 일은 무척 고되고 힘들었다. 게다가 햇볕도 따가워서 땀이 줄줄 흘러내렸으며, 나중에는 살갗이 붉어지며 벗겨졌다. 그나마 바닷가라 시원한 바람이 불어와서 일사병으로 죽는 일은 없었으니 다행이었다.

작업을 하면서 김상우는 속으로 생각했다.

'성벽은 적의 침입을 막기 위한 장치이고, 그런 성벽을 다시 보강한다는 것은 곧 누군가와 전쟁을 하거나 혹은 전쟁을 대비하기 위함인데, 지금 성벽을 보강하는 것은 이자들이 전쟁을 염두에 두고 하는 일이 아닌가?'

일을 마치고 나면 점심시간이 되었다. 식사는 양파와 마늘, 그리고 쿠스쿠스라는 쪄 낸 밥에 별도로 약간의 물이 주어지는 것이 고작이었다. 밥은 조선 쌀과는 달리 푸석푸석해서 한 번 불면 날아가 버릴 것 같았다. 그리고 고기는 도무지 식사에 나오지 않았다. 그래서 김상우와 같이 간 일행들 중에서 고기를 즐겨 먹었던 사람들은 투덜거리며 불평을 했다. 그들은 나중에 시간이 어느 정도 지나자, 감시원들의 눈을 피해 참새나 비둘기를 몰래 잡아다가 구워 먹으며 부실한 식사를 해결했다.

점심을 끝내고 나면 김상우와 다른 일꾼들은 다시 작업을 시작했는데, 오후 때라 그런지 햇볕이 더 따가웠고 일도 더욱 힘들게 느껴졌다. 그리고 작업장 주변에는 채찍과 칼을 가진 감시원들이 배치되었는데, 간혹 지쳐서 일손을 멈추고 땅바닥에 주저앉는 사람이 나타나면 곧바로 그들이 달려와서 채찍으로 후려치며 일을 다시 하라고 고함을 질렀다. 대부분 그 정도면 채찍질이 무서워서 얼른 일어나 작업을 다시 하러 나서지만, 너무나 지쳐서 일어나지 못하는 사람도 있었다. 그런 사람은 불행히도 감시원들이 어디론가 끌고 갔다. 그들이 어떻게 되었는지는 알 수 없으나, 김상우는 아마도 그들이 몰래 살해되어 바다에 버려지거나 땅속에 암매장되었을 것이라고 여겼다. 참으로 끔찍하고 무서운 일이었다.

김상우는 아무 생각 없이 그저 묵묵히 가축처럼 일만 하다 보니, 시간이 참 빠르게 흘러간다는 사실을 절실히 느꼈다. 어느새 저녁 시간이 되면 간수들이 다른 노예들을 시켜 음식을 가져왔고, 그것을 노동자들에게 배급했다.

저녁을 먹고 나면 일이 약간 나아졌다. 해가 지면 일을 하기 어려우니 감시원들도 빨리 작업을 하라고 독촉하지 않았고, 무엇보다 곧 잠을 잘 시간이 다가온다는 것을 알았기 때문에 김상우와 다른 일꾼들도 기분이 좀 나아졌다. 그리고 감시원들이 나팔을 불면, 오늘 할 일은 다 마쳤다는 신호라는 것도 알게 되었다. 일이 끝나고 감시원들의 인솔을 받아 감옥으로 돌아오고 나면, 다들 녹초가 되어서 죽은 듯이 잠만 잤다.

성벽 쌓기가 항상 힘들기만 했던 것은 아니었다. 열흘에 한 번씩은 일꾼들에게 특별한 상이 내려왔다. 허리에 차는 작은 가죽 부대에 담긴 술이었다. 그까짓 술 몇 모금이 뭐가 상이냐고 궁금할지 모르나, 노예로 지내며 하루도 쉬지 않고 일만 하던 김상우에게는 가뭄에 단비 같이 고마운 선물이었다. 영국과 불란서 사람들을 통해 여러 술들을 마셔 본 김상우는 그 술들의 정체를 금방 알 수 있었는데, 포도주거나 아니면 브랜디라 불리는 증류주였다. 술이 배급되는 날에는 일꾼들이 더 힘을 내어 일에 능률이 높아졌다. 하긴, 노예 생활에 술은 유일한 즐거움이었으니까.

처음에는 잘 몰랐으나 김상우가 어느 정도 그곳 생활에 적응을 하면서 알게 된 사실은, 다르나도 애굽처럼 회교도가 지배하는 땅이라는 것이었다. 한번은 자다가 오줌이 마려워 잠자리에서 일어난 김상우는 어디선가 "알라 후 아크바르"라고 중얼거리는 소리를 듣게 되었다. 이 말은 회교도들이 '알라는 위대하다'라는 뜻으로 하는 기도였는데, 여기서도 그 소리가 들리는 걸 보면 회교도가 있는 것이 틀림없었다. 그리고 김상우는 간혹 채찍을 든 경비원들이 노예 일꾼들의 몸을 뒤지다가 천주교의 상징인 십자가를 발견하면 비웃거나 화를 내면서 그것을 빼앗고, 주인이 보는 앞에서 불태워 없애는 모습도 보았다. 또 같이 일하던 서양인 일꾼이 불란서 말로 "이대로는 더 이상 못 버텨. 아무래도 내가 회교로 개종을 해야 할 것 같아. 누군가 그러던데, 천주교도가 회교로 개종을 하면 여기서 더 이상 힘든 일을 안 해도 된다더군. 이곳을 다스리는 자들이 모두 회교도라서 말이야" 하고 수군거리는 소리도 들었다.

그 소문을 실제로 믿었던 불란서 사람과 다른 노예 일꾼들은 다음 날, 감시원들을 만나서 자신들이 천주교를 버리고 회교로 개종을 하겠다고 말했다. 그러자 감시원들은 기뻐하면서 '이맘'이라고 하는 회교 성직자들을 불러서 서양인 노예들의 회교 입교식을 열어 주었다. 노예 일꾼들은 자신들이 회교로 개종을 하면 정말로 노역 면제를 받을 줄 알고 싱글벙글 웃으며 즐거워했다. 하지만 그 기쁨은 오래가지 않았다. 회교로 개종을 한 노예 일꾼들은 그 즉시 예전처럼 해안가로 가서 성벽 보수 공사를 맡으라는 명령을 받았다. 한껏 기대에 부풀어 있다가 실망한 노예 일꾼들은 얼굴이 일그러졌고, 그중 몇몇은 "우리는 이제 당신들과 같은 회교도이니, 당신들이 우리를 괴롭혀서는 안 된다. 어서 우리를 자유롭게 풀어 달라"고 말했지만, 거기에 대한 답변은 감시원들이 날린 쓰라린 채찍질뿐이었다. 결국 개종한 보람도 없이 그들은 예전의 처지로 돌아갈 수밖에 없었다.

분명히 회교로 개종을 했는데 왜 그들이 자비를 베풀어 주지 않는지를 놓고 일꾼들 사이에 의견이 분분했는데, 그중에는 이런 의견도 있었다.

"이곳의 회교도들은 평범한 사람들이 아니다. 그들은 오래전부터 서양인들만을 골라서 노략질을 일삼았던 악랄한 해적단이다. 그래서 서양인들이 회교로 개종을 한다고 해도 전혀 대우를 해 주지 않는 것이다. 보통 회교도들은 천주교도 같은 이교도들이 자기네 종교로 개종을 하면 기뻐하면서 자신들과 똑같은 대우를 해 주는데, 이자들은 전혀 해 주지 않는 것으로 보아 틀림없다. 우리는 가장 나쁜 곳으로 잡혀 온 것이다."

그러던 어느 날 밤이었다. 김상우가 감옥 안에서 한참 잠을 자고 있는데 문득 밖에서 요란한 굉음이 들려왔다. 그 굉음은 한참을 이어졌는데, 끝나고 보니까 어느덧 날이 밝았다. 그래서 김상우는 여느 때와 다름없이 감시원의 인솔을 받으며 감옥 밖으로 나갔는데, 바람을 따라 하얀 종이들이 허공과 땅 위를 날아다니고 있었다. 그것을 본 감시원들이 당황하여 이리저리 뛰며 종이를 잡아채려 했는데, 그중 몇 개가 김상우가 서 있는 곳으로 바람을 타고 날아왔다. 그래서 얼떨결에 그가 한 장을 집어서 보니, 그 종이에는 영어로 이런 글귀가 적혀 있었다.

'우리는 미합중국 해군이다. 이 도시의 지배자들은 300년 동안 납치와 약탈 등의 범죄를 일삼았던 바버리 해적들이었다. 그러나 이제 해적질도 오래가지 않아 끝날 것이다. 미합중국 해군은 가까운 시일에 반드시 이 도시 다르나를 공격하여 바버리 해적단의 야만스러운 폭정을 무너뜨리고 노예로 잡혀 온 전 세계 모든 사람들에게 자유를 줄 것이다.'

"미합중국이 어느 나라인가?"

생소한 이름을 들은 왕이 눈을 깜빡거렸다.

"영국 본토가 있는 서양의 서쪽 바다를 건너면 아미리가라고 불리는 큰 땅이 나옵니다. 그 땅에 있는 나라인데, 미합중국을 줄여서 미국이라고도 하지요."

"그런가?"

김상우의 설명을 들은 왕은 미국이라는 이름을 연신 입속에서 중얼거렸다.

"소인을 회교 해적단의 노예 신세에서 풀어 준 자들도 바로 그 미국이 보낸 군대였사옵니다."

전단지의 내용을 읽고 나서야 김상우는 지난밤 울려 퍼졌던 굉음의 정체를 알 수 있었다. 굉음은 이 항구를 공격했던 미합중국 해군 함대가 쏘아 댄 대포 소리였으며, 지금 그가 손에 쥐고 있는 종이는 미합중국 해군이 뿌린 전단지였다. 필시 밤중에 미합중국 해군이 항구를 공격했다가 반격을 받고 철수하면서 뿌린 전단지였을 텐데, 그렇다면 이 항구로 끌려온 김상우와 다른 일꾼들이 왜 성벽을 보수하라는 명령을 받았는지도 이해가 갔다. 김상우를 부린 자들은 전단지에서 말한 바버리 해적단이었고, 그들은 미합중국 해군의 공격이 또 일어날 것이 두려워 그들의 공격에 대비하기 위한 방어 시설물로 성벽을 보강했던 것이다.

김상우를 제외한 다른 노예 일꾼들도 전단지를 주워서 읽고는 서로 그 내용을 알려 주며 웅성거렸다. 하지만 얼마 후, 감시원들이 달려와서 전단지를 모두 빼앗아서는 모조리 불태워 버렸다. 그리고 예전처럼 김상우와 일꾼들은 성벽 보수 공사에 나서야 했다.

전단지의 내용이 노예들 사이에 퍼지면서 몇몇 사람들은 금방이라도 미합중국 해군이 들이닥쳐 이 도시를 지배하는 해적단을 쓸어버리고 자신들을 해방시켜 줄 것이라고 여겨 기세가 등등했다. 그러나 하루가 지나고 한 달과 한 해, 두 해, 세 해가 다 지나도록 온다던 미합중국 해군은 끝내 나타나지 않았다. 외부의 도움을 기다리던 사람들은 실망했고, 개중에는 미합중국 해군이 입만 산 겁쟁이라며 허공에 대고 욕설을 퍼붓는 경우도 있었다. 물론 결코 그렇지 않다는 사실이 훗날 증명되었지만 말이다.

미합중국 해군의 도움을 고대하다 지친 사람들 중 일부는, 자신들이 직접 자유를 찾기 위해 밤중의 어둠을 틈타서 몰래 달아나려고 했다가 그만 감시원들의 총과 칼에 맞아 죽임을 당했다. 그리고 그 시체는 해안가의 나무 기둥에 묶인 채로 전시되었다.

감시원들은 탈출하다 죽은 노예 일꾼들의 시체를 다른 노예 일꾼들에게 일부러 보여 주면서 경고의 표시로 삼았다.

그렇게 해서 어느덧 3년이라는 세월이 지나갔다. 그동안 김상우는 문제를 일으키지 않고 열심히 일을 한 대가로 작은 상을 받았다. 성벽 쌓기보다 쉬운 일자리였다. 도시에 있는 양조장, 즉 술을 만드는 공장에 가서 일을 하라는 지시가 내려왔던 것이다.

그 말을 처음 들은 김상우는 마음속으로 '회교도들은 술을 마시지 않는데, 술 공장에 가서 일을 하라니 대체 무슨 말인가?' 하고 잠시 어리둥절했다. 그러나 다시 생각해 보니, 그 말은 결코 이상하지 않았다. 이곳에 온 후로 열흘에 한 번씩 나왔던 그 술의 출처를 떠올리면 해답은 바로 나왔다. 즉 이 도시의 주인인 회교도들 스스로가 마시려고 만드는 것이 아니라 그들이 부리는 서양인 노예들에게 주려고 만드는 것이다.

김상우가 새로운 일자리로 발령받은 술 공장에는 책임자인 서반아 노인 한 명과 조수인 포도아 청년 일곱 명이 일하고 있었다. 서반아 노인은 나이가 족히 일흔 살은 되어 보였는데, 늙은 탓에 자주 오줌을 누러 공장 밖으로 나갔다 돌아오곤 했다. 하루에도 40번이나 나갔기 때문에 공장에 붙어 있을 시간이 없었다. 포도아 청년들은 술을 가져오라는 주문이 있을 때만 일을 했고, 주문이 없으면 자기들끼리 만든 나무 주사위를 가지고 도박을 하거나 아니면 낮잠을 자는 데 시간을 보냈다. 김상우는 처음에 그들의 모습을 보면서 저러다가 감시원들에게 들키면 큰 봉변을 당하지 않을까 하고 걱정이 들었으나 이내 그들의 처지를 이해할 수 있었다. 술 공장에는 감시원들이 들러서 일꾼들의 근무 태도를 살피는 때가 좀처럼 없었기 때문이었다. 어찌 되었든 그렇게 술 공장에서 일을 하는 동안, 김상우는 서반아 말과 포도아 말도 그럭저럭 알아들을 수 있게 되었다. 두 나라의 말이 서로 비슷한 탓도 있었고, 무엇보다 김상우는 살아남기 위해서 가능한 빨리 외국어를 배워 두어야 했기 때문이다.

술 공장에서의 일은 확실히 성벽 쌓기보다는 무척 쉬웠다. 우선 주위에 감시원들이 없으니, 일을 빨리빨리 안 한다고 해서 채찍을 맞거나 혹은 어디로 끌려갈 일도 없었다. 무엇보다 서반아 노인과 포도아 청년들이 오줌을 누러 밖으로 나가거나 낮잠에 빠져 있을 때면, 적당히 분위기를 살펴서 몰래 술을 한잔씩 마시는 즐거움도 있었다. 가장 좋은 점은 불완전하게나마 자유를 누릴 수 있다는 점이었다. 비록 높은 장대 위에 올려 둔 유리잔처럼 언제 깨질지 몰라 불안하기도 했지만, 자유를 맛보는 그 순간만큼은 정말이지 행복했다. 그날 주어진 일을 다 끝내면 그늘에 들어가 낮잠을 실컷 자도 누구 하나 건드리지 않았으니 말이다.

일이 없는 한가한 때가 오면, 김상우는 길거리에서 작은 가게를 하고 있는 서양인을 찾아가 서로 이야기를 나누며 시간을 보냈다. 가게 주인도 술 공장 책임자처럼 서반아 사람이었는데, 그와 사귀면서 김상우의 서반아 말 실력은 크게 늘어 갔다. 그때는 몰랐지만 그 재주가 나중에 그에게 큰 도움이 되었다. 가게 주인은 원래 자기 나라에서 어부였는데, 어느 날 들이닥친 해적들에게 납치당해 다르나로 끌려왔다고 했다. 처음에는 해적선에 들어가 노를 젓는 일꾼으로 일을 하다가 나중에는 성벽 공사와 공장 건설 등을 했고, 그렇게 약 40년 동안 온갖 힘들고 어려운 일들을 계속한 끝에 약간의 돈을 모아서 이 가게를 차렸다고 했다. 지금은 예전처럼 힘든 일이 없고 편히 지낼 수 있지만, 잠자리에 들면 꿈에 항상 고향과 가족들이 나온다면서 죽기 전에라도 고향에 가서 가족들을 보고 싶다고 김상우에게 털어놓았다. 그 말을 듣고 김상우도 가게 주인에게 자신도 고향에 두고 온 가족과 친구들이 보고 싶은데, 갈 방도가 없어서 그저 꿈에서나 보고 있다면서 한숨을 쉬었다. 그러고 나면 가게 주인은 김상우에게 담배와 오렌지, 닭고기 등을 인심 좋게 공짜로 내주었다.

그렇게 다르나에서의 노예 생활도 서서히 익숙해져 망중한을 즐길 정도가 되었던 어느 날, 예고된 사태가 벌어졌다. 미합중국, 즉 미국 해군이 3년 전에 전단지를 뿌려 예고했던 대로 마침내 다르나를 공격해 왔던 것이다. 나중에 듣기로 그날은 4월 5일이었다. 김상우는 여느 때처럼 술 공장에서 일을 하고 있었는데, 갑자기 포성이 울려 크게 놀랐다. 그것은 바로 미군 함대가 다르나에 포격을 퍼붓는 소리였다. 김상우는 혹시 전쟁 통에 휘말려 죽을까 봐 다른 직원들과 함께 술 공장의 문을 굳게 잠그고 벽에 난 작은 창문을 통해 조용히 시내에서 벌어지는 전황을 관찰했다.

예전과는 달리, 미국 해군은 밤이 아니라 아침에 그것도 당당한 모습으로 쳐들어왔다. 우선 미군 함대에서 성벽과 도시를 향해 포격을 퍼부었다. 그 소리에 놀란 다르나의 해적들이 황급히 배에 올라타 미군 함대를 향해 돌진했지만, 그들은 미군 함대가 발사하는 포탄을 이겨 내지 못하고 격침되어 버렸다. 간신히 살아남은 해적들이 배에서 탈출하여 항구로 도망치자, 그들의 뒤를 쫓아 미군 함대가 항구에 들어와 닻을 내리고 배에 태운 병사들을 상륙시켰다.

뭍에 내린 미군 병사들은 미리 나와서 그들을 기다리고 있던 해적들과 전투를 벌였다. 김상우는 알아채지 못했지만, 평소에 자신과 다른 일꾼들을 이끌고 감시하던 도시의 경비원과 감시원, 인솔자들이 바로 해적이었던 것이다. 하지만 그들도 미군의 상대는 되지 못했다. 잠깐 사이에 해적들은 무수히 죽어 나갔고, 미군들은 해적들의 시체를 밟으며 도시 중심부로 진격해 들어갔다. 전쟁의 승패는 이미 미군 쪽으로 기울어진 것이나 다름없었다.

그날 오후 무렵, 도시의 중심부인 광장에는 미국의 국기인 성조기가 올랐다. 여태까지 도시를 다스려 왔던 자들은 모두 미군의 포로가 되어 두 손이 밧줄로 묶인 채 광장으로 끌려 나와 무릎을 꿇고 있었다. 그리고 미군들은 감옥에 갇혀 있거나 도시 내의 다른 건물들에서 일하던 노예들을 나오게 한 다음, 그들에게 "당신들은 이제 자유요. 이곳에 갇혀 있었던 미국인과 유럽인 노예들은 각자의 나라로 돌아가시오. 우리가 당신들을 보내기 위해서 수도사들과 함께 많은 배를 이끌고 왔소"라고 말했다. 그 말처럼 미군들을 따라서 천주교 수도사들이 도시에 들어와 있었다. 그들은 모두 미군 함대를 따라 여러 척의 배에 나눠 타고서, 각자의 나라로 고향 사람들을 데려가기 위해 왔던 것이다.

오랫동안 이 도시에 갇혀 노예로 살았던 서양인들은 마치 꿈이라도 꾸는 듯이 한참을 어리둥절해하다가, 이윽고 자신들의 눈앞에서 펼쳐지는 광경이 모두 현실이라는 것을 깨닫고 모두가 만세를 부르며 환호했다. 그들이 눈물을 흘리며 기쁨에 넘쳐 외치는 환호성은 미군 함대가 쏘아 댄 대포 소리보다 더 컸다. 그들과는 아무런 상관이 없는 김상우마저도 그 소리를 듣고 있으니, 가슴이 뭉클하고 눈물이 흘러나올 지경이었다.

서반아, 포도아, 불란서, 미국 등 서양인 노예들은 각자의 나라에서 온 수도사들을 따라 그들이 타고 온 배에 나눠 탔다. 문제는 그들 중 어느 나라에도 속해 있지 않은 김상우 자신이었다. 미군들은 김상우가 미국과 유럽의 분류에 속하지 않은 자라는 사실을 알자, 그의 처우를 어떻게 할지를 놓고 자기들끼리 옥신각신하다가 마침내 결정을 내렸다. 김상우가 일꾼으로 일했다는 사실을 알고는 자기들 배에 타서 선원으로 일하라는 것이었다. 김상우는 난생처음 보는 미군 배에 타서 일하기가 낯설고 꺼림칙했지만, 그렇다고 미군의 공격을 받고 폐허로 변한 이 해적 도시에 계속 남아 있어 보았자 딱히 좋은 수가 있는 것도 아니어서 그러겠다고 대답했다.

그리하여 김상우는 미국 해군 함대를 타고 3년 동안 노예로 살았던 다르나를 떠났다. 뱃전 저 멀리 보이는 다르나의 폐허가 어쩐지 안쓰럽게 느껴졌다. 이제 저 도시는 사람들의 기억 속으로 잊혀지겠구나 하는 생각이 그의 머릿속을 가득 채웠다.

미국 함대의 선원이 된 김상우의 삶은 제법 괜찮았다. 우선 쓰는 말부터 그가 가장 처음 접촉했던 서양인인 영국인들과 같은 영어라서 의사소통에 아무런 문제가 없었다. 그들도 김상우가 유창하게 영어를 말하는 모습을 보고 깜짝 놀라서 어디서 자기들 말을 배웠느냐고 물었다. 그래서 영국인들에게 배웠다고 하니, "너희 나라가 영국과 가까운가?"라고 묻기에 "아니다. 내 나라는 영국과 멀리 있는데, 내가 바다에 나가 고기를 잡다가 그만 폭풍에 휩싸여 이리저리 표류하다가 우연히 영국 배와 만나 구조를 받으면서 영국인들과 함께 살았고, 그때 영어를 익히게 되었다"고 설명해 주었다.

물론 뱃일은 성벽 쌓기에 버금갈 정도로 힘들었고, 규율을 어기면 채찍질도 있었다. 하지만 고기가 포함된 음식과 각종 술들은 다른 사람들과 똑같이 나왔고, 규칙적으로 급료도 받았으며, 바다의 시원한 바람이 항상 불어와서 무덥지 않아 좋았다. 다르나에서의 고된 노예 생활에 비하면 미군 선원의 삶은 천국에서의 삶이나 다름없었다.

함대에 탄 병사들의 말에 의하면 자기 나라는 영국의 먼 서쪽 바다 건너에 있으며, 그래서 자기들도 지금 바다 서쪽으로 한참 가고 있는 중이라고 했다. 김상우는 미국이라는 나라가 어디에 있고 어떤지도 잘 몰랐기에, 가면 무슨 일이 벌어질지 궁금하여 기대를 하기도 했다.

그렇게 배가 한참 서쪽 바다를 향해서 가고 있는데 뜻하지 않은 사건이 발생했다. 어느 날 아침, 김상우가 막 잠에서 깨어 갑판 위로 올라가려고 하는데 갑자기 대포 소리가 들리면서 배가 흔들렸다. 어찌 된 일인지 영문을 몰라 당황해하고 있으니, 미군 장교가 달려와서 위험하니까 당장 선실로 들어가라고 호통을 쳤다. 그 사이 계속 대포 소리가 들렸고 그때마다 배가 심하게 흔들렸다. 그리고 대포 소리 사이로 총을 쏘는 소리도 들렸는데, 김상우는 순간적으로 전투가 벌어졌음을 깨달았다. 누가 미군 함대를 상대로 전투를 걸어왔을까? 혹시 바버리 해적단의 복수인가? 하는 생각도 들었지만 당시에는 정확히 알 수가 없었다. 위쪽 갑판에서는 사람들의 비명 소리와 고함 소리, 그리고 칼과 칼이 부딪치는 날카로운 소리가 끊이지 않았다. 김상우는 가슴을 졸이며 제발 저 끔찍한 소리들이 빨리 사라지기만을 빌었다.

김상우가 다른 일꾼들과 함께 선실에 틀어박혀 시간을 보낸 지가 대략 밥 한 끼를 먹을 정도쯤 되었을 때, 선실의 문이 열렸다. 김상우는 누가 들어오는지 궁금해서 고개를 들고 쳐다보았는데, 익숙한 미군 장교가 아니라 생전 처음 보는 얼굴이었다. 직감적으로 김상우는 그가 미군에게 싸움을 걸어온 사람이라는 사실을 눈치챘다. 그가 김상우와 다른 선원들을 향해 영어로 "너희들 모두 지금 당장 갑판 위로 올라오라"고 외쳤을 때, 거부한 사람은 아무도 없었다.

김상우가 떨리는 다리를 간신히 이끌고 갑판 위로 올라가 보니, 미군 장교와 병사들은 모두 갑판에 무릎을 꿇은 채였고, 그들 앞으로 영국 국기인 유니언잭을 휘날리며 영국 장교와 병사들이 자신만만한 표정을 짓고 서 있었다. 김상우는 그제야 미군 군함을 습격한 장본인들이 바로 저 영국 해군이었다는 사실을 깨달았다. 어째서 영국 해군이 미국 해군을 공격했는지 의문스러웠지만, 미군 병사들이 들려줬던 말이 떠올라 사태가 다소 이해되었다. 그들이 김상우에게 한 말에 의하면, 본래 미국은 영국의 식민지였다가 지금으로부터 약 30년 전에 전쟁을 치르고 독립하였다고 했다. 그러나 여전히 영국은 미국의 북쪽에 있는 캐나다 땅을 차지하고 있으며, 미국을 호시탐탐 위협하며 바다에서 종종 영국 해군이 미국 해군과 마주치면 그때마다 전투를 벌인다고 했다. 그러니까 지금 이 미군 군함이 영국 군함에게 습격받은 일도 결코 이상한 일은 아니라는 것이다.

영국 해군 장교는 갑판 위에 늘어선 미국인들을 향해 말했다.

"이 미국 군함은 영국 함대에 정복당했고, 영국 법에 따라 배에 탄 선원들은 영국 군함에 징발당해 선원으로 일하게 될 것이다. 그러니 이 배를 움직이는 데 반드시 필요한 선원 몇 명만 남고, 나머지 선원들은 모두 영국 군함에 탑승하여 일을 해야 한다."

말을 마친 영국 해군 장교는 이 배의 선원들을 분류하고 그들 중 몇 명만을 남기고 모두 배를 맞대고 있는 영국 군함으로 끌고 갔다. 김상우도 거기에 포함되어 있었다. 이렇게 해서 김상우는 미국 해군의 선원으로 일한 지 얼마 되지 않아 영국 해군의 선원으로 그 운명이 뒤바뀌었던 것이다.

　돈을 주고 김상우를 이집트에서 사서 배에 태운 자들은 16세
기에서 19세기까지 지중해를 무대로 악명을 떨쳤던 '바버리 해적
단'이다. 이들은 약 300년 동안 유럽의 기독교 국가들을 상대로
납치와 약탈을 일삼았는데, 최대 120만 명 이상의 유럽인들이 이
들에게 납치되어 노예로 부림을 받았다고 추정된다.

　바버리 해적단은 오늘날 모로코와 알제리, 리비아 등 북아프
리카의 해안 도시들에 근거지를 두었으며, 주로 이슬람을 믿는
회교도들로 구성되었다. 그런 이유로 기독교를 믿는 유럽인들에
게는 적대적이었으나, 반대로 이슬람교를 믿으며 유럽인들과 전
쟁을 벌였던 오스만튀르크 제국에게는 매우 우호적이었다. 한 예
로 바버리 해적단의 지도자였던 히지르는 오스만 제국에 복속하
는 대가로 제국의 해군 사령관에 임명되었으며, 1537년 프레베자
해전에서 오스만 해군을 이끌고 기독교 연합 해군에 맞서 승리하
기도 하였다.

　또한 이들은 유럽인 탈영병들을 받아들이고 그들이 전해 준
원양 항해 기술까지 배운 결과, 지중해를 넘어 대서양으로까지 나
아가서 납치와 노략질을 일삼았다. 영국과 아일랜드는 물론 심지
어 저 먼 북해의 아이슬란드까지 바버리 해적단의 해적선이 침입

하여 주민들을 납치하여 북아프리카로 끌고 와 노예로 팔았다.

그러나 바버리 해적단은 19세기 들어서 미국과 영국, 프랑스 등 서구 열강들의 잇따른 공격으로 쇠퇴하다가 결국 1830년과 1881년에 프랑스가 알제리와 튀니지 등을 식민지로 삼고, 1911년 리비아가 이탈리아의 식민지로 편입당하면서 완전히 소멸하였다.

본문에서 미군이 다르나를 공격했다고 나오는데 이때는 1805년 4월 5일이었다. 다르나는 지금 리비아의 북동부에 위치한 항구 도시인데, 미국 배를 습격하여 미국인 선원들을 노예로 끌고 간 책임을 묻기 위해, 미국 해군 소속 해병대가 공격을 한 것이다. 미군의 작전은 성공했고, 이로써 미국은 훗날 세계의 바다를 제패하는 해상 강국의 위치를 다지게 된다.

한편 19세기 초, 영국과 미국은 서로 다투는 위치에 있었다. 미국은 자국의 북쪽인 캐나다 땅을 영국이 지배하는 현실에 불안감을 느꼈는데, 캐나다가 미국의 수도인 워싱턴과 가까워 자칫 영국군이 쳐들어올지도 모른다는 우려에서였다. 실제로 1812년 캐나다 주둔 영국군은 미국을 침공하여 일시적으로 미국 수도인 워싱턴을 점령하는 이른바 영미전쟁을 일으키기도 한다. 그리고 19세기 말 미국이 서부로 영토를 팽창하면서 영국령 캐나다와 영

토 분쟁을 벌였는데, 이때도 큰 전쟁이 번질 뻔했으나 미국 정부
가 피해를 우려하여 전쟁을 막았다. 아울러 1930년대, 미국은 캐
나다를 공격해 점령한 다음 곧바로 영국 본토를 침공해 정복한
후에, 영국이 가진 해외 식민지들을 모두 해체시켜 영국을 완전히
무너뜨리려는 이른바 '레드계획'을 세우기도 했다. 그만큼 미국
과 영국은 패권을 놓고 은밀히 경쟁하는 관계였던 것이다.

04

세상의
남쪽 끝에서

영국, 부에노스아이레스, 가우초, 오나족

"영국 해군에게 끌려간 소인은 3년 동안 그들과 함께 살았사옵니다. 영어를 알아들을 수 있다는 점 때문에 영국 군사들과의 사소통을 하는 데는 큰 불편함이 없었사옵니다. 하지만 앞서 만난 불란서나 미국 군사들과는 달리, 영국 군사들과는 쉽게 어울리지 못했사옵니다. 그들의 태도에서 풍기는 분위기가 무척 거칠고 난폭했기 때문이옵니다. 처음에는 왜 그런지 몰랐는데, 나중에 알고 보니 그럴 만한 이유가 여럿 있었사옵니다. 우선, 그들은 평범한 자들이 아니었사옵니다. 어느 정도 시간이 지난 다음에 그들이 들려준 이야기를 통해 알게 된 사실인데, 그들은 원래 군인이 아니라 그저 항구 인근 마을에서 평범하게 살고 있었던 어부들이었다고 하옵니다. 그런데 갑자기 들이닥친 영국 해군이 그들을 강제로 끌고 가서 배에 태워 군대에 편입시켰다는 것이옵니다. 그러니 그들은 가족과 헤어져 억지로 끌려와서 군인 노릇을 하고 있으니 심기가 굉장히 불편하고 불만과 분노가 항상 마음속에 가득 차 있어서, 자연히 난폭해질 수밖에 없었던 것이지요."

그 대목에서 왕은 눈을 크게 뜨며 놀라움을 드러냈다.

"군대가 어부들을 강제로 끌고 가서 배에 태워 군인이 되게 했다고?"

"소인도 믿기 어려웠지만, 사실이었사옵니다."

김상우의 말에 왕은 오한이 걸린 듯 몸을 떨었다.

"세상에 어찌 그런 일이……. 영국의 군사 제도는 참으로 거칠고 무지막지하구나. 어찌 자기 나라 백성을 그렇게 학대한단 말인가. 졸지에 가족들과 생이별을 한 그들은 얼마나 괴로웠을꼬? 게다가 배에 탄 해군이라면 그 생활이 얼마나 계속될지도 모르고, 육지보다 더 위험할 텐데 말이다."

"하지만 그것 말고도 소인이 직접 본 영국 해군의 어두운 모습은 더 있었사옵니다. 항구에서 어부들을 강제 징발하여 해군에 편입시키는 것 이외에도, 영국 해군은 범죄를 저지르고 감옥에 갇힌 죄수들에게 해군이 되면 지은 죄를 모두 용서해 주겠다고 제안을 하면서 그들을 해군으로 끌어들였사옵니다. 그 제안에 응하는 죄수들도 있었으나, 먼바다에 나가 고생을 하거나 죽는 것을 원하지 않는 죄수들도 많아서 모집이 쉽게 되지 않는 때도 있었사옵니다. 그럴 때는 역시 감옥에 갇힌 죄수들을 강제로 배에 태워서 해군으로 만들기도 했지요. 죄수들이란 본래 살인이나 겁탈 같은 무거운 죄를 짓고 감옥에 들어간 자들이라서, 사납고 난폭한 성향이 강했사옵니다. 그런 자들을 통제하려면 자연히 혹독하고 엄격한 군율을 갖추어야 했사옵니다. 그래서 영국 해군은 군사들이 아주 사소한 실수만 저질러도 무조건 채찍질로 벌하였사옵니다. 그 밖에도 영국 해군에 들어온 자들 중에는 너무나 가난해서 삶에 아무런 희망이 없는 사람들도 있었사옵니다. 지주에게 땅을 빼앗긴 농민이거나 아니면 도시의 뒷골목에서 거지로 살던 비참한 사람들이었는데, 자기 나라에 계속 있어 봐야 배만 곯을 뿐이니 차라리 먼바다로 나가는 해군이 되면, 다른 나라를 정복하거나 약탈하여 일확천금을 노릴 수도 있겠다는 일종의 자포자기적인 심정으로 자원한 사람들이었사옵니다. 이렇듯 해군을 이루고 있는 병사들이 대부분 불행한 처지에 있던 터라 평소 영국 해군의 분위기는 매우 어둡고 무거웠사옵니다. 게다가 이미 말씀드렸듯이 영국 해군은 군율도 가혹하고 엄격하다 보니, 영국 해군 병사들의 유일한 즐거움은 배급되는 술인 럼주를 실컷 퍼마시고 취해 버리는 일이었사옵니다. 럼주는 매우 독한 술이라서 조금만 마셔도 취기가 올라와 몸을 가누기 어려워졌사옵니다. 더구나 이런 독한 술을 거의 물처럼 마셔 대다 보니, 영국 해군 병사들은 술주정뱅이나 다름없었고, 상관들이 내리는 명령에 늦게 반응했사옵니다. 그래서 소인이 듣기로 영국 육군의 어느 장군은 해군 군사들을 가리켜 '술이나 마시려고 군대에 들어온 천박하고 무지한 것들'이라고 혹평하기도 했다고 합니다. 그나마 영국 해군은 육군보다 한 가지 면에서 나은 점이 있었사옵니다. 영국 육군은 돈을 주고 계급을 사는 매관매직이 허용되고 있었지만, 영국 해군에 입대하면 자기가 세운 공적에 따라 진급할 수 있다는 사실이었지요."

"매관매직? 그러고도 나라가 안 망하는 사실이 신기하군."

왕이 놀랍다는 어투로 말하자, 김상우도 쓴웃음을 지었다.

"소인도 그 점이 통 이해가 되지 않았사옵니다. 하지만 세상의 일들을 사람이 모두 이해할 수 있는 것은 아니지요. 어느 나라건 무기를 다루고 사람을 죽이는 일에 몸을 담은 병사들은 대부분 거칠 수밖에 없고, 그래서 소인도 그 점은 어느 정도 감안을 했사옵니다. 하지만 도저히 받아들일 수 없는 것은 바로 영국 군인들이 먹는 음식이었사옵니다. 소인이 탔던 배에서 나온 기본 음식들은 소금에 잔뜩 절여 도저히 삼킬 엄두가 나지 않았던 쇠고기와 그냥 먹었다가는 이가 부러질 만큼 돌처럼 딱딱하고 바구미가 들끓는 밀가루 과자였사옵니다."

"밀가루로 만든 과자가 어째서 돌처럼 딱딱하게 굳는다는 건가?"

놀란 표정으로 왕이 말하자, 송화가 대답해 주었다.

"소신이 듣기로 밀가루는 탄성이 적어서 밀가루로 떡을 만들고 하루나 이틀 정도 지나면 곧바로 굳어 버린다고 하옵니다. 그 이상 지나면 정말로 돌처럼 굳어 버리기에 그냥은 도저히 먹을 수 없다고 들었사옵니다."

"그래? 그럼 영국인들은 그런 음식을 어떻게 먹었다는 건가?"

왕의 물음에 김상우가 나서서 해명했다.

"전하, 밀가루 과자도 먹기 위해 만든 음식이니 얼마든지 조리법이 있었사옵니다. 밀가루 과자는 앞서 말씀드린 대로 벌레인 바구미가 있어서 그대로는 못 먹고, 먹기 전 탁자에 대고 몇 번 탁탁 내리쳐서 벌레가 기어 나오게 한 후에야 먹을 수 있었사옵니다. 그나마도 너무 딱딱해서 그대로 먹기는 무리였고, 물에 넣고 오래 쪄서 마치 죽처럼 만든 다음에 먹을 수 있었사옵니다. 간혹 어느 괴팍한 병사들은 바구미를 버리지 않고 그대로 먹기도 했는데, 벌레가 소금에 절인 쇠고기보다 더 신선한 고기라서 그랬다고 하였사옵니다. 아, 그 밀가루 과자가 얼마나 딱딱했느냐 하면, 그대로 던졌다가는 사람을 다치게 할 수도 있었사옵니다. 그래서 영국 해군의 규정에는 절대로 밀가루 과자를 주위 사람에게 던지지 말라는 내용도 있었지요. 특히 소금에 절인 쇠고기는 너무나 짜서 그냥은 절대 못 먹고, 요리를 하기 전에 반드시 물에 담가 소금기를 뺀 다음에 먹어야 했는데, 문제는 그렇게 내놓은 고기의 색깔이 마치 잔뜩 썩은 고기 같아서 먹기가 영 거북했사옵니다. 게다가 쇠고기에서는 역겨운 냄새가 진동을 해서 먹을 때, 마치 누군가 토해 버린 음식을 먹는 것 같았사옵니다. 영국 해군에서 배급된 채소 요리는 소금과 식초에 절인 양배추였는데, 그조차도 지독하게 짜고 시어서 먹기 어려웠사옵니다. 거기에 라임이라는 시큼한 맛의 과일즙을 주기도 했는데, 그게 끔찍하게 시어서 도저히 삼킬 수가 없었사옵니다."

왕은 믿을 수 없다는 듯이 고개를 저었다.

"그렇게 맛없는 음식을 먹고도 영국인들은 아무렇지도 않던가?"

"소인도 궁금해서 한번 물어보았지요. 너희 나라 음식은 대체 왜 이러냐? 나는 달리 음식을 먹을 데가 없어서 억지로 먹고 있기는 한데, 이거 도저히 사람이 먹을 음식이 아니다. 그러고 보면 너희 영국군들은 정말 신기하다. 어떻게 이렇게 형편없는 음식을 먹고 그렇게 멀쩡하게 지내며 잘 싸우느냐고요. 그러자 그 영국군 병사들이 들려준 대답이 놀라웠습니다. 맛이 없는 음식 때문에 잘 싸울 수 있다는 겁니다. 음식을 맛있게 요리하려면 자연히 각종 조미료와 향신료가 많이 들어가야 하고, 사람들의 손이 그만큼 자주 필요하지요. 그런데 그들은 군인이고, 전쟁을 치르는 입장인데 맛있고 사치스러운 음식을 찾으면 전쟁을 어떻게 하겠습니까. 음식을 조리하는 데 시간이 오래 걸리고 조미료와 향신료 같은 다른 물자를 더 많이 필요로 할 테니, 그만큼 보급 물자의 양과 무게가 늘어나고 결과적으로 전쟁을 치르는 데 부담이 커질 것이라고 했습니다. 그러니 거칠고 맛없는 음식이라도 아무런 불평 없이 나오는 대로 잘 먹어야, 힘들고 위험한 환경 속에서 견뎌 낼 수 있고 결과적으로 그 편이 훌륭한 군인이 되는 데도 도움이 된다고 했습니다. 마지막으로 맛있는 음식 대신에 럼주 같은 독한 술만 있으면 된다고도 했습니다. 술을 마시고 취하면 아무리 맛없는 음식도 다 맛있게 느껴진다면서요. 소인은 그가 한 말을 듣고 처음엔 어처구니가 없었으나 시간이 지나고 나서 다시 떠올려 보자, 크게 틀린 말도 아니라는 생각이 들었사옵니다. 언제나 전장에 투입되어 싸워야 하는 군인들로서는 보급이 원활하지 못할 때가 많을 텐데, 그런 경우를 대비해서 거칠고 맛없는 음식들을 평소에 먹어 두면 나중에 음식이 맛이 없다고 불평을 할 일이 없어질 테니, 우직하고 강건한 군인이 될 수도 있겠지요."

"군인이 맛없는 음식을 먹어야 용감히 싸운다는 말인가?"

"꼭 그런 뜻은 아니지만, 세상 어느 나라에 가도 군인들은 자신들이 먹는 음식이 맛있다는 소리는 하지 않사옵니다."

왕의 질문에 김상우가 쓴웃음을 지으며 말했다.

"좌우지간 이런 영국 해군에 섞여 소인은 그들을 따라갔사옵니다. 지금도 그렇지만 당시 영국 해군은 전 세계를 통틀어 가장 막강했기에, 바다에서는 그들을 막을 자가 없어서 항해 그 자체는 매우 순조로웠사옵니다. 그렇게 약 보름 동안을 항해한 끝에, 소인이 탄 배는 영국 본토에 도착했사옵니다. 항구에 배가 정박하자 해군 장교와 병사, 그 밖의 선원과 일꾼들은 모두 즐거운 표정을 짓고 왁자지껄하게 떠들었습니다. 아마 오랫동안 바다에서 고생을 하다가 자기 나라로 돌아간다고 하니 즐거웠던 모양이옵니다. 군인들은 군사 본부로 향했고, 소인을 비롯한 일꾼이나 선원들은 항구에 따로 마련해 둔 숙소로 들어갔사옵니다. 거기서 오랜만에 목욕을 했고, 더위와 땀으로 더러워진 몸을 씻어 내니 그나마 기분이 낫더군요. 숙소에 들어가 쉬고 있는데, 다른 선원과 일꾼들이 소인에게 몰려오더니 소인을 에워싸서는 어디론가 데려가더군요. 어리둥절하여 그저 일행을 따라갔는데, 후미진 뒷골목의 어느 술집으로 들어갔사옵니다. 소인을 데려간 자들은 모두 싱글거리면서 술을 주문하고 여자들을 불렀사옵니다. 그제야 소인은 이곳이 돈을 내고 술과 여자를 얻을 수 있는 매춘 업소임을 알았사옵니다. 그들은 소인에게도 여자를 붙여 주었는데, 소인이 본 영국 여자들은 모두 얼굴이 못생겼고 몸에서는 고약한 냄새가 났사옵니다. 그들이 소인더러 여자를 안아 보라고 계속 권유했지만, 도무지 그런 여자들과는 놀고 싶지 않아서 한사코 사양했사옵니다. 그러자 그자들은 소인이 혹시 불알이 잘린 고자가 아니냐며 비웃고 놀려 대더군요. 결국 다른 자들이 여자들을 끌어안고 놀 동안, 소인은 그저 럼과 진 같은 독한 술들을 조금씩 마셔 대면서 시간을 보내야 했습니다."

그 대목에서 왕이 갑자기 끼어들었다.

"영국 여자들이 그렇게 못생겼던가?"

"말도 못하게 추했사옵니다. 나중에 소인이 알고 보니, 서양의 다른 나라 사람들도 영국 여자들은 못생겼다면서 비웃는 것이 예사더군요."

김상우는 그렇게 말을 하고 잠시 생각에 잠겼다가, 다시 입을 열었다.

"하지만 모두가 그렇게 못생겼던 것은 아니옵니다. 비록 백사장에 묻힌 조개 찾기지만, 예외는 있었지요……. 한참 후에 다른 자들과 함께 숙소로 돌아오고 나서도 소인은 딱히 할 일이 없어 그저 잠이나 자면서 밤을 보냈사옵니다. 그리고 다음 날 아침,

숙소의 식당으로 가서 음식을 먹었사옵니다. 요리는 구운 쇠고기와 거기서 나온 쇠기름을 넣고 굳혀 만든 빵이었는데, 같은 영국 음식이지만 그래도 배 안에서 먹는 것보다는 나았사옵니다. 식사를 마치고 숙소로 돌아가서 쉬고 있는데, 해군 장교가 들어와서 말하더군요. 앞으로 약 5개월 후에 큰 전쟁이 벌어질 테니, 긴장을 늦추지 말라는 내용이었사옵니다. 그렇게 말하고 장교가 나가자, 숙소 안의 사람들은 전쟁이 난다는 소리에 흥분해서 어떤 나라와 전쟁을 할지를 놓고 서로 웅성거리며 상상의 날개를 펼쳤사옵니다. 그중 가장 유력한 의견은 영국과 적대 관계인 서반아나 불란서를 상대로 전쟁을 벌인다는 것이었사옵니다. 특히 불란서의 황제인 나파륜이 서양을 정복하고 그 여세를 몰아 바다를 건너 영국마저 침략하려 한다는 소문을 그대로 믿고, 앞으로 영국의 적 1순위는 바로 나파륜이 지배하는 불란서라는 주장이 많았사옵니다."

"가만, 나파륜이라면 예전에 그대와 함께 애굽을 원정했던 그 장군이 아닌가?"

왕의 질문에 김상우가 대답했다.

"그렇사옵니다, 전하. 그가 불란서로 돌아간 이후에 백성들을 상대로 자신이 황제가 되는 것에 대해 의견을 묻고 좋다는 쪽이 많이 나오자, 그것을 명분으로 삼아 스스로 황제의 자리에 올랐다고 하옵니다."

"그도 결국 야심으로 가득 찬 위인이었군."

"그러니까 장군이 되고 정복을 하기 위해 전쟁을 치르지 않았겠사옵니까? 해군 장교가 숙소에 들러 전쟁을 예고하고 나서 한 사흘 후, 소인을 포함하여 선원과 일꾼들은 다시 항구로 나가 군함을 수리하는 일에 동원되었사옵니다. 우선 배를 항구의 정비소에 넣고는 배의 밑바닥에 달라붙은 따개비 같은 것들을 긁어 떼어 낸 다음, 밧줄과 닻과 다른 장비들을 살펴보고 낡거나 쓰지 못할 것 같으면 전부 새것으로 교체했사옵니다. 그런 후에 중요한 무기인 대포를 점검했는데, 불량품이거나 고장이 난 것들은 모두 버리고 새것들로 갈아 끼웠지요. 대포에 넣을 포탄들도 전부 검사해서 낡거나 못 쓰는 것들은 버리고, 새로운 포탄을 채워 넣었습니다. 그 외에도 병사들이 사용할 소총과 폭탄들도 마찬가지 작업을 했지요. 그러고 나서 소인과 다른 일꾼들은 군함에 물자를 실어 나르는 일에 동원되었사옵니다. 화약과 총탄이 가득 든 상자들을 끊임없이 군함에 올렸고, 소금에 절인 쇠고기와 양배추, 밀가루 과자 같은 음식들을 넣은 나무통도 역시 군함의 창고에 넣었사옵니다. 개중에 물자의 양이 원래보다 부족하거나 혹은 음식 중 상한 것이 발견되어 다시 창고에서 꺼내고, 새로운 것으로 집어넣는 일들도 있었사옵니다. 군함들의 장비 점검이 대강 끝나자, 거기에 탑승할 장교와 병사들이 항구에 도착했사옵니다. 마치 경치 좋은 곳으로 놀러 가는 어린아이들처럼 병사들이 와자지껄 떠드는 소리가 요란했는데, 그중 '우리는 이제 불란서 놈들을 박살 내러 간다!'는 목소리가 들렸사옵니다. 소인은 그 말을 듣고 순간적으로 가슴이 철렁했지요. 지금은 아니지만 그래도 한때 함께 먹고 자고 했던 사람들인데, 그들과 싸우러 가야 한다고 생각하니 왠지 가슴이 먹먹하고 손발이 무거워졌사옵니다."

"정말 영국 함대가 불란서와 싸우러 갔던가?"

조바심이 나서 왕이 묻자, 김상우가 대답했다.

"이제 조금만 기다리시면 아시게 되옵니다. 장교와 병사들이 온 이후에 그들을 지휘할 장군들이 도착했사옵니다. 그들은 배에 오르고 나서 자기들끼리 이런저런 이야기를 나누더니, 군함들을 이끌고 바다로 나가서 군사훈련을 하더군요. 군함 선회와 대포 사격, 병사들의 소총 사격 훈련 등이 해가 저물 때까지 계속 이어졌사옵니다. 말이 훈련이지, 실전에 대비한 예비 전쟁이나 다름없었습니다. 훈련이 끝나자 군함은 항구로 돌아왔고, 군인들은 배에서 내려 각자의 숙소로 돌아갔습니다. 그리고 소인과 다른 선원들 그리고 일꾼들도 숙소로 가서 몸을 씻고 저녁을 먹은 다음, 잠자리에 들었습니다. 이러기를 네 달 동안 계속하다가, 만반의 준비가 다 끝났다고 여겼는지 군함들은 진짜 전쟁을 치르기 위해서 출항을 했사옵니다. 소인은 항해하는 내내 불안감을 떨쳐 버릴 수 없었사옵니다. 정말로 전쟁을 한다면, 혹시 소용돌이에 휘말려 죽거나 다치지 않을까? 물론 과거 불란서 군대에 있을 때도 전쟁을 했지만 그때는 육지라서 여차하면 도망쳐 살 수도 있었습니다. 하지만 바다 위에서 전쟁이 나면 도망칠 수도 없지요. 그렇게 한참 동안 푸른 바다를 헤치며 가는데, 저 멀리 수평선 너머로 뭔가가 보였습니다. 소인은 보지 못했는데, 망루에 올라 관찰하던 병사가 '불란서 군함들이다!'라고 소리를 질렀사옵니다. 그리고 좀 더 시간이 지나자, 정말로 수십 척의 군함들이 나타나 저희 쪽을 향해 다가오고 있었사옵니다. 그것들 중 절반에는 소인이 3년 동안 매일 같이 보았던 불란서 국기가 달려 있었지요."

"결국 영국과 불란서 사이에 전투가 벌어졌군."

"그렇사옵니다. 그리고 승패는 순식간에 결정이 났지요."

왕에게 대답해 주며, 김상우는 그때의 일을 떠올렸다.

"적의 접근이 확인되자, 장교와 병사들이 놀라서 이리저리 뛰면서 전투태세에 들어갔사옵니다. 그리고 저 같은 일꾼들은 선실 창고에 가서 총탄과 포탄이 든 상자들을 가져오라는 지시를 받고 창고로 내려갔사옵니다. 아울러 일꾼들은 전투 훈련을 받지 않았으니 전투에 방해가 된다며, 특별한 지시가 없으면 갑판 위로 올라오지 말라는 명령도 있었습니다. 그들이 시키는 대로 선실 창고로 내려간 지 얼마 안 되어, 엄청난 굉음이 들리면서 배가 좌우로 흔들렸사옵니다. 소인은 그동안 영국 해군의 훈련을 보고 겪은 경험으로 보아 지금 갑판 위에서는 치열한 포격전이 벌어지고 있는 중이며, 아마 조만간 탄약이 바닥나 탄약을 가져오라는 요청이 빗발칠 것이라고 예상했사옵니다. 아니나 다를까, 잠시 후 해군 장교가 창고로 들어와서 총탄과 포탄이 든 상자들을 서둘러 갑판 위로 가지고 올라오라고 고함을 지르더군요. 그가 지시하는 대로 다른 일꾼들과 함께 총탄과 포탄 상자들을 가지고 갑판 위로 올라갔더니, 온통 매캐한 냄새를 풍기는 화약 연기가 안개처럼 사방을 자욱하게 채우고 있었습니다. 병사들은 모두 미친 듯이 소총에 총탄을 장전하고 있었는데, 제가 총탄 상자를 들고 있는 모습을 보고는 자기들한테 빨리 가지고 오라고 소리를 질렀습니다. 전부가 그러니 누구한테 가져가야 할지를 몰라서 소인과 가장 가까운 병사에게 달려가서 그의 발 밑에 상자를 내려놓으니, 그가 소총의 개머리판을 들어 상자의 자물쇠를 부수고 뚜껑을 열어서 총탄을 오른손에 가득 쥐고 군복 주머니에 넣었사옵니다. 그리고 다른 병사들도 달려와서 저마다 총탄을 가져가 주머니에 넣고, 다시 각자의 위치로 돌아가서 총탄을 장전하고 쏘아 대면서 전투에 몰두했사옵니다. 상자를 다 전달한 소인은 얼른 선실의 창고로 돌아가려고 했는데, 그때 어디선가 날아온 포탄이 소인의 귓전을 스치면서 저 멀리 떨어진 영국군 병사 한 명의 머리를 나무통처럼 날려 버리더군요. 그 모습을 보면서 소인은 가슴이 철렁해서 다리에 힘이 풀려, 엉거주춤 갑판 위에 주저앉았사옵니다. 가까스로 창고 안으로 들어간 소인은 조용히 한숨만 계속 쉬었지요."

"그렇게 해서 전투가 끝났나?"

왕의 물음에 김상우는 고개를 흔들어 부정했다.

"아직 남았사옵니다. 하지만 그 순간은 오래가지 않았사옵니다. 곧바로 다른 해군 장교가 들어와서 총탄과 포탄 상자를 갑판 위로 가져오라고 소리쳤고, 소인은 어쩔 수 없이 그의 명령에 따라야 했습니다. 갑판으로 통하는 문을 열고 사다리를 밟아 올라가면서, 제발 소인에게는 적의 총탄과 포탄이 오지 않기를 마음속으로 빌고 또 빌었지요. 그 적이 불란서군이든 서반아군이든 할 것 없이 말이지요. 갑판 위로 올라가니, 아까처럼 하얀 화약 연기가 사방에 자욱한 가운데 간간이 포탄이 날아와 나무로 만들어진 군함의 선체를 부수었습니다. 그리고 병사들이 그 파편에 맞아 죽거나 부상을 당했습니다. 소인은 아까처럼 가장 가까이에 있는 병사와 포수들에게 각각 총탄과 포탄 상자들을 전달하고 나서, 몸을 바짝 숙이고 서둘러 갑판 아래로 향했사옵니다. 그러기를 한 수십 번 정도 반복했지요. 그때 소인이 겪은 해전은 미국 배에 있을 때와는 달랐사옵니다. 전투가 굉장히 격렬하고 오래 지속되었던 모양이옵니다. 얼마나 시간이 갔는지 모르는 사이, 어느덧 포탄 소리가 잠잠해졌사옵니다. 장교가 창고로 달려와서 총탄과 포탄 상자들을 가져오라고 고함을 지르는 일도 끊겼사옵니다. 방금까지 천지가 진동하도록 포성이 계속되던 일과는 너무나 딴판이어서 소인은 이상하다고 생각했지요. 그래서 호기심을 느낀 소인은 위험을 무릅쓰고 갑판 위로 올라가 보았습니다. 화약 연기는 이미 깨끗이 걷혀 있었고, 병사들은 피와 땀에 잔뜩 젖은 채로 갑판 위에 주저앉거나 아예 누워 있었습니다. 소인은 그들의 모습을 보고 영국군이 이기든 졌든 간에 전투가 끝났다고 결론을 내렸습니다. 만약 전투가 계속되고 있었다면 장교들이 병사들의 저런 자세를 용납할 리가 없었을 테니까요. 소인이 고개를 돌려 바다를 보니, 수십 척에 달했던 불란서와 서반아 군함들은 그 수가 거의 10분의 1 수준으로 줄어들어 있었사옵니다. 그나마 남아 있는 몇 척은 모두 영국 군함들이 밧줄을 걸어 나포한 상태였사옵니다. 그 광경을 보고 소인은 불란서와 서반아 군함이 영국 군함의 공격을 받고 격침당한 상태라고 생각했사옵니다. 하지만 마음속으로 속단만 할 수는 없어서 마침 주위에 있던 장교에게 '전황이 어떻게 되었습니까?'라고 물어보았지요. 그랬더니 그는 흐뭇한 표정을 지으며 '우리가 이겼다. 불란서와 서반아 연합 함대는 거의 전멸했고, 그들의 배 몇 척도 우리가 빼앗았다. 나파륜은 이제 두 번 다시 영국을 침공할 엄두를 내지 못할 것이다. 오늘 전투에서 그의 군대를 수송할 배가 영국 함대의 포탄에 파괴되어 모조리 바닷속으로 가라앉았기 때문이다. 이 전투는 완벽한 승리다'라며 기뻐했습니다."

"결국 영국 해군이 승리했군."

"전하께 소인이 말씀드리지 않았사옵니까? 불란서 해군이 영국 해군을 두려워한다고 말입니다. 실제로 불란서 해군은 영국 해군을 상대로 이겨 본 일이 없었습니다. 영국 해군은 오랜 실전을 치르며 숙련된 병사들을 지녔는 데 반해, 불란서 해군은 경험이 풍부한 병사가 매우 적었기 때문이옵니다. 그러고 나서 장교는 멀리 있는 군함 한 척을 가리켰사옵니다. 그 배는 영국 군함에 밧줄이 걸려 나포당한 상태였는데, 서반아 국기가 달려 있었고 다른 영국 군함들보다 훨씬 컸으며, 그만큼 실은 대포도 많아 보였사옵니다. 영국 장교에 따르면 그 배는 선반아 해군이 가지고 있던 배인데, 대포를 134개나 탑재한 세계에서 가장 크고 강력한 군함이라고 하옵니다. 어찌하였든 그 해전에서 영국 해군은 대승을 거두었고, 본토인 영국으로 돌아갔습니다. 단 영국 장교가 나포했다고 자랑스러워했던 그 서반아 군함은 폭풍에 휘

말려 침몰하고 말았사옵니다. 하지만 그런 일도 승리한 영국 해
군 병사들의 환희를 가리지는 못했사옵니다. 본국으로 돌아온
영국 군인들은 그들을 마중 나온 영국 백성들로부터 열렬한 환
영을 받았고, 영국 전체는 큰 잔칫날을 맞은 듯이 열광의 도가니
에 휩싸였사옵니다. 영국 왕과 수상, 대신들이 해군 병사들을 방
문하여 그들에게 모두 훈장을 수여하고, 이날을 영원히 기념하
라고 지시했사옵니다. 물론 일개 외국인 일꾼에 불과한 소인은
아무런 상도 받지 못했으니, 영국 해군이 이겼다고 해도 전혀 기
쁘지 않았사옵니다. 그나마 위험천만했던 전쟁 중에 크게 다친
곳 없이 무사히 살아남았다는 사실을 다행으로 여겼사옵니다.
나중에 그 해전을 서양 사람들은 '트라팔가르 해전'이라고 부르
더군요. 나파륜의 영국 정복 야심이 완전히 좌절된 사건이며, 그
로 인하여 영국은 무사히 보호를 받을 수 있었다고 하옵니다. 그
리고 해전을 총지휘한 영국 해군 사령관인 넬슨 장군은 불란서
병사의 저격을 받아 전사했으나, 전투를 승리로 이끌었기 때문
에 영국인들로부터 나라를 지킨 영웅으로 추앙받고 있다고 했
습니다. 하지만 그런 일들은 영국인들에게나 중요한 것이지, 소
인에게는 무의미한 일이지요."

"그 넬슨이라는 장군, 우리나라의 충무공 이순신과 같도다.
적을 맞아 싸우고 대승을 거두다 전사했으니 말이다."

왕은 그렇게 영국의 넬슨과 조선의 이순신을 거론하며, 둘을
비교했다.

"넬슨도 뛰어난 명장이긴 하지만, 소신은 충무공이 더 낫다고

봅니다."

좀처럼 대화에 끼어들지 않던 송화가 나서서 말했다.

"어째서 그렇게 생각하는가?"

"그 넬슨이라는 자는 자기 나라로부터 막대한 후원을 받지 않았사옵니까? 한데 충무공은 전쟁 와중에 후원은커녕 오히려 조정에 물자들을 계속 바쳐야 했사옵니다. 그런 상황에서도 스스로의 힘만으로 배와 무기를 늘리기까지 했지요. 게다가 넬슨이 활동하던 시기에 영국은 외국의 침략을 받아 국토가 황폐해지는 일은 없었지만, 우리나라는 국토의 대부분이 왜군에게 유린당해 초토화된 상황이었사옵니다. 따라서 소신은 충무공이 넬슨보다 더 훌륭한 명장이라고 생각하옵니다."

"듣고 보니 그렇기는 하도다. 하지만 그렇다고 넬슨이나 영국 해군을 업신여겨서는 안 될 것이다. 그들 역시 대단한 업적을 세웠으니 말이다. 자, 그럼 상우여, 이야기를 마저 하라."

"트라팔가르 해전으로부터 약 4개월 동안, 소인의 삶은 참으로 지루했습니다. 해전에 참가한 군인들은 영웅 대접을 받고 찬양의 대상이 되었으나, 소인 같은 이방인 일꾼은 누구 하나 거들떠보지도 않았습니다. 물론 나중에 노동자로 참전하여 영국 해군을 도운 공적이 인정되어 영국 정부로부터 약간의 돈을 받기는 했사옵니다만, 술집에 가서 술을 몇 잔 마시면 다 없어질 미미한 액수라서 함부로 쓰지도 못했습니다. 하나 지루한 것이 나쁘지만은 않았습니다. 누가 힘든 일을 시키거나 벌을 주지도 않았고, 조용히 주변 경치를 감상하면서 소인 스스로에 대한 통찰을 할 수 있던 시간이었으니 말이옵니다. 가끔 일이 없는 날에는 숙소 바깥에 나가서 강가를 물들이는 석양을 보고는 기억이 가물가물한 고향 생각을 하며 소인도 모르게 눈물을 흘렸사옵니다. 그나마 소인과 친하게 지내던 영국인들 몇 명만이 소인에게 왜 그렇게 슬퍼하느냐고 위로할 뿐이었습니다. 그러던 어느 날, 함께 일하는 선원과 일꾼들이 소인의 기분을 풀어 주겠다며 숙소 밖으로 데리고 나갔습니다. 거의 해가 지는 황혼 무렵이었는데, 그들은 자신들이 가는 곳이 밤에 더 보기 좋다면서 즐거워했습니다. 그리고 한참을 걸어가자 간판이 달린 술집이 나왔사옵니다. 그 집의 문을 열고 들어가자, 여자들이 탁자 앞에 놓인 의자에 앉아서 손님 맞을 준비를 하고 있었사옵니다. 소인 일행은 저마다 각자 자리에 앉아서 여자들과 짝을 이루었고, 비싼 술과 음식들을 주문하며 그녀들과 즐겁게 먹고 마시며 웃고 떠들었사옵니다. 소인은 이미 먼젓번의 경험을 통해서 영국 여자들이 고약한 추녀라고 여겨서 별로 관심을 갖지 않고, 그저 술과 음식을 시키는 것으로 만족하려 했사옵니다. 그런데 소인의 옆에 앉은 여자는 지난번 여자들과는 달랐사옵니다. 눈처럼 새하야면서도 윤기가 흐르는 피부와 노란 금실을 짜서 만든 것 같은 머리카락과 맑고 푸른 눈에 길고 깨끗한 손가락을 가진 미녀였사옵니다. 영국에 일 년 넘게 체류했으나 영국 여자들에게는 전혀 관심을 갖지 않던 소인도 그녀의 미모를 보고는 순간 마음이 두근거렸을 정도였으니까요."

김상우의 말을 들은 왕은 무척 흥미가 동하는 듯, 눈에 빛을 내었다.

"그대가 말하는 여인의 모습을 상상하기 어렵군. 하얀 피부에 노란 머리카락과 푸른 눈을 가졌다고? 세상에 그런 여자가 있을 수 있나?"

"전하께서는 못 보셔서 그렇게 말씀하시지만, 소인은 분명히 보았사옵니다. 그리고 그녀는 외모뿐 아니라 마음씨도 아름다웠사옵니다."

그렇게 말하면서 김상우는 자신이 만났던 여인의 모습을 머릿속으로 상상하는 듯했다.

"소인은 탁자 위에 놓인 맥주를 마시고는 곧바로 그녀와 대화를 시도했습니다. 술이 들어가자 긴장감이 풀려서 말이 술술 잘 나왔지요. 그녀도 소인이 싫지 않았던지 대화에 응했사옵니다. 소인이 그녀에게 왜 이런 일을 하고 있느냐고 묻자, 그녀는 자신은 어느 귀족의 사생아로 태어났는데 아버지가 그녀를 딸로 인정하지 않아 아무런 유산도 물려주지 않았다고 했습니다. 그래서 가족을 먹여 살리기 위해 술집에 나와 남자들을 상대로 웃음을 팔며 푼돈을 벌고 있다고 했습니다. 그러고는 소인에게 어디서 왔느냐고 묻기에 그동안 겪은 일들을 설명해 주었사옵니다. 그러자 그녀는 조선이 어떤 나라인지 궁금해했습니다. 이에 소인은, 조선은 산과 강과 바다에 둘러싸여 있으며 북쪽은 중국과 맞닿아 있고 나머지 동쪽과 서쪽과 남쪽은 바다가 감싸고 있다고 말해 주었습니다. 또 영국은 매일 같이 사람들이 배를 타고 바다로 나가서 전쟁과 무역을 하고 있는데, 조선에서는 상상도 못 할 광경이며, 조선은 작은 나라지만 기본적으로 먹고사는 데는 큰 지장이 없어서 사람들이 나라 밖으로 거의 나가지 않아, 나라 안은 매우 조용하여 평화가 거의 170년 동안이나 지속되고 있다고 이야기해 주었지요. 소인의 말을 들은 그녀는 부러워하며 조선으로 가는 길을 알 수만 있다면 자신도 언젠가 꼭 가 보고 싶다고 했습니다. 이에 소인은 '만약 당신이 내 나라로 오는 방법을 안다면 한 번 오라. 그러나 당신 나라의 군대와 함께 오지는 마라. 내 나라의 군대는 허약하기 그지없어서, 수백 년 동안 전쟁터에서 단련되어 사자처럼 용맹스러운 당신 나라 군대가 쳐들어온다면, 단 하루도 버티지 못할 것이다'라고 농담을 했사옵니다. 그 말에 그녀도 입을 손으로 가리며 웃더군요."

"그대는 외국 사람 앞에서 우리나라 군대를 너무 헐뜯은 것이 아닌가?"

왕이 자못 불만스러운 목소리로 추궁하자, 김상우는 머리를 조아리며 해명했다.

"전하께서 소인의 이야기를 들으시고 언짢아하시는 것은 당연하옵니다. 그러나 한번 생각해 보시옵소서. 영국의 전함과 군대는 본국에서 멀리 떨어진 세계 여러 나라에 널리 주둔하고 있으며, 싸우면 대부분 이기고 땅을 차지하여 점점 세력을 넓히고 있사옵니다. 반면 우리나라 군대는 백 년 동안 전쟁을 해 보지 않았고, 매일 같이 대양을 건너는 일이 일상화된 영국 해군과는 달리 연안을 떠나는 것을 엄두도 못 내는 형편이옵니다. 우리 사정이 이러한데 영국 군대가 우리나라에 쳐들어온다면 어느 쪽이 이기겠사옵니까?"

김상우의 말을 듣던 왕은 이마를 찡그리면서도 그 내용을 부정하지 못했다.

"불쾌하기는 하지만, 그대의 말이 옳다. 그럼 이야기를 계속해 보거라."

"알겠사옵니다, 전하. 소인은 그녀와 한참을 즐겁게 담소를 나누었습니다. 그러다 문득 고향에 대한 이야기를 하게 되었습니다. 그녀는 소인에게 고향을 떠나온 지 꽤 오래되었는데, 아직도 돌아가고 싶으냐고 물었습니다. 이에 소인은 깊게 한숨을 쉬며 '갈 수만 있다면 지금이라도 당장 가고 싶다. 다만 돌아가는 길을 몰라서 못 가고 있을 뿐이다. 이제는 고향에 두고 온 가족들의 얼굴도 잘 기억이 나지 않지만, 꼭 살아서 그들을 보고 싶다. 만약 살아서 돌아가지 못한다면, 내가 죽어서라도 그 영혼이 고향의 하늘로 날아갈 것이다'라고 대답했사옵니다. 그 말을 들은 그녀는 소인의 손을 잡으며 '당신이 고향으로 돌아가고 싶다면, 절대로 그 염원을 포기하지 마라. 마음속으로 간절히 원하는 것은 언젠가 반드시 이루어지기 마련이다. 기회가 왔을 때는 준비된 사람만이 그 기회를 잡을 수 있다. 그러니 항상 마음속으로 고향에 돌아갈 준비와 다짐을 하고 있어라. 그러면 꼭 고향으로 돌아가서 가족들을 만날 수 있다'고 말해 주었습니다. 그 말은 영국에 와서 여태까지 들은 말 중에서 가장 따뜻하고 부드러운 위로였사옵니다. 소인은 눈이 촉촉해진 것을 느꼈지만, 그녀가 놀랄까 봐 애써 울음을 참으며 고개를 끄덕이고 그녀의 말에 동감을 드러냈지요. 그리고 나서도 소인은 그녀와 오랫동안 여러 가지 이야기를 나누었사옵니다. 세상이 돌아가는 이야기, 술집에 들르는 손님들, 맛있는 요리나 술, 아니면 옛날 할머니가 들려주었던 동화나 전설 등 신이 나서 이야기를 하다 보니 탁자 위에 놓인 술과 음식은 차갑게 식어 버렸고, 어느덧 밤이 훌쩍 지나 새벽이 되었사옵니다. 소인과 같이 온 일행들이 이제 그만 돌아갈 시간이라고 했습니다. 그 말을 듣고 소인은 술과 음식 값을 치른 나머지 돈을 몽땅 그녀에게 주었사옵니다. 하룻밤 동안, 소인과 마음이 통했던 사람에게 약소하나마 주는 상이었사옵니다. 얼마 안 되는 돈이었지만 그녀는 연신 감사하다는 말을 아끼지 않았고, 소인은 그녀에게 '나야말로 당신한테 감사하다'라고 인사하면서 일행과 함께 술집을 나왔습니다. 영국에 와서 처음으로 소인을 이해해 주고 공감해 준 사람을 만났으니, 새벽의 거리를 걸으며 소인의 마음은 뿌듯하고 행복했사옵니다."

"그게 전부인가?"

"그렇사옵니다, 전하. 술집 여인에게 준 돈은 소인이 영국 정부로부터 받은 상금 전부였사옵니다. 소인은 이를 잘한 일이라고 생각하옵니다. 돈이 없으니 독한 술을 사서 마실 일도 없고, 그러면 정신이 맑아지니 좋은 일이지요. 물론 그녀를 다시 볼 수 없다는 아쉬움이 있지만, 그래도 돈을 주었으니 그녀에게 도움이 되었으리라 생각하옵니다. 어쨌든 돈이 없으니 밖에 나갈 엄두를 못 내고, 그저 숙소에서만 지냈사옵니다. 끼니를 매일 식당에서 해결하다 보니, 처음에는 거부감이 심해서 도저히 못 먹겠던 영국 음식들도 어느덧 입에 맞았사옵니다. 사람은 환경에 적응하는 동물이라고 누가 말한 것처럼, 소인도 음식을 통해서 영국 사회에 그렇게 서서히 익숙해지고 있었던 것이지요. 그로부터 며칠 후, 다른 선원과 일꾼들처럼 소인도 숙소에 누워서 쉬고 있었는데, 갑자기 숙소의 문이 열리면서 해군 장교가 헐레벌떡 들어왔사옵니다. 그러고는, 두 달 후에 출정을 나가야 하니 당장 부두로 나와서 군함들을 정비하고 물자를 실어 나르라고 외쳤사옵니다. 전쟁이 다시 시작된다는 말에 선원과 일꾼들은 놀라면서도 한편으로는 지루한 일상이 끝난다는 사실에 기뻐하기도 했사옵니다. 그 심정은 소인도 마찬가지였사옵니다. 아무런 의미도 없이 시간만 보내며 숙소에 틀어박혀 인생을 낭비하느니, 차라리 밖으로 나가 모험을 하는 편이 더 낫다고 여겼던 것이지요. 그날부터 일꾼들은 트라팔가르 해전을 앞두고 한 것과 같은 정비 작업에 매달렸사옵니다. 그리고 두 달 동안의 작업이 모두 끝나자, 소인은 수백 명의 영국군 병사와 선원 그리고 일꾼들과 함께 군함에 탑승하여 영국을 떠나 바다로 가게 되었사옵니다. 트라팔가르 해전이 벌어진 지 6개월 후의 일이었지요. 그런데 두 달 동안이나 항해해도 도무지 육지가 나오지 않아서, 소인은 짐짓 불안해졌사옵니다. 도대체 이 배가 어디를 향해 가고 있는 것일까 하는 의구심이 머릿속을 떠나지 않았던 것이지요. 그래서 어느 날, 큰 용기를 내어 소인의 곁에 있던 영국 해군 장교에게 '이 배의 목적지는 어디입니까?'라고 물어보았습니다. 마침 무슨 좋은 일이 있었던지 그 장교는 싱글벙글 웃으면서 부에노스아이레스로 간다고 말해 주었습니다. 난생처음 듣는 이름이라서 '부에노스아이레스가 어디입니까?'라고 묻자, 남미 대륙의 서반아 영토라고 가르쳐 주더군요."

"남미 대륙이라니, 그건 또 어디에 있는 땅인가?"

처음 나오는 지명에 왕이 호기심을 드러냈다.

"유럽과 아불리가의 서쪽 바다를 건너면 미주 대륙이라는 큰 땅이 나옵니다. 그 땅의 북쪽을 북미 대륙이라고 하고, 남쪽을 남미 대륙이라고 하옵니다. 소인이 영국인들에게 듣기로 두 남북 미주 대륙의 넓이는 각각 중국과 비슷하다고 하였사옵니다."

"신기하도다. 과인은 중국이 세상에서 가장 큰 땅이라고 생각했는데, 세상은 참으로 넓도다."

"서반아란 나라에 대해서는 익히 알고 있었으나, 남미 대륙에 그 영토가 있다는 사실은 잘 몰랐기에 소인은 대체 어느 곳을 말하는 것인지 알 수가 없어 가만히 있었사옵니다. 그러자 해군 장교가 자세히 설명해 주었지요. 300년 전, 서반아와 포도아는 남미 대륙에 군대를 보내 정복하고 자국의 영토로 편입시켰는데, 그중에서 브라질을 제외한 거의 대부분의 남미 대륙이 서반아의 영토라고 했습니다. 부에노스아이레스도 서반아가 다스리고 있는 곳이었고요. 그런데 얼마 전부터 두 나라가 쇠약해지면서 영국이 남미 대륙의 지배권을 빼앗아 오려고 한다고 했습니다. 포도아는 영국과 동맹을 맺었기 때문에 포도아 영토인 브라질은 공격을 할 수가 없다고 했습니다. 대신 서반아의 영토인 부에노스아이레스를 공격하여 그곳을 점령하고, 더 나아가 남미 대륙으로부터 서반아를 몰아낼 계획이라고 했지요. 이미 이전의 트라팔가르 해전에서 서반아인들과 싸워 크게 이긴 적이 있기 때문에 영국 장교는 자신감에 차 있었습니다. 당연히 이번 전쟁에서도 영국이 승리할 것이라고 장담했습니다. 그러고는 남미의 풍부한 자원과 서반아의 아름다운 미녀들을 차지할 수 있다는 기대에 한껏 부풀었습니다."

"그 장교의 말처럼 서반아 여인들은 아름답던가?"

"결코 거짓은 아니었사옵니다, 전하. 확실히 아름답기는 하더군요. 영국 여자들 중에서 미녀는 소인이 두 번째 간 술집에서 만난 그 여인이 유일했는데, 서반아의 부에노스아이레스에 가 보니 그런 미인들이 길거리에 수두룩했사옵니다."

왕은 군침을 흘리며 물었다.

"그렇게 아름다운 여인들이 많았다면, 혹시 친해지거나 사귄 사람은 없었던가?"

다소 짓궂은 말에 송화는 짧게 웃었다.

"유감스럽게도 없사옵니다. 그때 소인은 살아남는 것이 우선이었던 데다가 하루하루 일을 하느라 바빠서 여자에 눈을 돌릴 여유가 나지 않았습지요. 영국 해군 장교는 무척이나 자신만만해 보였사옵니다. 하지만 저는 그의 얼굴에서 왠지 모를 불안한 예감을 느꼈사옵니다. 우리 속담에도 믿는 도끼에 발등이 찍히고, 지나치게 강하면 부러진다는 말이 있지 않사옵니까? 소인이 탑승한 영국 함대는 약 60일에서 70일 정도를 항해한 끝에 마침내 목적지인 부에노스아이레스에 도착했사옵니다. 처음에 영국군은 운이 좋았는데, 마침 부에노스아이레스를 다스리던 서반아 총독이 서쪽에서 일어난 반란을 진압하기 위해 대부분의 군대를 보낸 터라, 부에노스아이레스는 거의 무방비 상태였습니다. 그래서 영국군은 무사히 상륙했고, 곧장 도시로 진격하여 6월 27일에 부에노스아이레스를 점령했습니다. 그전에 총독은 도망쳤고, 그가 도시에 저장해 둔 모든 재산은 고스란히 영국군의 차지가 되었사옵니다. 예상보다 손쉽게 얻은 서전의 승리에 영국군 장병들은 트라팔가르 해전에서 승리한 것만큼이나 환호성을 질렀고, 작전을 지휘한 영국군 수뇌부들도 이제 광대하고 풍요로운 서반아령 남미 대륙이 모두 영국의 영토가 되었다며 기뻐했사옵니다."

"정말로 그리 되었던가?"

"결론부터 말씀드리면, 그런 일은 없었사옵니다, 전하. 영국인들의 미소는 오래가지 못했사옵니다. 곧바로 남미 내륙에서 수만 명에 달하는 현지 주민들로 구성된 민병대가 부에노스아이레스로 몰려와서 도시를 에워싸고, 영국군과 치열한 교전을 벌였던 것이옵니다. 그들의 수가 얼마나 되는지는 정확히 알 수 없었지만, 대략 4만 5,000명쯤이라고 알려졌사옵니다. 거기에 1만 명 내외로 추정되는 서반아 정규군까지 5만 5,000명이니, 당시 부에노스아이레스를 점령한 영국군이 약 8,000명 내외라는 점을 감안한다면, 서반아 쪽은 영국보다 수적으로 거의 일곱 배나 유리했던 셈이지요. 애당초 영국군 장교들은 서반아인들을 나약한 겁쟁이라고 깔보았습니다. 이는 트라팔가르 해전에서 빈약한 서반아 해군을 쉽게 꺾고 나서 생긴 편견이었지요. 그러나 부에노스아이레스 공방전에서는 그렇지 않았사옵니다. 서반아인들은 결코 나약하지 않았지요. 그들은 모두 사자처럼 용감하고 자라처럼 끈질기게 영국인들을 상대로 싸웠사옵니다. 심지어 가정에 머물러 있던 부녀자들도 거리로 뛰쳐나와서 음식을 만들던 냄비에 뜨거운 기름을 잔뜩 채우고는 영국군을 향해 던져 화상을 입히는 식으로 격렬하게 저항했사옵니다. 처음부터 작전을 짠 영국군 수뇌부가 잘못 생각한 것이었사옵니다. 한정된 인원들을 가지고 싸우는 해전과는 달리, 육전은 전장에 투입할 수 있는 수에 제한이 없으며, 숙련된 소수의 정예병들 못지않게 다수의 평범한 사람들도 얼마든지 용감한 투사가 될 수 있다는 사실을 망각했던 것이지요. 나중에 소인이 들으니, 영국군이 부에노스아이레스에서 물러나던 바로 그 해에 나파륜이 불란서 군대를 보내 서반아 본국을 점령했을 때에도 서반아 주민들이 들고일어나서 민병대를 조직해 불란서 군대와 맞서 싸워끝내 그들을 몰아냈다고 하옵니다. 그만큼 서반아 주민들은 열정적인 투혼을 가진 사람들이었사옵니다.”

“우리나라도 임진왜란 시절, 나라에서 운영하던 정규군보다 무기를 들고 일어난 백성들이 왜군을 상대로 더 용감하게 싸웠었지. 세상에서 가장 강한 군대는 스스로를 지키려는 의지와 용기를 가진 백성들이로다.”

“전하의 말씀이 옳사옵니다.”

김상우는 왕의 말에 동의한 다음, 계속 이야기를 이어 나갔다.

"제아무리 용감한 영국군이라도 이렇게 수적으로 불리한 상황에서는 힘을 쓸 수가 없었사옵니다. 그런 와중에서도 2년 동안 영국군은 부에노스아이레스에서 서반아인들을 상대로 치열한 격전을 벌였으나, 결국은 수의 열세를 극복하지 못하고 마침내 영국 본토로 철수하였사옵니다. 서반아인들을 깔보고 무모하게 전쟁을 벌였다가 참패한 영국군은 많은 사상자를 내면서 나라의 위신을 크게 손상시켰지요. 그런데 그때, 소인은 영국군을 따라가지 못했사옵니다. 부에노스아이레스에서 한참 공방전이 벌어졌을 때, 소인이 있던 영국군 부대가 서반아인 민병대에게 습격당해 큰 피해를 입었고 소인도 서반아인들에게 포로로 잡혀 끌려갔기에, 영국군이 철수하는 동안 소인은 서반아 감옥에 갇혀 있었기 때문입니다. 전쟁이 끝나고 서반아인들은 피해 복구에 나섰사옵니다. 그때 소인은 서반아어를 유창하게 했기에 그들과 의사소통을 할 수 있었고, 소인이 병사가 아닌 일꾼으로 왔다는 사실을 알고는 소인을 감옥에서 풀어 주며 부서진 도시를 재건하는 데 일꾼으로 일하라고 지시했지요. 그렇게 소인은 한동안 도시 노동자로 지냈사옵니다. 나무와 돌과 흙을 등에 지고 실어 나르면서, 집과 거리를 고치는 데 땀을 흘렸지요. 그러던 어느 날, 내륙에 사는 서반아인들이 부에노스아이레스를 방문했사옵니다. 그들은 서쪽의 넓은 초원에 소와 말들을 풀어놓고 기르는 목축업을 하는 사람들이었는데, 가축을 돌보고 막사를 수리할 일꾼이 필요하다고 찾아온 것이었습니다. 마침 그때는 도시의 재건이 거의 끝난 상황이어서, 도시를 관리하는 자들이 더 이상 소인을 필요로 하지 않았사옵니다. 그래서 그들은 다른 일꾼들과 함께 소인을 서쪽 초원으로 보냈지요. 서반아인들은 초원을 '팜파스'라고 불렀는데, 눈으로 볼 수 있는 곳은 온통 풀밭으로 가득한 땅이었사옵니다. 우리나라처럼 곳곳에 산이 있어서 초원이 보이지 않는 것과는 전혀 달랐사옵니다. 정말이지 사방이 끝없이 넓은 목초지라서, 마치 풀로 가득 찬 바다와 같았지요. 그 광활한 초원에다 서반아인들은 수십만 마리의 소들을 풀어 놓고 키웠사옵니다. 그러자니 자연히 말을 타고 가축들을 관리할 사람들이 필요해서 소인을 부른 것이지요."

"과인이 듣기로 저 중국 북쪽의 몽고 초원에서도 가축들을 목초지에 풀어 놓고 키운다고 하더군. 그 팜파스라는 곳도 초원이니 몽고와 비슷한 듯하다."

"하오나 전하, 소인이 알기로 몽고는 겨울이 길고 매우 혹독하다고 했는데, 팜파스는 항상 따뜻하여 그다지 춥지 않았사옵니다."

"그럼 팜파스가 몽고 초원보다 더 살기 좋은 땅이었겠군."

"그럴지도 모르지요. 그때까지 소인은 말이라고는 타 본 일이 없었사옵니다. 대부분은 서양 나라들의 배에 타서 바다를 누볐고, 육지로도 걸어서 다녔으니까요. 그래서 처음에는 말을 탈 줄 모른다고 사양했지만, 서반아인들은 자신들도 어머니 배 속에서 나올 때부터 말을 타고 다닌 건 아니며, 누구나 노력하면 말을 잘 탈 수 있다고 하며 소인에게 말을 타는 법을 가르쳐 주었지요. 그러다 문득 한 가지 의문점이 생겼사옵니다. 이 사람들은 나보다 훨씬 말을 잘 탈 텐데, 왜 굳이 나 같이 말을 탈 줄 모르는 사람들까지 일꾼으로 쓰겠다고 데려왔을까 하는 것이었지요. 궁금해서 서반아인들에게 그 이유를 물으니, 부에노스아이레스에서 2년 동안 영국군과의 치열한 전투를 치르던 때, 많은 목동들이 민병대에 자원하여 영국군과 싸우러 갔다가 대부분 전사하였고, 그래서 말을 타고 일할 목동들이 부족하여 부득이 저 같은 사람들도 데려와서 말을 타는 법을 가르쳤던 것이지요. 처음에는 말을 타기가 무척 어려웠사옵니다. 하지만 매일 같이 말타기를 연습하다 보니, 결국은 익숙해졌사옵니다. 그렇게 해서 소인은 서반아 말로 '가우초'라 불리는 목동이 되었고, 말을 타고 소 떼를 몰며 방목지를 지키는 일을 하게 되었습니다. 가우초 생활을 하면서 가장 좋았던 점은 쇠고기를 매일 끼니로 먹는다는 사실이었사옵니다. 원래 가우초들은 초원에서 소 떼를 방목하면서, 먹을 것이라고는 쇠고기 밖에 없어서 그랬던 것이지만, 소인은 그저 좋았습니다. 소인은 그때처럼 태어나서 쇠고기를 많이 먹어 본 적이 없었사옵니다. 물론 미군의 배를 타고 갈 때나 영국에 거주하면서 쇠고기를 자주 먹기는 했지만, 가우초 생활을 하면서 먹어 본 쇠고기의 양과 맛에는 도저히 비길 바가 못되었사옵니다. 가우초로 지낼 때는 하루 온종일을 쇠고기 요리로 식사를 해결했으니 말이지요. 서반아 사람들은 그것을 '아사도'라고 불렀는데, 우리나라의 숯불갈비와 그 맛이 비슷했사옵니다. 지금도 가끔씩 거기서 먹었던 기막히게 좋았던 아사도 맛이 떠오르고는 하지요."

"어떻게 하루 종일 쇠고기만 먹을 수 있단 말인가? 우리나라에서 소를 그렇게 많이 먹어 댔다가는 농사지을 소가 없어서 사람들이 모두 굶어 죽을 텐데?"

왕이 믿을 수 없다는 표정을 짓자, 김상우가 대답했다.

"그곳 사람들은 목초지에 수십만 마리나 되는 소 떼를 방목해서 키웠기에 소를 매일 같이 먹는다고 해서 소들이 줄어들지는 않았사옵니다. 또 농사를 짓지도 않았기 때문에 농사일을 걱정할 필요도 없었지요."

김상우의 말에 왕은 감탄했다.

"이 나라의 왕인 과인도 매일 쇠고기를 먹지는 못하는데, 그곳 사람들은 과인보다 더 나은 삶을 살고 있군."

"하지만 그곳이라고 해서 결코 천국은 아니었사옵니다, 전하. 지금부터 소인이 그 내막을 들려드리겠사옵니다. 그렇게 팜파스에서 가우초로 살기를 4년 정도 했을 때, 목장주들이 소인과 다른 목동들을 불러서 이런 말을 했사옵니다. '여기 남쪽으로 가서 바다를 건너면 큰 섬 하나가 나온다. 그 섬에는 오나족이라는 원주민 부족들이 살고 있는데, 그들은 무기가 없어서 쉽게 해치울 수 있다. 그 섬은 여러모로 좋은 땅인데, 금이 나온다는 소문도 있고 풀밭이 많아 가축들을 풀어 놓을 방목지로도 알맞다. 그러니 우리는 반드시 그곳에 가야 한다. 우리는 오나족을 없애거나 몰아내고 섬을 차지할 것이다.' 말을 마친 목장주들은 소인과 다른 목동들에게 총과 칼을 나눠 주면서 자신들을 따라오라고 지시했사옵니다. 하면 소인이 전쟁에 투입된다는 말인데, 아무래도 불안하여 목장주 한 명에게 조심스레 총을 쏠 줄 모른다고 말했습니다. 그러자 그는, 총을 방망이처럼 휘둘러서라도 싸우라며 소인의 등을 떠밀었사옵니다. 하는 수 없이 소인과 다른 목동들은 각자 말을 달려 항구로 향했사옵니다. 항구에 도착하자 말에서 내리고 작은 보트 여러 척에 나눠서 탄 다음, 남쪽으로 배를 몰아 대략 닷새 만에 섬에 도착했사옵니다. 목장주들은 소인과 다른 가우초들을 향해 '이 섬의 오나족들은 전쟁도 할 줄 모르고 무기도 없는 나약한 자들이다. 그러니 우리는 그들을 쉽게 이길 수 있다. 남자들은 죽이고, 여자나 아이들은 잡아다 본국으로 끌고 가서 노예로 판 다음, 섬을 차지하면 된다'고 말했사옵니다. 그리고 소인 일행에게 원주민들이 사는 마을을 찾아 습격하라고 지시를 내렸습니다. 소인도 목장주 한 명을 따라 다른 가우초들과 함께 걷다가 숲이 있는 곳으로 갔습니다. 그러자 목장주는 소인 일행에게 숲에 숨어 있다가 오나족이 지나가는 것이 보이면 죽이라고 말했사옵니다. 하지만 어찌 된 일인지 한참을 기다려도 오나족은 통 보이지가 않았사옵니다. 그러자 짜증이 났는지 목장주가 일어나서 투덜거렸는데, 그때 갑자기 어디선가 날아든 화살이 목장주의 목을 꿰뚫었사옵니다. 화살에 맞은 목장주는 비명도 제대로 지르지 못하고 피를 흘리더니 이윽고 땅바닥에 부러진 기둥처럼 쓰러졌지요. 놀란 가우초들이 당황하여 자리에서 일어나 난리 법석을 떨었는데, 그들에게도 연달아 화살이 날아들었사옵니다. 화살에 맞은 가우초들은 쓰러지고 살아남은 자들은 겁에 질려 달아났는데, 그러자 숨어 있던 오나족들이 요란한 괴성을 지르며 그들의 뒤를 쫓아가서 몽둥이로 때리거나 날카로운 꼬챙이로 찔러 모두 죽였사옵니다. 소인은 잔뜩 겁을 먹고는 숲 언저리에 그대로 주저앉아 덜덜 떨고 있었는데, 잠시 후에 누군가 소인의 어깨를 툭툭 건드리기에 고개를 들어 보니, 몸에 온통 검거나 하얀 칠을 한 사람들이 서서 소인을 내려다보는 게 아니겠습니까? 소인은 그들이 말로만 들었던 이 섬의 원주민 부족인 오나족이라고 생각했사옵니다. 그런데 이게 어찌 된 일인지, 소인은 그들의 외모를 본 순간 깜짝 놀랐사옵니다. 분명히 조선으로부터 아주 멀리 떨어진 이곳에 어찌하여 조선 사람과 그리도 얼굴과 체격이 똑같은 사람들이 살고 있단 말인가 하고 말이지요. 정말이지 그들의 모습은 조선 사람과 구분하기가 거의 불가능할 정도로 꼭 닮아 있었사옵니다."

그 말을 들은 왕과 송화는 모두 놀라서 두 눈을 크게 떴다.

"희한한 일이로다. 지금까지 그대와 함께 다녔던 서양인들은 모두 외모나 체격이 조선 사람과는 완전히 판판이라고 했는데, 어찌된 영문으로 그런 일이 있단 말인가?"

왕에게 김상우가 대답했다.

"소인도 그 까닭을 몰라 한참 동안 궁금했는데, 나중에 그 이유가 밝혀졌사옵니다."

"그런 생각은 오나족도 마찬가지였는지, 소인의 얼굴을 보고는 놀라서 어리둥절한 표정을 지었습니다. 그리고 자기네 말로 뭐라고 했는데, 아마도 소인의 외모가 오나족과 닮아 있기에 혹시 자기네 동족이 아닌가 하고 말을 거는 듯했사옵니다. 그러나 아무리 말을 해도 소인이 오나족 언어를 모르기에, 그들은 고개를 갸우뚱거리며 소인을 일으켜 세우더니 어디론가 데려갔사옵니다. 소인이 끌려간 곳은 오나족들이 사는 마을이었는데, 그들은 나무 기둥에 벗긴 바다표범의 가죽을 입힌 천막집에 살고 있었사옵니다. 오나족들은 소인을 보더니 자신들과 얼굴이 닮은 점을 신기해하면서 소인을 에워싸고 잇달아 말을 걸었지만, 소인은 도무지 그들의 말을 알아들을 수 없었사옵니다. 그래서 이번에는 소인이 용기를 내어서 서반아어로 '나는 당신들에게 아무런 잘못도 안 했으니, 제발 살려 주십시오'라고 말했지만, 그들 중 아무도 소인의 말을 알아듣지 못했사옵니다. 서로가 말이 안 통하니, 더 이상 할 일이 없었지요. 오나족 사람들은 자기들끼리 뭐라고 갑론을박을 벌이다가, 소인을 어느 텅 빈 천막집으로 데려가서 집어넣고는 문을 닫았사옵니다. 소인은 혹시 내가 감옥에 갇혀 있다가 저들에게 죽는 것은 아닌가 하고 두려움에 떨었사옵니다. 도망칠까 하는 생각도 했지만 사방이 온통 오나족으로 둘러싸인 마을 한가운데이고, 여기서 달아난다고 해도 섬이라서 배가 없으면 바다를 건널 방법이 없었습니다. 배를 가져온 목장주와 그 일행들이 무사한지도 알 수 없어 일단은 그곳에 얌전히 있기로 했사옵니다. 천막집에 틀어박힌 채로 하루를 보내자 배가 고팠는데, 문이 열리더니 오나족 여자 한 명이 말린 생선과 나무 열매 한 움큼이 담긴 바구니를 건네주더군요. 소인은 그것을 조심스럽게 받아서는 천천히 다 먹었사옵니다. 그리고 한참이 지나자 갑자기 배변이 급해서 문을 열고 밖으로 나갔는데, 오나족 사람들이 소인을 보고 너 어디로 가느냐 하는 표정으로 쳐다보고 있었사옵니다. 소인은 말이 통하지 않아서 손짓과 발짓으로 내가 지금 배가 아프다 하고서는 재빨리 인적이 드문 곳으로 달려가서는 손으로 흙을 파고는 그 안에다가 볼일을 본 다음, 흙으로 덮어 버리고 풀을 뜯어 여러 번 비비면서 뒤를 닦았사옵니다. 그렇게 일을 다 마치고 나서 뒤를 돌아보니, 오나족 아이들 여러 명이 소인을 보고는 킥킥거리며 웃더군요."

"도깨비인 줄 알고 낯설어하는 사람들에게 자신도 보통의 사람임을 그런 식으로 보여 준 셈이군."

왕이 웃으며 말하자 김상우도 웃으며 고개를 끄덕였다.

"아마 그랬나 보옵니다. 그 일이 있고 나서 오나족들은 소인을 친절하게 대했사옵니다. 아마도 소인이 그들을 해치러 온 사람이 아니라고 판단한 듯하옵니다. 오나족과 친하게 지내려면 아무래도 그들의 말을 할 줄 알아야 한다고 생각했는데, 오나족의 말은 배우기가 매우 어려웠사옵니다. 소인은 영어와 불어, 서반아어는 물론이고 서양 여러 나라들의 말 중에서 가장 배우기 어렵다는 아라사어도 익혔는데, 오나족의 말은 그보다도 더 배우기가 까다로웠사옵니다. 그래도 그들과 함께 지내다 보니 어느새 소인도 모르게 입에 달라붙기는 하더군요. 앞서 말씀드린 것처럼, 오나족은 조선 사람과 그 외모가 무척 흡사했습니다. 참으로 신기한 일이었지요. 그래서 오나족 노인 한 명에게 '당신들은 대체 어디서 온 사람들입니까? 언제부터 이 섬에 살았습니까?'라고 묻자, 그는 아득히 먼 옛날, 오나족의 조상들은 본래 저 서쪽의 큰 땅에서 살았다고 했습니다. 그러다가 하늘의 계시를 받고, 지금으로부터 대략 1만 년 전에 서서히 동쪽으로 이동하여 이곳까지 오게 되었다는 것이었습니다. 나중에 아라사 선원들로부터 세계지도를 받고 알게 된 사실인데, 그들이 말한 서쪽의 큰 땅이란 바로 중국과 조선이 있는 동양이었사옵니다. 그렇다면 그들의 조상은 1만 년 전에 동양에서 살다가 남미 대륙으로 건너갔으니, 우리와 같은 조상을 가졌다고 보아도 무방했지요. 즉 그들이 우리의 외모와 놀랍도록 닮은 것은 그들의 뿌리가 우리와 같았기 때문이었습니다. 매우 기이한 인연이지요. 오나족에 대해 더 궁금했던 소인은 노인에게 이 섬의 위치에 대해서도 물었습니다. 그러자 노인은, 이 섬은 세상의 남쪽 끝에 있다고 했습니다. 섬의 남쪽에는 도저히 사람이 살 수 없는 죽음의 땅이 있는데, 그곳은 온통 눈과 얼음으로 뒤덮여 있고 날씨가 지독하게 추워서 누구도 살 수가 없다고 했습니다. 사람이 살 수 없는 땅이라는 게 정확히 무엇을 말하는 건지 소인은 알 수 없었사옵니다. 그들이 그 사실을 어떻게 알고 있는지도 몰랐지요. 그러나 그 이상은 소인이 아무리 물어도 노인이 '그것까지는 나도, 이 부족의 어느 누구도 모른다. 다만 우리 부족에 옛날부터 전해 내려오는 전설일 뿐이다'라면서 더는 대답해 주지 않았사옵니다."

"이상한 일이로군. 남쪽으로 내려갈수록 따뜻해지는 법인데,

어째서 남쪽에 그리 추운 땅이 있다는 걸까?"

김상우의 말을 듣고 의아해하는 왕에게 송화가 나서서 말했다.

"전하, 하늘에서 불타는 돌이 땅으로 떨어지듯이 자연의 법칙도 그처럼 매우 오묘하옵니다. 무릇 세상에는 아직 사람의 지혜로 알 수 없는 일들도 많으니, 너무 마음 쓰실 일은 아닌 듯하옵니다."

"그런가? 알겠다. 상우, 그대는 이야기를 계속하라."

"예, 전하. 오나족과 함께하는 생활에 익숙해지다 보니, 그들의 문화가 점점 눈에 들어왔사옵니다. 오나족들은 바다표범이나 그 밖의 다른 동물들 가죽을 벗겨 만든 모피 외투 한 벌이 아니면, 대부분 옷을 입지 않은 알몸으로 다녔사옵니다. 그리고 사냥이나 혹은 소인 일행이 했던 것처럼 외부 집단과의 전쟁에 노출될 때는 몸에다 검고 하얀 물감을 들여 적을 위협하는 용도로 사용했습니다. 날씨가 항상 서늘한 섬에 반벌거숭이로 사는 모습은 정말 놀라웠지요. 오나족 사회에는 왕이 없었사옵니다. 심지어 청나라 서쪽의 부족들처럼 한 명의 족장이나 추장이 사회를 지배하지도 않았사옵니다. 그들은 모든 부족 구성원들이 모여서 회의를 하고, 거기서 나온 합의된 의견으로 부족을 이끌어 나갔사옵니다. 소인이 알기로 서양 나라들에서 그들과 가장 닮은 곳은 미국인데, 일설에 의하면 미국을 세운 사람들이 원주민 부족들의 제도를 모방하여 나라를 만들었다고 하옵니다."

"세상에 왕이 없는 나라도 있단 말인가?"

왕이 입을 크게 벌리며 경악하자, 김상우가 설명했다.

"서양 나라들 중에서 미국은 그렇게 하고 있사옵니다, 전하. 4년마다 온 나라의 백성들이 모여 자신들이 좋아하는 사람들 중 한 명을 골라서 나라의 최고 지도자로 선출하옵니다. 그 직책을 대통령이라고 하는데, 정치를 잘하면 한 번 더 할 수도 있사옵니다. 그러나 그 자리는 결코 자녀들에게 물려주지 못하옵니다. 대통령을 하고 싶으면 어디까지나 백성들에게 선출이 되어야 하지요."

"하지만 무지하고 천한 백성들이 어찌 자기들 마음대로 나라를 이끌 지도자를 뽑는단 말인가? 다소 위험한 제도로다."

미국의 정치제도가 마음에 들지 않은 듯, 왕이 불만을 토로했다.

"전하께서는 그렇게 보실지 몰라도, 지금까지 그 대통령 제도가 미국에 큰 문제를 일으킨 적은 없었다고 하옵니다. 사실, 백성들을 위한 정치는 그들 스스로의 손으로 해야 하는 것이 마땅하지 않겠사옵니까? 오나족들의 삶은 평화 그 자체였사옵니다. 섬에는 그들과 경쟁하는 다른 부족도 없었고, 어쩌다 한 번 소인 일행처럼 배를 타고 바다를 건너와 그들을 위협하는 서양 사람들을 제외하면 전쟁의 위협도 없었사옵니다. 더구나 그들은 농사도 짓지 않았고, 들판과 숲과 바다에서 나는 먹을거리들을 채집하고 천막집을 짓는 일 등을 제외하면 힘든 노동을 할 필요가 없었사옵니다. 소인이 여태까지 살았던 서양 나라들에서는 일을 너무 많이 하다가 지쳐서 죽는 사람들도 있었는데, 오나족 사회에서는 그런 경우가 있을 수 없었지요. 소인도 오나족과 함께 살면서 그런 평화를 맛보았사옵니다. 매일 하루를 자신이 원하는 때에 일어나 시작할 수 있었고, 누구의 감시나 통제를 받지 않으면서 자유롭게 사는 삶을 누렸던 것이지요. 또 누가 소인의 재산을 훔치거나 빼앗을 걱정도 전혀 하지 않았사옵니다. 소인은 약 4년 동안 오나족과 함께 살았지만, 그런 경우는 전혀 없었으니까요. 소인은 오나족과 함께 살 때가 인생에서 가장 평화롭고 행복했사옵니다. 오나족들은 누군가 사냥을 하거나 바다에서 고기를 많이 잡아서 수확물을 얻으면, 다른 사람들을 불러서 모든 음식을 똑같이 나눠 주었사옵니다. 그러니 사회 구성원들끼리의 빈부 격차가 있을 수 없었사옵니다. 그래서 오나족 사회에서는 남을 질투하거나 소유물을 빼앗는 일이 일어나지 않았지요."

"공자가 말했던 대동 사회가 바로 그것이로다. 부족함도 모자람도 없이 모두가 공평하게 누리며 사는 행복한 세상……. 오나족은 결코 야만인이 아니라, 지혜롭고 행복하게 사는 사람들이었군."

김상우가 들려주는 오나족 사회에 대한 이야기를 듣고 왕이 감탄했다.

"가끔 지루할 때는 바다로 나가서 오나족 여인들과 함께 조개를 줍거나 고기 잡는 일을 거들었사옵니다. 그리고 그녀들과 함께 바구니에 해산물을 잔뜩 싣고 마을로 돌아가서 사람들을 불러 음식을 나눠 주고 잔치를 벌였지요. 음식을 실컷 먹고 배가 부르면 천막집으로 들어가서 지칠 때까지 달콤한 잠에 빠져

들었사옵니다. 무거운 세금을 걷으러 오는 관리도 없었고, 소인을 끌고 가는 군인도 없었기에 누릴 수 있는 행복이었지요. 하지만 그런 와중에도 소인의 마음속에서는 고향에 돌아가고 싶다는 욕망이 꿈틀거렸사옵니다. 아무리 오나족 사람들이 소인에게 잘해 줘도 소인은 결국 이방인일 뿐이었습니다. 이대로 타지에서 살다 객사를 하느니, 차라리 고향으로 돌아가서 집 근처에 묻히고 싶었습니다. 오나족 마을에서 4년을 보낸 어느 날, 갑자기 오나족들이 놀라서 이리저리 날뛰는 일이 벌어졌사옵니다. 소인이 무슨 일이냐고 묻자, 바다를 떠다니는 산이 나타났다고 하더군요. 그게 대체 무엇인지 알고 싶어서 바닷가로 달려가 보니, 4년 전까지 소인이 타고 다녔던 서양식 배가 해안에 닻을 내리고 많은 선원들이 상륙하고 있었사옵니다. 그 배는 망루에 하얀색과 파란색, 빨간색으로 이루어진 깃발을 달고 있었는데, 그것이 아라사 국기라는 사실은 훗날 알았사옵니다."

"아라사는 어디에 있는 나라인가?"

"이제부터 말씀드리겠사옵니다."

김상우는 이야기를 이어 나갔다.

"서양 선원들은 대부분 빈손이었고, 그들 중 두 명이 총을 들고 있기는 했지만 소인과 동행했던 목장주 일행과는 달리 오나족을 해칠 생각은 전혀 없어 보였사옵니다. 오나족이 자신들의 눈앞에 있는데도 전혀 그들을 공격하지 않고 그대로 내버려 두었습니다. 아마도 그들은 식수를 구하기 위해 이 섬에 상륙했으며, 총은 혹시 있을 만일의 사태에 대비하기 위해 호신용으로 준비한 듯했사옵니다. 그들을 보고 있던 소인은 문득 이런 생각을 떠올렸사옵니다. '저들이 어느 나라에서 왔든지 서양 나라의 선원인 것은 틀림없으니, 저들의 배를 타고 이 섬을 빠져나가자. 그러면 어디로 가든지 바깥세상으로 나갈 수 있다. 운이 좋으면 그곳이 조선일지도 모른다. 평생 이 섬에 갇혀서 객사하느니, 그게 더 낫다.' 결심을 한 소인은 선원들에게 조심스럽게 다가가서 영어와 불란서어, 서반아어로 '안녕하십니까. 당신들은 어디서 온 누구입니까? 부디 이 섬에 버려진 나를 불쌍히 여겨서 배에 태워 가 주십시오'라고 말을 걸었사옵니다. 그러나 그들 중 어느 누구도 소인의 말을 알아듣지 못하고, 모르겠다는 신호로 어깨만 들썩였사옵니다. 그러다가 수염을 덥수룩하게 기르고 모자를 쓴 사람이 소인에게 다가왔는데, 아무래도 그가 저 서양 배의 선장인 듯했사옵니다. 그는 소인이 하는 영어를 알아들었는지, 소인에게 영어로 '그러는 당신이야말로 누구요? 이 섬에서 뭘 하고 있소?'라고 질문을 했사옵니다. 그 말을 들은 소인은 외국어로나마 말이 통하는 사람을 만났다는 사실에 기뻐하며, 황급히 '나는 조선 사람인데, 폭풍과 바람에 휘말려 여러 나라들을 떠돌다가 이 섬까지 오게 되었습니다. 제발 나를 불쌍히 여겨서 당신들의 배에 태워 이 섬에서 데리고 나가 주십시오'라고 말했사옵니다. 그는 소인의 말을 듣더니, 잠시 고민한 끝에 '나는 당신이 말한 조선이라는 곳이 어디에 있는지 모르오. 그러나 이런 소문을 들은 적은 있소. 아라사의 남쪽에 중국이 있고, 중국의 남쪽에 조선이 있다고 말이오. 나와 여기 있는 선원들은 모두 아

라사 사람들이오. 그러니 우리나라로 돌아가면 당신 나라와 가
까울지도 모르오. 해서 당신을 우리 배에 태워서 중국과 가까운
우리나라 땅에 내려 줄 테니, 그때부터는 당신이 조선을 찾아가
시오'라고 했습니다."

"아라사가 중국의 북쪽에 있단 말인가? 과인은 통 몰랐던 얘
기다."

"전하, 소신이 알기로 효종 임금 무렵, 청나라의 요청을 받고
우리나라 군대가 출정하여 나선이란 나라의 군대와 싸웠던 나
선정벌이 있었사온데, 그 나선이 아마 아라사인 듯하옵니다. 나
선은 우리나라 북쪽인 영고탑에 나타났다고 하니, 충분히 가능
한 일이옵니다."

왕의 의문에 송화가 대답을 해 주었다.

"그렇다면 지금으로부터 백 년도 전에 이미 우리나라는 아라
사와 접촉할 기회가 있었던 셈이로군. 왜 그들은 아직까지 우리
에게 나타나서 교류를 하지 않는 것일까?"

"아마도 우리나라와 직접 통하는 길이 없어서 그런 듯하옵
니다."

"만약 그들과 직접 교류를 할 수 있다면 세상을 보는 눈이 더
넓어졌을 텐데, 아쉬운 일이로다."

"비록 조선까지 데려다 주겠다는 것은 아니었으나, 소인은 그
것만으로도 감사했사옵니다. 소인은 잇달아 모래사장에 머리
를 대고 그를 향해 절을 한 다음, 영어로 고맙다는 말을 계속 했
지요. 그 모습을 본 아라사 선원들이 웃어도 전혀 아랑곳하지 않

았습니다. 소인은 선원들이 탄 작은 카누에 몸을 싣고서, 그들이 타고 온 큰 배에 올라탔사옵니다. 소인이 서양 배에 오르자, 그동안 친분을 쌓았던 오나족 사람들이 해안가로 몰려와서 '당신은 우리와 같이 살았는데, 왜 이제 와서 떠나려 하는가?' 하고 안타까워했사옵니다. 소인은 그들을 보며 '당신들이 나에게 친절하게 대해 준 일은 정말 감사하고, 영원히 기억할 것입니다. 하지만 나는 고향에 두고 온 내 가족들을 잊을 수 없습니다. 그래서 이 사람들과 함께 배를 타고 고향에 가려고 합니다. 부디 다들 건강하게 잘 지내시기 바랍니다'라고 큰 소리로 외쳤사옵니다. 그 말을 들은 오나족들은 슬퍼하거나 기뻐하면서 소인에게 무사히 고향으로 가라고 외쳤으며, 소인도 웃으며 손을 흔들어 그들에게 작별의 인사를 보냈사옵니다."

흔히 영국을 가리켜 '신사의 나라'라고 한다. 그러나 과연 그 말이 맞을까? 알고 보면 영국이야말로 서구 국가들 중에서 가장 호전적인 제국주의 열강이었다. 18세기에 캐나다 지배권을 두고 프랑스와 벌인 프렌치인디언전쟁, 식민지인 미국이 독립하자 미국과 싸운 영미전쟁, 그리고 19세기부터 아프리카 대륙을 정복하여 식민지로 삼기 위한 마흐디전쟁과 아샨티전쟁 같은 여러 침략 전쟁과 호주 대륙을 식민지로 만들기 위해 원주민인 애보리진들을 대량으로 학살한 사건, 뉴질랜드의 원주민 마오리족들과 벌인 마오리전쟁, 마약인 아편을 팔지 못하게 했다고 하여 중국 청나라에 두 번이나 쳐들어간 아편전쟁, 그리고 잘 알려지지 않았지만 이번 항목에서 말한 부에노스아이레스 등 남미 대륙 침략 전쟁까지 합치면 영국은 그야말로 전 세계를 돌면서 전쟁에 열광했던 나라였다. 이렇게 무수한 침략 전쟁을 치른 영국더러 '신사의 나라'라고 한다면 굉장히 어색한 일이 아닐 수 없다. 차라리 '호전적인 전쟁광들의 나라'라고 해야 옳을 것이다.

본문에서 언급된 영국 해군의 강제징병인 '프레스 갱'이나 무자비한 채찍질, 그리고 영국 육군의 매관매직은 실제로 있었던 일들이다. 실제로 대부분의 영국군 병사들은 범죄자나 빈민들 같이 사회 밑바닥에 있던 자들로 구성되었으며, 그런 자들을 통제하기 위해서 군기가 매우 혹독하기로 악명이 높았다. 그런 이유로 워털루전투에서 나폴레옹을 쳐부순 영국의 웰링턴 장군은 자기 나라 군대의 병사들을 가리켜 "그저 술이나 마시려고 군대에 온 무지하고 천박한 자들"이라는 극도로 경멸적인 어조로 혹평하기도 했다. 이 역시 영국을 신사의 나라라는 낭만적인 이미지로 보는 사람들은 받아들이기 힘든 진실일 것이다.

영국 해군 장교가 김상우에게 말했던 134개의 대포를 실은 군함은 스페인 해군이 보유했던 '산티시마 트리니다드'라는 배인데, 당시 전 세계를 통틀어 가장 강력한 화력을 지녔던 전열함이었다. 그러나 배를 운영하는 선원과 포수들이 제대로 된 훈련을 받지 못했기 때문에 우수한 장비를 가졌음에도 불구하고 끝내 트라팔가르해전에서 영국 해군에게 굴복하고 말았다. 그 무렵 영국 해군은 장비 면에서는 적국인 프랑스 등에 뒤처졌지만, 숙달된 선원과 포수를 보유했기 때문에 이길 수 있었다.

한편 영국군은 1806년에서 1808년까지 지금의 아르헨티나 영토인 부에노스아이레스를 침공하여 한때 점령하기도 했으나, 곧바로 현지 주민들의 강력한 저항에 밀려 2년 동안 고전을 면치 못하다가 결국 철수하고 만다. 1982년 포클랜드 제도의 영유권을 놓고 벌어진 포클랜드전쟁으로 대표되는 영국과 아르헨티나의 악연은 그 뿌리가 200년이나 이어졌던 셈이다. 영국군을 몰아낸 부에노스아이레스 주민들은 그들의 힘과 용기에 자신감을 얻어, 1816년 7월 9일 본국인 스페인으로부터의 독립을 선언하고 아르헨티나공화국을 세운다.

아르헨티나는 국토의 대부분이 '팜파스'라 불리는 대초원으로 이루어져 있다. 그래서 드넓은 목초지에 수많은 소 떼들을 풀어 놓고 키우는데, 그 소들을 관리하는 목동들을 가리켜 '가우초'라 부른다. 가우초는 우리가 생각하는 미국 서부영화의 카우보이와 같은데, 말을 타고 소 떼를 돌보며 때로는 소들을 약탈하는 강도들로부터 가축을 지키기 위해 총이나 칼 등으로 무장을 하기도 했다. 팜파스의 대초원에 방목하는 소 떼들 덕분에 아르헨티나는 지금도 쇠고기 값이 매우 저렴하다.

그러나 아르헨티나는 어두운 일면도 갖고 있는데, 백호주의로 대표되는 백인 우월주의 성향으로 인해 토착 원주민들을 대량 학살하고 그들의 땅을 빼앗은 역사를 거쳤던 것이다. 아르헨티나의 백호주의는 굉장히 악명이 높아서, 주변의 다른 남미 국가들도 아르헨티나를 가리켜 남미 국가이면서도 유럽 백인 국가들처럼 행세한다고 못마땅하게 여기기도 한다.

본문에서 나온 오나족은 남미 대륙의 끝에 있는 티에라델푸에고 섬에 사는 원주민 부족들이다. 이들이 사는 섬은 일 년 중 대부분이 서늘한 기후인데, 특이하게도 야생동물의 모피로 만든 옷 한 벌을 제외하면 거의 벌거벗고 다니며, 알몸에 물감을 칠하는 풍습을 지녔다. 오나족은 한 명의 왕이나 부족이 다스리지 않고, 부족 구성원들 모두가 합의로 공동체를 이끌어 가는 풍습을 지녔다. 오늘날의 눈으로 보아도 무척 민주적이고 평등한 사회인데, 이런 모습은 오나족과 멀리 떨어진 북미 원주민 부족들도 가졌다고 한다. 그래서 서양의 진보적인 학자들은 미국의 민주주의 정치제도가 원주민 부족들의 문화를 모방한 것이라고 보기도 한다.

오나족 노인이 김상우에게 들려준 '사람이 살 수 없는 죽음의 땅'은 남극대륙을 말한다. 남극대륙은 1만 년 전부터 얼음으로 뒤덮인 불모지였으며, 자연히 그곳에서는 사람들이 살아갈 수가 없었다. 오늘날엔 과학기술의 발달로 남극에 기지를 건설해 사람들이 살아갈 수 있으나, 남극에서는 음식물을 자체적으로 마련

할 수가 없어서 반드시 다른 곳에서 식량을 보내 주어야 한다.

불행히도 오나족은 19세기 말, 섬에 양을 치려던 영국인 목축업자들이 고용한 아르헨티나와 칠레의 총잡이들에 의해 대량 학살을 당하고, 오랫동안 살아온 섬을 백인들에게 빼앗기고 말았다. 간신히 살아남은 오나족들은 기독교와 스페인어 등 서구 문물을 강제로 받아들여 자신들의 문화적 정체성마저도 모두 상실한 채 비참한 모습으로 살아가고 있다.

05

러시아인들과
함께한 세월

이스터 섬과 하와이, 북미와 시베리아

"그, 아라사란 어떤 나라인가?"

김상우의 입에서 나온 낯선 이름에 호기심을 느낀 왕이 질문을 던졌다.

"소인이 그들과 함께 살면서 듣고 나중에 직접 체험한 사실들을 종합해 보면, 우리나라 압록강 북쪽에서 5,000리를 더 북쪽으로 가면 흑룡강이 나오는데, 그 흑룡강 이북이 바로 아라사의 영토였사옵니다."

"그런가? 그렇다면 아라사는 다른 서양 나라들보다 우리나라와 더 가까운 셈이군. 혹시 그들과 통상을 해 볼 수도 있겠다."

아라사와의 교류를 모색하던 왕에게 송화가 제동을 걸었다.

“하오나, 전하. 아라사와 교류를 하려면 반드시 청나라 영토를 거쳐야 하는데, 그로 인해 자칫 외교적인 문제가 발생할 수도 있사옵니다. 그 점은 부디 유념하시옵소서.”

“송전경의 말은 과인도 알고 있다. 그러나 그들과 교류를 한다고 해서 청나라가 크게 문제를 삼지는 않을 것이다. 우리가 당장 청나라와의 관계를 끊겠다는 것도 아니지 않은가.”

“그렇사옵니다만, 외교에는 여러 가지 돌발 상황이 발생할 수 있으니 유념하셔야 하옵니다.”

“과인도 그 정도는 모르지 않으니, 송전경은 지나친 걱정은 접어 두게나.”

거기까지 말한 왕은 김상우에게 다시 이야기를 계속하라고 말했다. 김상우는 고개를 끄덕이고는 오랫동안 이야기를 하느라 몸이 좀 지쳤는지, 잠시 허리를 펴고 어깨를 두드리더니 기억을 더듬으며 입을 열었다.

김상우가 아라사의 배를 타고 항해를 한 지 약 한 달 정도 되었을 때였다. 배가 점차 속도를 줄이더니, 닻을 내리는 소리가 들렸다. 무슨 일인가 싶어서 선실 위의 갑판으로 나가 보니, 육지에 배를 대고 정박하는 중이었다. 잠시 후에 배가 완전히 정박을 하자, 선장은 선원들에게 뭍으로 내리라고 지시했다. 아마도 식수와 신선한 과일, 채소 등을 구하기 위해 섬에 내리는 듯하였다. 김상우도 오랫동안 배 안에서만 지내는 것이 답답하던 차에 신선한 바람도 쐴 겸해서 뭍으로 내렸다.

김상우를 포함한 아라사 사람들이 도착한 곳은, 한눈에 봐도 매우 작다는 것을 알 수 있는 섬이었다. 섬에는 나무와 숲이 거의 없었으며 땅은 온통 자갈과 모래투성이였다. 무슨 큰불이라도 났던지, 나무가 없다는 사실이 영 믿기지 않았다. 아라사 선원들이 상륙하자, 섬사람들이 몰려와서 구경을 했는데, 그들은 체구가 작았으며 이가 온통 검게 썩어 있었다. 혹시 섬에 기근이 든 것은 아닌지 하는 생각마저 들 지경이었다. 그때, 김상우의 옆에 서 있던 선장이 말했다.

"이 섬의 주민들은 세상에서 가장 불행하고도 신기한 사람들이다. 사방 수천 리가 온통 바다로 에워싸여 있는 데다, 섬에는 나무가 없어서 배를 만들어 밖으로 나가지도 못한다. 그러니 평생 이 섬 안에 갇혀서 살아야 한다. 거기에다 섬의 환경도 그리 풍요롭지 못하다. 주민들은 식사의 대부분을 바나나 고구마 같은 작물에 의존하고, 고기를 좀처럼 먹을 수 없다. 섬에 소나 돼지 같은 대형 가축들이 없기 때문이다. 주민들의 이가 검게 썩은 이유는 어릴 때부터 사탕수수를 빨아 먹고 살아서 그렇다. 생각해 보면 바다 한가운데에 고립된 이 섬에 어떻게 주민들이 들어와 살았는지도 의문이다. 주민들의 조상이 날개가 달린 새였던지, 아니면 배를 타고 바다를 건너와 정착했는데, 후대로 가면서 그 후손들이 배를 만들어 항해하는 법을 잊어버렸을 수도 있다."

"그대는 아라사인 선장이 하는 말을 들었다고 하는데, 아라사 말은 언제 배웠나?"

왕이 신기하다는 듯이 묻자, 김상우는 멋쩍게 웃었다.

"아라사 말이 서양 여러 나라의 말들 중에서 배우기 어렵다고 하였지만, 이미 영어와 불란서어를 터득한 소인에게는 그리 어렵지 않았사옵니다. 무엇보다 한 곳에서 같이 부대끼고 살다 보니 자연히 배우게 되었습니다."

"기술은 필요의 산물인 법이지."

김상우는 목소리를 가다듬고 계속 말을 이어 나갔다.

아라사인 선장은 도끼 한 자루와 독한 술 한 병을 가져와서 섬 주민들에게 주고는 손짓과 몸짓을 섞어 뭐라고 말했다. 그러자 주민들은 알았다는 듯이 재빨리 등을 돌려 나무와 돌을 섞어 만든 집으로 뛰어가더니, 이윽고 보관해 둔 식수가 담긴 주머니와 고구마나 바나나 같은 채소들을 가져왔다. 아라사인 선장은 웃으면서 그것들을 받았고, 그렇게 해서 두 집단 사이의 물물교환은 순탄하게 이루어졌다.

그러는 동안 김상우는 선장의 허락을 받아 아라사인 선원 몇 명과 함께 섬의 이곳저곳을 둘러보았다. 그때, 김상우의 눈에 들어온 것이 있었는데, 족히 초가집 한 채만 한 커다란 석상들이었다. 사람의 얼굴을 본떠 만든 그 석상들은 큼직한 바위를 깎아서 만들어졌는데, 무거웠는지 제대로 서 있지 못하고 쓰러져 있었다. 저 석상을 만든 사람들이 누구인지, 혹은 무슨 이유로 만들었는지는 알 수 없었다. 김상우는 그 섬에 오래 머물지 못했는데, 선장이 호각을 불며 돌아오라고 고함을 질렀기 때문이었다.

다시 배에 탄 김상우와 아라사 선단 일행은 두 달을 북쪽으로 항해한 끝에, 이번에도 한 섬에 정박했다. 그러나 먼젓번 섬과는 사뭇 달랐다. 첫 번째 섬은 숲이 없어서 항상 찬바람이 불어와 서늘했는데, 두 번째 섬은 온통 울창한 숲이 우거져 있었으며 후덥지근하고 습도가 높았다. 또 첫 번째 섬의 주민들은 잘 먹지 못해서 부실한 체구였는데, 두 번째 섬의 주민들은 모두 하나같이 통통하게 살이 찐 모습이었다. 주민들은 모두 얇은 옷을 입고 있거나, 혹은 하복부만 가리고 다른 부위는 옷을 입지 않은 차림이었다. 날씨가 덥고 습기가 많아서 그런 듯했다. 섬에 자라는 나무들의 잎은 크고 넓었는데, 선장은 "더운 지방의 나무들은 더운 열기를 밖으로 내보내기 위해서 저렇게 잎이 크고 넓게 자란다"고 가르쳐 주었다.

선장은 김상우와 다른 선원들에게 물과 식량이 든 나무 상자를 섬에 내리게 한 다음, 자신이 맨 앞에 서서 일행을 인도했다. 그렇게 한참을 걸어가자 골짜기에 세워진 나무와 흙으로 만들어진 요새가 보였는데, 선장은 그곳으로 김상우 일행을 들어가게 했다. 요새 안에는 제복을 입고 총을 든 아라사 병사들이 있었는데, 선장은 요새의 책임자인 아라사군 대령을 만나 반갑게 인사를 하고서, 김상우 일행에게 요새의 창고에 나무 상자들을 넣어 두라고 지시했다.

김상우가 그 지시를 이행하고 나와 보니, 선장은 아라사군 대령과 계속 이야기를 나누고 있었다. 거리가 다소 멀고 다른 사람들의 말소리가 섞여 무슨 내용인지는 알 수 없었으나, 나중에 들은 바에 따르면 선장은 이 섬에 세워진 아라사군 요새에 물자를 공급하기 위해 온 것이었다. 김상우가 상륙했던 섬의 이름은 하와이 제도의 서쪽에 있는 가우아이라고 했는데, 아라사 본국으로부터 무려 3만 리나 떨어진 곳이어서 보급이 쉽지 않았다고 했다. 가우아이 섬은 청나라 동쪽의 바다를 거의 6개월 동안 건너가야 나오는 오지였다.

아라사군은 가우아이 섬에 세 개의 요새를 세웠는데, 그것들에 아라사 황제와 황후, 그리고 군대를 지휘하는 원수의 이름을 붙였다. 요새 하나당 백 명의 아라사군 병사들이 주둔했으며, 포탄과 총탄 같은 물자들이 보관되었다. 요새를 지을 때는 아라사인들뿐만 아니라, 가우아이 섬의 원주민들도 동참했다. 가우아이 섬에 아라사군 요새를 짓게 된 동기는 섬의 추장인 가우무알리가 그렇게 해 달라고 간청을 했기 때문이라고 하였다.

"잠깐, 과인은 그대의 말을 잘 모르겠다. 그렇게 먼 곳에 왜 아라사가 군사들을 주둔시킬 요새를 지었던가? 그리고 아라사 황제라니? 아라사에도 황제가 있던가? 또, 왜 섬의 원주민 지도자가 외국 군대가 주둔할 요새를 지어 달라고 먼저 간청을 했단 말인가?"

김상우의 이야기를 듣던 왕이 잘 이해가 안 간다는 어투로 물었다.

"아라사가 영토를 계속 동쪽으로 넓혀 나가다가 가우아이 섬에까지 이르렀기 때문입니다."

"영토를 넓힌다고 해도 그렇지, 자기 나라에서 3만 리나 떨어진 섬에다가 요새를 지었다고? 도대체 아라사의 영토가 얼마나 크길래 그런 일을 한단 말인가?"

왕은 계속 김상우의 말을 믿지 못하는 상황이었다.

"전하, 소인이 듣기로 아라사의 영토는 동서로 약 3만 리에 이른다고 하였사옵니다. 영토가 그렇게 넓고 크니 자연히 그 끝이 가우아이 섬에까지 닿을 수도 있는 것이지요."

"3만 리?"

그 숫자를 들은 왕과 송화의 눈은 얼굴에서 튀어나올 듯이 커졌다.

"말도 안 된다. 동서로 3만 리라면 청나라보다 더 넓지 않은가? 아라사가 청나라보다 더 큰 나라였단 말인가?"

"소인이 들은 바로도 아라사는 청나라보다 국토가 두 배나 더 넓다고 하옵니다. 그래서 군주가 황제의 칭호를 쓸 수 있는 것이지요. 청나라도 그 사실을 알고 있기에, 지금으로부터 약 140년 전 아라사와 국경 협정을 맺을 때에도 서로를 대등한 나라로 대우하여 조약을 맺었다고 하옵니다."

흥분한 왕과는 대조적인 차분한 목소리로 김상우가 설명을 했다.

"참으로 놀랍도다. 아라사가 그렇게 대단한 나라라면, 우리가 찾아가서 얼마든지 교류를 할 가치가 있도다. 그건 그렇고, 아라사군의 요새를 자기 땅에 지어 달라고 한 그 원주민 추장의 속셈은 무엇이었던가?"

"가우무알리 말씀이지요, 전하?"

김상우의 말에 왕은 대답 대신 고개를 끄덕였다.

"아라사 군대가 오기 전까지 가우아이 섬이 포함된 하와이 제도는 여러 추장들이 서로 다투는 상황이었사옵니다. 그러다가 가장 큰 섬의 주인인 가메하메하라는 추장이 다른 섬들의 추장들을 모두 굴복시켜, 사실상 하와이 제도 전체의 지배자가 되었습니다. 하지만 가우무알리는 자신이 가메하메하에게 굴복한 현실에 마음속으로 불만을 품고 있다가 외부에서 아라사인들이 섬을 방문하자, 그들의 힘을 빌려 가메하메하의 지배를 벗어나려 했던 것이옵니다. 그래서 자신이 먼저 가우아이 섬에 아라사 군대가 주둔할 요새를 지어 달라고 요청을 했던 것이지요. 소인이 알기로 가우아이 섬에 세워진 아라사 요새를 지을 때, 가우무알리도 직접 참가해서 나무와 흙을 날랐다고 하옵니다."

"그런 속사정이 있었군. 잘 알았도다."

가우아이 섬에 물자를 공급하고 난 선장은 곧바로 배를 바다에 띄우고 동쪽으로 항해했다. 그리고 일곱 날을 항해한 끝에 새로운 땅에 내렸는데, 그곳은 서반아가 다스리는 땅이었다. 두 번째 들른 섬과는 다르게, 덥긴 했지만 습도는 다소 낮았다. 그런데 놀랍게도 그곳에도 아라사의 요새가 세워져 있었다.

요새를 방문한 선장은 아라사 본국에서 파견되어 요새를 다스리는 행정관과 만나 인사를 나눈 다음, 행정관으로부터 밀가루가 담긴 부대와 말린 고기를 실은 나무 상자, 그리고 수달 모피 여러 벌을 받았다. 밀가루는 서양인들의 주식인 빵을 만드는 재료인데, 선장은 요새 북쪽의 아라사 거주지에 식량을 공급하는 책임도 지니고 있었기에 밀가루 부대와 고기 상자를 받았다. 또 수달의 가죽을 벗겨 만든 모피는 아라사의 주요 수출품으로 매우 비싼 값에 팔렸다.

그 요새의 이름은 로수라고 했는데, 요새 주변 지역에서 농사를 지어 얻은 식량을 북쪽에 설치된 아라사의 영토에 공급하면서, 아울러 서반아 영토와도 무역을 수행할 거점으로 설립되었다. 로수 요새는 주위의 강가와 계곡에서 수달을 잡아 모피를 얻어 파는 무역 사업이 주된 수익원이었으며, 모피들은 대부분 미국이나 중국으로 수출되었다.

로수 요새 주변에는 아라사인들은 물론이고 다른 서양 나라의 사람들과 북미 대륙의 원주민들이 몰려와서 자리를 잡고 살았다. 북미 원주민들은 피부가 다소 붉었으나, 조선 사람들과 그 외모가 매우 비슷하였다. 김상우가 아라사인들에게 들은 바로는 북미 대륙의 원주민들도 남미 대륙의 오나족처럼, 원래 동양에서 살다가 1만 년 전에 동쪽 바다를 건너가 미주 대륙으로 이주한 사람들의 후손이라고 하였다. 그래서 조선 사람들과 겉모습이 닮았던 것이다.

김상우는 로수 요새에 잠시 머물면서 재미있는 이야기를 들었다. 로수 요새를 짓기 전에, 북쪽의 아라사 영토에서 배를 타고 온 사람이 있었다고 한다. 그의 이름은 래자노부라고 하는데, 서반아인들과 무역을 하여 부족한 식량을 얻어 가려 하였다. 하지만 당시 서반아 법에 의하면 외국으로 식량을 보낼 수가 없어서, 래자노부의 계획은 차질을 빚었다. 그런데 로수 요새 주변의 땅을 다스리던 서반아 행정장관의 딸인 마리아가 래자노부를 연회장에서 보고 첫눈에 반하여 그와 약혼식을 치렀고, 사위가 된 래자노부의 부탁을 거스를 수가 없어서 서반아 행정장관은 끝내 식량을 보내 주고, 아라사인들이 거주할 시설인 로수 요새를 짓도록 허락해 주었다고 한다. 재미있는 점은 당시 래자노부의 나이는 42세였는데 마리아의 나이는 15세였다는 사실이다. 더구나 래자노부는 아라사인이라 동방정교회를 믿었고, 마리아는 서반아인이라 천주교를 믿어 서로 종교까지 달랐지만, 끝내 둘은 약혼을 치렀다는 것이다.

"아름다운 이야기로다. 그렇다면 래자노부와 마리아라는 소녀는 어떻게 되었던가? 둘은 결혼을 하고 아이도 낳았던가?"

자신의 일도 아니지만, 사랑 이야기는 듣기 좋았던지 왕이 웃으며 물었다.

"슬프지만 아니었사옵니다, 전하. 래자노부는 아라사 황제에게 더 많은 지원을 얻기 위해 아라사 본국으로 가다가 그만 피로에 지쳐서 죽고 말았습니다. 그는 죽어 가면서 자신의 약혼녀인 마리아를 그리워하며 '나는 이제 당신을 두 번 다시 볼 수 없지만 끝내 당신을 잊을 수 없소'라는 유언을 남겼습니다. 그 소식을 들은 마리아는 크게 상심하여 수도원을 만들고 그곳에 들어가 평생을 천주교 수녀가 되어 남자를 멀리하고 독신으로 살다가 죽었다고 하옵니다."

"저런, 가엾은 일이로다."

비극적인 사랑 이야기를 전한 김상우는 어두운 표정을 지었고, 왕은 혀를 차며 안타까워했다.

"로수 요새에서는 짧게 머물렀다 떠났기 때문에, 래자노부와 마리아의 약혼 말고는 별로 들려드릴 이야기가 없사옵니다. 하지만 다음 이야기는 다르옵니다, 전하."

로수 요새를 떠난 김상우 일행은 다시 선장과 함께 배를 타고 바다로 나갔다. 그리고 항해를 한 달 동안 한 끝에, 시투가라 불리는 도시에 도착했다. 그곳의 기후는 무척 서늘하고 바람이 매섭고 날카로웠다. 그나마 김상우가 갔을 때는 평소보다 날씨가 많이 누그러진 상태라고 선장이 말해 주었다.

이곳도 아라사의 영토였는데, 지금으로부터 약 20여 년 전에 아라사인들이 서쪽에서 동쪽으로 이주해 와서 세운 도시였다. 시투가가 있는 주변 지역의 땅을 모두 합해서 아라사인들은 알래수가라고 불렀는데, 겨울이 길고 봄과 여름은 매우 짧다고 했다.

알래수가에서 아라사인들보다 훨씬 오래 전부터 살았던 원주민 부족인 투링깃족과 개나이족, 추가치족 등은 아라사인들과 평화적으로 모피와 생활용품들을 주고받는 물물교환을 하다가도 때때로 전쟁을 벌이기도 하던 사이였다. 그들 중 사나운 부족이라고 알려진 투링깃족은 예전에 아라사인들과 전투를 벌였다고 하였는데, 다행히 지금은 평화로운 관계를 유지하고 있었다. 시투가의 관청 주변에는 나무를 깎아 만든 긴 장승이 여러 개 있었는데, 이는 원주민 부족들이 숭배하는 종교적 상징물로서 아라사인들이 원주민들과의 평화적인 우호 관계를 원한다는 뜻으로 세웠다고 했다.

"알래수가의 원주민 부족들이 장승을 세웠다고?"

그 부분에서 호기심을 느낀 왕이 끼어들었다.

"그렇사옵니다. 소인이 보았을 때는 틀림없는 장승이었사옵니다. 다만 우리네 것보다 문양이 더 다채롭고 칠이 되어 있다는 점이 달랐사옵니다."

"신기하도다. 우리네 풍습을 그들도 지니고 있었다니……."

"그들도 1만 년 전에 이 땅에서 동쪽으로 건너간 사람들의 후손이라 그렇게 한 듯하였사옵니다. 비록 말은 달라졌어도 풍습은 그대로 유지된 셈이라고 할까요."

시투가에서 석 달 동안 머문 선장은 김상우를 배에 태우고 서쪽 건너편 땅의 작은 항구에 내려주었다. 그곳의 날씨는 알래수가보다 훨씬 차갑고 추웠다. 바람이 마치 뼈와 살을 찌르고 베는 칼처럼 날카롭고 매서웠다. 그리고 마중을 나온 아라사군 장교를 불러 김상우와 만나게 하여 인사를 나누게 한 다음, 그에게 이런 말을 들려주었다.

"내가 당신을 데리고 갈 수 있는 곳은 여기까지다. 나의 배는 아라사와 중국의 국경 지대 남쪽까지 가지 못한다. 방금 들어온 소식에 의하면 중국 조정에서 아라사 배의 출입을 허가하지 않았다고 한다. 그래서 유감이지만 나는 당신을 이 이상 데려다 줄 수 없다. 하지만 저 장교는 아라사와 중국 국경 지역, 그 인근의 바다에 대해 잘 알고 있다. 나는 저 장교에게 당신을 중국 국경 지역의 바다까지 데려다 주라고 부탁했다. 이제부터는 저 장교를 따라서 가도록 하라. 부디 당신이 가고 싶었던 고향까지 무사히 가기를 바란다."

말을 마친 선장은 김상우를 꾹 끌어안고 뺨을 비빈 후, 손을 들어 인사를 하고 떠났다. 김상우는 이대로 배를 타고 편안히 고향까지 갈 수 없다는 사실에 다소 섭섭했지만, 그래도 아직 귀향의 희망을 완전히 접을 입장은 아니니, 조금만 더 인내심을 갖고 기다려 보자고 결심했다. 사실, 그렇게라도 마음을 먹지 않으면 이 주변 인근 지형을 전혀 모르는 상황에서 무턱대고 방황하다가 자칫 고향에 가지도 못하고 먼 객지에서 아무도 모르게 죽기 십상이니까.

김상우를 만난 아라사군 장교는 자신의 이름을 이반이라고 밝히면서, 김상우가 온 땅의 이름은 '시베리아'라고 했다. 온 세상을 통틀어 가장 북쪽에 있으며, 그래서 세상의 끝이라고도 하며, 봄과 여름은 매우 짧고 한 해 중 절반 가까이가 눈이 내리고 추운 겨울이라고 들려주었다. 그리고 김상우가 온 시점은 이제막 겨울이 시작되려는 때라고도 말해주었다.

이반은 김상우에게 자신은 아라사 군대를 이끌고 있는데, 아라사 정부에 맞서 반란을 일으킨 원주민 부족들을 진압하는 일

이 임무라고 밝혔다. 그는 김상우가 아라사 군대와 동행하면서
여러 일을 도와준다면, 자신이 맡은 업무가 다 끝나고 나서 김상
우를 아라사와 중국의 국경 지대 해안까지 데려다 주고, 작은 배
한 척도 내줄 것이니 그것을 타고 알아서 고향으로 돌아가라고
말했다. 그가 하는 약속이 꼭 지켜진다는 보장은 없었으나, 김상
우는 그의 말을 믿을 수밖에 없었다. 여기서 그를 따르지 않는다
면 전혀 모르는 낯선 땅인 시베리아에서 살아 나갈 수가 없었으
니까. 김상우가 좋다고 하자, 그는 기뻐하면서 인근 군부대의 창
고에서 꺼내 온 두꺼운 방한복과 털모자, 장화를 내주었다. 그리
고 얼른 김상우에게 그것을 입으라고 했다. 이제 곧 길고 혹독한
겨울이 시작되니, 추위를 막지 못한다면 꼼짝없이 얼어 죽는다
고 말이다.

　김상우는 그가 시키는 대로 방한복과 털모자와 장화를 입고
는 군부대의 막사 한 귀퉁이에 세워진 큰 통나무집으로 들어갔
다. 그곳에는 아라사인과는 다르면서 조선 사람과 비슷한 외모
를 가진 사람들이 있었는데, 이반은 그들이 시베리아의 원주민
들로 아라사 군대에서 노동자로 일하는 사람들이라고 하였다.
그리고 통나무집 안의 한 구석에 놓인 침대가 이제부터 김상우
의 잠자리라고 정해 주었다. 그리고 원주민 인부들에게 김상우
를 소개해주며 앞으로 함께 일할 사람이니 잘 지내라고 말을 한
다음, 통나무집 밖으로 나갔다. 그들은 김상우를 힐끔 쳐다보고
도 그리 놀라거나 이상히 여기지 않았다. 아마 김상우의 외모가
그들과 비슷하니, 자기네 동족으로 여겼던 모양이었다.

그날 저녁 식사는 군부대에 설치된 구내식당에서 먹었다. 아라사인들이 '보로수'라고 부르는 찌개와 호밀로 만든 검은 빵에 소금과 식초로 절인 오이지가 식사의 전부였다. 전부 시큼한 맛이 나는 음식들이어서 처음에는 먹기가 다소 거북했지만, 먹다 보니 점차 익숙해졌다.

김상우가 식사를 마치고 다시 통나무집으로 돌아가 잠을 자고 일어나 보니, 세상이 완전히 뒤바뀌어 있었다. 밤사이에 하늘에서 눈이 쏟아져 땅 위가 전부 새하얀 눈으로 뒤덮여 있었던 것이다. 물론 그때가 태어나서 눈을 보는 것이 처음은 아니었다. 김상우는 고향에 있었을 때에도 눈을 자주 보았으니까. 하지만 시베리아에서 맞는 겨울과 눈은 특별했다. 숲과 나무와 집을 모조리 뒤덮고 사람의 키보다 눈이 더 높고 두텁게 쌓인 모습은 그때가 처음이었다.

그래서 김상우가 아라사군에 들어가 맡은 첫 번째 임무는 바로 군부대와 그 주변에 쌓인 눈을 다른 인부들과 함께 치우는 일이었다. 식사와 배설과 잠자는 시간을 제외하면 거의 하루 종일을 온통 눈 치우는 일에 매달렸다. 어찌나 눈을 열심히 치웠던지, 몸에서 땀과 열기가 계속 흘러나와 더워서 방한복을 벗어야 할 지경이었다.

그러나 하루 동안 눈을 치워도 다음 날이면 다시 밤사이에 내린 눈이 군부대를 뒤덮었다. 그래서 김상우와 다른 인부들은 또 하루 종일 눈을 치워야 했다. 그렇게 한 열흘 동안을 눈 치우는 작업에만 골몰하고 나니, 다행히도 더는 눈이 내리지 않았다. 그러자 이반이 와서 "눈을 치우는 일은 이 정도면 되었으니, 모두 필요한 장비들을 챙겨서 부대 밖으로 나가야 한다"라고 말하며 김상우와 인부들에게 방한복과 모자와 장화 등을 신고서, 식량이 든 상자를 지고 아라사 병사들을 따라서 나가라고 지시했다.

김상우가 그 지시대로 아라사 병사들과 함께 나가니, 바깥 세상은 죄다 하얀 눈과 그것들이 추위에 얼어붙어 생긴 투명한 얼음들로 가득 차 있었다. 김상우는 걷는 것도 조심해야 했는데, 눈은 처음 밟으면 그만이지만 다른 사람들이 계속 밟고 지나가면 그 압력 때문에 매끈해지면서 넘어지기 십상이었다. 얼음을 밟는 것도 위험했는데, 미끄러지기도 쉬웠지만 자칫 얼음이 깨진 물이 신발 속으로 들어갔다가는 동상에 걸려 발이 썩을 위험도 있었기 때문이었다. 실제로 몇몇 병사와 인부들이 눈과 얼음을 밟고 지나가다가 넘어져 골탕을 먹기도 했다.

눈과 얼음의 땅을 계속 걷고 있자니, 그제야 비로소 추위가 뭔지 알 것 같았다. 입김을 불자 서리가 생기고, 가끔 쉬는 시간을 틈타 오줌을 싸면 얼마 못가서 얼어붙어 버리기도 했으니까. 거기에 종종 찬바람이 불면 어찌나 살을 에이고 뼈가 시린지 누군가 폐를 칼로 찌르는 것처럼, 숨을 쉬는 것도 아프고 힘들어졌다. 문득 고개를 올려 하늘을 보면 해가 희미해져, 지금이 낮인지 밤인지도 구분하기 어려웠다.

그렇게 한참을 걷다 보니, 새로운 군부대의 막사에 도착을 했다. 이반은 그 부대의 지휘관을 찾아갔는데, 그는 표도루라고 하였다. 이반이 정중하게 경례를 붙이고 어렵게 대하는 것으로 보아 표도루가 이반보다 더 높은 계급의 군인인 듯 보였다. 표도루는 이반이 거느린 군사들과는 다른 군사들을 지휘하고 있었는데, 거기서 만난 아라사 병사들은 이반이 거느린 병사들보다 키가 머리 하나쯤 더 크고 힘도 세고 사나워 보였으며, 이반은 그들을 가리켜 '가살극'이라고 불렀다.

"가살극? 뭐하는 자들인가?"

낯선 이름에 왕이 눈을 깜빡거렸다.

"소인이 알기로 그들은 아라사 군대에 기마병으로 복무하는 자들이었사옵니다. 아라사인이면서 약간 별종으로 취급받는 자들인데, 원래는 지주들의 밑에서 농사를 짓다가 변방으로 도망친 노비들이 몽고족이나 돌궐족과 혼혈을 하여 태어났다고 하옵니다."

김상우가 몽고와 돌궐을 언급하자, 역사책을 통해 익숙해진 이름에 왕과 송화의 귀가 솔깃했다.

"몽고나 돌궐? 그들이 아라사의 변방에 살았던가?"

왕은 윗몸을 김상우에게 기울였다.

"그렇사옵니다, 전하. 소인이 아라사인들에게 들은 이야기로는 천 년 전부터 돌궐족들은 아라사의 남쪽 변방에 살면서, 아라사인들을 상대로 싸움과 화친을 반복하는 사이였다고 하옵니다. 그러다가 560년 전에 몽고족이 동쪽에서 쳐들어와 돌궐족과 아라사인들을 모두 굴복시키고 그들을 약 250년 동안 지배했다고 하옵니다. 그러다가 몽고족이 분열되고 약해지면서, 그 틈을 노려 아라사인들이 점차 단결하여 힘을 길러 마침내 몽고족과 돌궐족들을 쳐부수고 오히려 거꾸로 그들을 굴복시켰다고 하옵니다. 아라사인들에게 패배한 몽고족과 돌궐족은 아라사의 먼 변방으로 달아났는데, 아라사인 노비들이 변방으로 달아나 그들과 혼혈을 이루어 가살극이란 집단이 탄생했다고 들었사옵니다."

"잘 알았다. 그렇다면 그 가살극이란 자들을 직접 만나 보니 어떻던가?"

"그들은 모두 말타기에 굉장히 뛰어난 기수들이었습니다. 소인이 본 어느 가살극 병사들은 한 번 말을 타고서 무려 백여 리를 말에서 내려오지도 않고 계속 달리기도 했사옵니다."

김상우의 설명에 왕과 송화는 함께 놀랐고, 잠시 할 말을 잊은 왕을 대신해서 송화가 말했다.

"우리나라의 어느 기마병도 그렇게까지는 하지 못할 걸세. 자네 말을 들으니, 그 가살극이란 자들은 옛날 천하를 제패했던 몽고군의 기마병들 같군. 하긴, 그 자들이 몽고나 돌궐족과의 혼혈로 생긴 집단이라고 하니, 당연한 일인지도 모르겠네. 그 밖에 다른 사항들은 없던가?"

"가살극들은 매우 용감하고, 적을 추격하는 데 뛰어났사옵니다. 그들은 전투가 벌어지면 적이 항복할 때까지 어떤 자비도 베풀지 않고 무자비하게 공격했습니다. 또한 전투에서 달아나는 적들을 쫓을 때는 잠도 안 자고 먹지도 않으면서 며칠 밤낮을 계속 말을 달려 쫓아가서 적들을 덮쳤사옵니다. 나중에 소인이 들은 바로는 불란서의 나파륜 황제가 아라사를 공격했을 때에도 바로 이 가살극들이 나서서 후퇴하는 불란서 군대를 계속 추격하여 치명적인 타격을 입혔다고 하옵니다. 그래서 나파륜 황제도 가살극의 용맹함을 칭송했다고 합니다."

나파륜이라는 이름이 김상우의 입에서 나오자, 왕과 송화는 약간 긴장했다. 김상우가 이전에 들려준 이야기가 생각나서였다. 이번에도 왕을 대신해 송화가 나섰다.

"나파륜이 아라사까지 공격했었나?"

"소인이 아라사 군인들에게 들은 바로는 그랬다고 하옵니다. 그러다가 오히려 아라사의 광대한 땅과 혹독한 추위, 그리고 가살극을 포함한 아라사 병사들의 용맹함과 끈질김에 밀려서 결국 수십만의 군사를 잃고 철수했다고 하였습니다. 그리고 아라사 원정이 있고 나서 나파륜의 지배를 받던 서양 나라들이 모두 봉기를 일으켜 나파륜을 쳐부수었고, 그들 중 아라사 황제가 직접 가살극과 다른 아라사 군대를 이끌고 불란서의 수도인 파리까지 진군하여 끝내 불란서를 굴복시켰다고 들었사옵니다. 그로써 나파륜 황제의 천하 통일 야망은 처참히 몰락한 셈이지요."

옛 추억이 떠올랐는지, 김상우는 착잡한 표정을 지었다.

"자네 말을 들으니, 가살극이란 자들이 참으로 대단하게 느껴지는군."

"맞사옵니다. 바로 그렇기 때문에 아라사가 이 가살극들을 앞세워서 광대한 시베리아 땅을 불과 200년 만에 완전히 정복할 수 있었던 것이지요. 그리고 가살극들이 평정한 시베리아를 발

판으로 하여 아라사는 더 멀리 있는 북미 대륙까지 진출하여 알
래수가를 점령하고 로수 요새를 건설했으며, 그 서남쪽 바다의
하와이 제도에까지 뻗어 나갔던 것이지요."

송화의 말에 김상우가 맞장구를 쳤지만, 곧이어 그의 얼굴에
어두운 기색이 떠올랐다.

"하오나 가살극도 결국은 사람이었사옵니다. 그들의 살과 뼈
가 쇠나 돌로 만들어진 것은 아니었지요."

김상우는 이야기를 다시 이어 갔다.

"이반은 소인과 다른 일꾼들에게 가지고 온 나무 상자에 든
식량의 절반을 표도루의 군대에 보급하라고 명령했사옵니다.
그 말에 따라 우리는 표도루의 군대 창고에 식량을 넣어 두었습
니다. 그러자 표도루는 그 식량을 가살극과 다른 병사들에게 나
눠 준 다음, 자신의 군대와 이반이 데려온 군대, 그리고 소인을
포함한 인부들에게 이번 작전에 대해 설명을 했지요. 얼마 전,
아라사 군대가 주둔하는 요새를 습격해서 아라사군 병사들을
죽이고 식량과 다른 물자들을 약탈해 간 축치족들을 찾아서 토
벌하는 것이 이번 출정의 목표라고 했사옵니다."

"축치족? 그들은 누구인가?"

"시베리아에서 가장 동쪽 끝에 있는 지역에 사는 자들로, 시
베리아의 원주민 부족들 중 하나이옵니다, 전하. 약 120년 동안
아라사가 그들과 전쟁을 벌였지만, 아직도 완전히 정복시키지
못했습니다. 그래서 아라사 정부는 그들을 복속시키기 위해서
유화책을 썼는데, 아라사 황제가 축치족 부족장들을 왕에 임명

하고 그들에게 칼과 훈장 등 선물을 주는 방식이었사옵니다. 오늘날 축치족들은 아라사 황제의 신하로 분류되기는 하옵니다만, 그건 어디까지나 형식적인 것에 불과하며, 축치족들이 아라사 영토로 쳐들어가 아라사인들을 죽이는 중범죄를 저지르지 않으면, 그들의 영토 내로 아라사 군대가 함부로 들어가거나 법을 집행하지 못한다는 협정도 맺었사옵니다. 그런 이유로 대부분의 축치족들은 아라사와 불안하면서도 어정쩡한 공존 상태를 유지하기는 하지만, 일부 과격파들은 아라사에 맞서 싸워야 한다고 주장하면서 가끔씩 아라사 영토를 침입하여 무기를 약탈하고 아라사 군인들을 죽인다고 하옵니다. 그런 축치족들이 등장할 때마다 아라사 군대가 나서서 무력으로 진압한다는 것이죠. 그들이 사는 곳은 광대한 아라사의 영토에서 제일 교통이 불편한 오지로 꼽히는 지역이옵니다. 워낙 다니기가 어려워서 아라사 정부에서도 그곳에 파견한 군대에 제대로 보급을 해 주지 못하는 경우가 허다하다고 하였사옵니다. 아라사 군인들이 소인에게 들려준 이야기에 따르면, 축치족은 시베리아의 여러 부족들 중에서도 제일 잔인하고 사나운 족속이라고 하옵니다."

김상우의 말에 호기심이 일어났는지, 왕이 몸을 이끌고 다가갔다.

"좀 더 자세히 말해 보라."

"이건 어디까지나 소인이 들은 이야기니, 너무 믿지는 마시옵소서. 일단 소인이 그들에 대해 아는 대로 말씀을 드리자면, 축치족들은 바다에서 고기를 잡고 육지에서는 털이 긴 사슴을 방목하며 사는 집단이옵니다. 그러나 그들이 사는 곳은 겨울이 매우 길고 혹독한 데다 먹을 것이 별로 없어서 살기가 굉장히 힘드옵니다. 그래서 축치족은 자신의 가족 중에서 큰 병을 앓는 환자나 허약해진 노인들을 목을 조르거나 창으로 찔러 죽여 버리옵니다."

그 말에 왕과 송화는 화들짝 놀랐다.

"하면 그들은 자기 조부모나 부모도 죽인다는 말인가?"

"그러하옵니다. 오히려 그렇게 하는 것을 가장 좋은 일로 여기고 있사옵니다."

왕의 말에 김상우는 고개를 끄덕였고, 그런 김상우를 보며 왕과 송화는 충격을 받아 잠시 할 말을 잊은 듯했다.

"과인은 도무지 상상이 안 가는구나. 그들은 효도 모르는 짐승들이란 말인가? 어찌 사람이 되어서 자기 가족의 노인과 환자들을 죽일 수 있는가?"

그러자 김상우는 왕을 향해 두 손을 휘휘 저었다.

"전하께서 놀라시는 것도 당연하옵니다. 그러나 축치족들이 자기 가족의 노인과 환자를 죽이는 것은 결코 그들이 도덕을 몰라서가 아니옵니다. 그들이 사는 곳의 식량이 워낙 부족하다 보니, 살아날 가망이 없는 사람에게 식량을 주다 보면 다른 건강한 사람들까지 굶어 죽을 우려가 있기 때문에 어쩔 수 없이 하는 풍습일 뿐이옵니다. 자연환경이 달라서 벌어지는 일이라고 보시면 되옵니다."

송화도 김상우의 말에 동조하고 나섰다.

"하긴, 사마천의 《사기》에 의하면 흉노족은 건장한 청년을 중요하게 여겨 그들에게 고기의 맛있는 부분을 주고, 노인에게는 청년들이 먹다 남은 부분만을 준다고 했사옵니다. 가혹한 환경 속에 살아가는 자들이니 그들 나름대로 생존하기 위한 규칙인 셈이지요."

김상우와 송화의 말을 들은 왕은 이마를 찡그렸다.

"그대들의 말은 잘 들었다. 그러나 과인은 그 축치족이란 자들이 끝내 이해가 되지 않는구나. 부모를 죽이는 풍습을 가진 부족을 과인은 좋게 볼 수가 없도다. 송전경의 말대로 변방의 오랑캐들이 노인을 천시한다는 이야기는 《사기》에서 읽어서 오래 전부터 알고 있는 내용이다. 그렇게 보면 될 듯하구나."

그렇게 말한 왕은 잠시 한숨을 쉬더니, 곧바로 김상우에게 그 다음 이야기를 들려 달라고 지시했다. 김상우는 왕의 말에 고개를 숙이고는 다시 입을 열었다.

"소인이 말씀드린 대로 축치족은 거칠고 사나운 풍습을 지녔사옵니다. 그들은 전쟁이 벌어지면 죽음을 두려워하지 않고 용감하게 싸웠습니다. 소인은 아라사군이 축치족과 전투를 벌이는 장면을 직접 목격했는데, 축치족은 단 한 번도 총이나 대포를 쓰지 않았습니다. 오직 짐승의 뼈로 만든 화살과 창을 무기로 사용하고, 역시 짐승의 뼈에 물개의 가죽을 입혀 만든 갑옷과 투구와 방패 같은 원시적인 방어구를 가지고 싸웠습니다. 무기의 화력으로만 보면 그들은 아라사군보다 훨씬 뒤떨어진 상태였으나, 막상 전투가 벌어지면 그들은 무서운 용기로 아라사군을 두

렵게 했사옵니다. 그리고 간혹 전투에서 지기라도 하는 날에는 자신의 집에 불을 지르고 가족들과 함께 모조리 동반 자살을 하는 풍습도 가졌사옵니다."

"흠, 왜인들이 싸움에 지면 칼로 배를 가르고 자살을 한다거나, 혹은 가족을 칼로 베어 죽이고 자신도 칼로 목이나 배를 그어 자살한다는 이야기와 비슷하구나."

"그렇사옵니다. 왜인들처럼 축치족도 사나운 전사들이었사옵니다."

거기까지 말한 김상우는 다시 이야기의 본론으로 돌아갔다.

표도루는 축치족에 관한 모든 정보들을 병사와 인부들에게 말했다. 그리고 축치족이 비록 사납고 난폭하기는 하지만, 그들도 상처를 입으면 피를 흘리고 죽는 사람이니, 결코 이길 수 없는 적은 아니라고 했다. 그리하여 표도루는 아라사 군대와 김상우가 포함된 인부들을 모두 데리고 출정을 했다.

표도루가 가는 곳도 죄다 눈과 얼음으로 뒤덮인 길이어서 김상우 일행은 가는 데 무척 속도가 느리고 애를 먹었다. 가살극들도 눈이 사람의 무릎 위까지 쌓인 상황에서는 말을 모는 것이 무리라고 여겨서, 다들 두 발로 걸으면서 보병이 된 상태였다. 그들은 소총을 메고 허리에 칼과 도끼를 찼는데, 수염마다 작고 투명한 고드름이 달려 있었다. 그런데도 누구 하나 춥다고 불평을 하지 않는 것을 보면 참으로 신기했다. 그들이 추위에 익숙해져서 아무렇지도 않게 여기는지, 아니면 춥지만 상관의 불호령이 무서워서 억지로 참고 있는지는 알 수 없었지만 말이다.

차갑고 하얀 눈벌판을 한참 동안 헤매고 다니다가 표도루는 오른손을 들어 행군을 잠시 정지시켰다. 김상우는 행렬의 뒤에 있어서 무슨 이유인지 몰랐지만, 잠시 후 그 까닭을 알게 되었다. 군대가 가고 있는 앞쪽, 눈으로 뒤덮인 벌판 위에 검은 점들이 보였는데, 자세히 보니 그것들은 움막집이었다. 표도루는 그곳의 움막집들을 노리고 전군에게 조심스럽게 다가가도록 지시를 내렸다. 그 말에 따라 아라사 군사들은 조용히 발자국 소리를 죽여 가며 접근했다. 그 움막집들은 바로 축치족들이 사는 곳이었다.

표도루는 움막집들을 향해 군대를 조용히 전진시키다가, 어느 순간 높이 든 오른손을 앞으로 숙이면서 공격하라고 명령했다. 그 신호에 따라 가살극이 선두에 선 아라사 군대가 눈밭을 헤치면서 움막집들을 습격했다. 군대가 앞에 서고, 김상우도 그들을 따라가 보니 움막집들은 나무로 만든 뼈대 위에 동물의 가죽을 덮어 만든 구조였다. 추위에도 불구하고 가죽에서는 고약한 냄새가 났는데, 나중에 그것이 물개의 가죽이라는 사실을 알았다.

아라사 군대의 기습을 받은 움막집들의 안에서는 축치족들이 미처 갑옷과 무기도 다 챙기지 못하고 허둥대며 나왔는데, 그들의 얼굴이나 체격이 우리나라 사람과 비슷하다는 점을 안 김상우는 어쩐지 기분이 이상했다. 그도 그럴 것이, 서양인인 아라사 군대에 섞여서 그들이 자신과 같은 동양인인 축치족과 싸워서 죽이는 장면을 봐야 했기 때문이다.

추위와 눈의 방해를 무릅쓰고 감행한 기습은 성공적이었는지, 아라사 군대는 제대로 정비되지 못하고 혼란에 빠진 축치족들을 손쉽게 해치웠다. 가살극들은 총검으로 축치족을 찌르거나, 칼과 도끼를 휘둘러 축치족들을 베고 내리찍으며 하얀 눈 위를 붉은 피로 물들였다. 대략 밥 한 끼를 먹을 정도의 시간이 지났을 때, 움막집 안에 있던 축치족들은 모두 아라사 군대에게 죽임을 당했다. 전투가 끝나자 김상우는 사방을 둘러보며 그들을 살펴보았는데, 모두 젊은 남자들뿐이었고 여자나 아이는 없었다. 아마도 축치족들이 미리 안전한 곳으로 피신시킨 듯했다.

김상우가 움막집 안으로 들어가 보자, 거기에서는 구역질이 날 만큼 지독한 냄새가 났다. 물개 가죽 자체가 지방이 많아 역겨운 데다가, 그 안에 사는 축치족들도 제대로 몸을 씻지 않아 그랬던 듯했다. 그리고 축치족 전사들이 쓰는 창과 활과 화살 등이 있었다. 그들의 무기는 모두 동물의 뼈를 날카롭게 갈아서 만든 것이었는데, 이런 원시적인 무기로 아라사군과 오랫동안 싸워 그들을 두려움에 떨게 했다는 사실이 믿어지지 않았다.

표도루는 망을 볼 약간의 병력만 남겨두고서, 각 병사와 인부들에게 축치족의 움막집들에 들어가서 가지고 온 식량을 먹으라고 지시했다. 한참 동안 눈을 헤치고 와서 병사들이 지쳐 있기에 우선 음식을 먹여 체력을 회복할 필요성도 있었고, 사납고 난폭한 축치족들을 예상보다 쉽게 쓰러뜨려서 자신감이 생긴 듯했다. 딱딱하게 말린 고기와 얼지 않는 아라사 술 등의 음식을 다 먹고 난 병사들은 망을 볼 사람만 제외하면 모두 지쳐서 곧바로 움막집 안에서 잠에 빠졌다.

하지만 김상우는 먼 거리를 오고 음식을 먹었는데도 좀처럼 잠이 오지 않았다. 낯선 환경 때문에 몸이 긴장을 한 탓이었을 것이다. 그리고 집 안에서 풍기는 구역질 나는 냄새 때문에 도무지 잠을 잘 수도 없었다. 하지만 코를 막고 밖으로 나가기에는 막상 그 움막집 안이 따뜻해서 그러기도 망설여졌다. 냄새는 고약했지만 축치족의 움막집은 방한에 꽤나 뛰어났다. 하기야 이 춥고 얼어붙은 땅에서 수천 년 넘게 살아온 자들이니 추위를 막는 지혜를 가졌으리라.

그렇게 자는 것도 아니고 일하는 것도 아닌 상태에서 쉬고 있을 때, 문득 밖에서 망을 보는 아라사 파수병들이 "적이 왔다!"며 고함을 질렀다. 그 소리를 듣고 놀란 아라사 군사들과 김상우가 움막집 밖으로 뛰쳐나가자, 멀었지만 분명히 보였다. 사방에서 온통 새까만 것들이 꿈틀거리며 다가오고 있었는데, 점차 거리가 가까워지는 그것들의 정체가 드러났다. 방금 전 아라사 군사들이 죽였던 자들과 똑같은 모습을 한 축치족 전사들이었던 것이다. 김상우가 얼핏 보기에도 그자들의 수는 아라사 군사들보다 훨씬 많아 보였다. 오랜 전쟁에 참가해 본 김상우는 경험상 지금 자신의 일행이 완전히 적들에게 에워싸여 포위를 당했음을 깨달았다. 그럼 아까 전에 무기력하게 당했던 축치족들은 대체 무엇이었을까? 그자들은 아라사 군대를 끌어들이기 위한 미끼였던 것이다.

표도루도 움막집 밖으로 나와서 상황을 파악하고는 서둘러 군사들을 불러내 방어형으로 대오를 갖추게 하고, 축치족들의 공격에 맞설 준비를 하였다. 그러는 동안에도 축치족들은 느리지만 질서정연하게 다가오고 있었고, 어느덧 그들의 얼굴이 보이는 거리에까지 도달했다. 그들은 모두 뼈로 만든 갑옷과 투구를 착용했고, 손에는 창과 작살을 들고 있었다. 그들이 쇠로 된 무기를 왜 사용하지 않는지 마음속으로 궁금했는데, 곧이어 그 이유를 알게 되었다.

축치족들이 접근하자, 표도루는 가살극 병사들에게 순서대로 총을 발사하라고 명령했다. 그런데 그때, 아라사군 병사들이 당혹스러운 얼굴을 하면서 총알이 나가지 않는다고 소리를 쳤다. 당황한 표도루는 가까이에 있는 병사들에게 달려가 총을 살펴보고는 사태의 실상을 깨달았다. 하도 혹독한 추위가 오랫동안 계속되다 보니 총이 얼어버려 총알이 발사되지 않았던 것이다. 수적으로 열세인 상황에서 총을 쏠 수 없다면, 상황은 아라사군에게 불리하게 돌아간다. 표도루도 그 점을 깨닫고는 총을 쏠 수 없다면 총구에 달린 총검으로 적을 찌르거나, 아니면 칼을 빼어 적에게 휘두르라고 소리쳤다. 하지만 그조차도 쉽지 않았다. 칼집도 추위에 얼어붙어 칼이 빠지지 않았다.

그때, 하늘에서 거센 눈보라가 불어닥쳐 아라사 군대를 덮쳤다. 어찌나 눈과 바람이 심했는지, 앞에 있는 사람의 얼굴조차 알아볼 수 없었고, 그대로 서 있는 것조차 힘들 지경이었다. 자연의 거친 횡포에 휩쓸린 아라사 군대가 우왕좌왕하고 있는 사이, 다가온 축치족 전사들이 늑대의 울음소리 같은 고함을 지르면서 마침내 창과 작살을 들고 아라사 군사들을 향해 달려들기 시작했다. 김상우는 그 장면이 잘 보이지 않았지만, 여기저기서 들리는 아라사군 병사들의 비명 소리를 들으며 전투가 시작되었다고 생각했다. 그리고 이대로 계속 있다가는 자신의 생명도 위험하다고 여겨서 축치족 전사들이 다가오기 전에 있는 힘을 다해 달아났다.

"너희들은 가살극이다! 바람을 마시고 땅을 밟으며 하늘로 날아가 적의 시체 위에서 잔치를 열고 춤을 춘다, 그게 가살극이다! 적들이 오고 있으니, 어서 죽여라!"

김상우의 등 뒤에서는 표도루가 외치는 소리가 울려 퍼졌지만, 그조차 곧이어 거센 바람의 소리에 밀려 끊겼고, 아라사군 병사와 축치족 전사들이 서로 질러대는 비명과 고함 소리만이 계속 터져 나왔다. 하지만 김상우는 그 모습을 보지 않고, 그대로 도망쳤다. 천만다행으로 축치족들은 김상우를 쫓아오지 않았다. 김상우를 보지 못했거나, 아니면 그를 적이라고 여기지 않았던지 둘 중 하나였으리라.

그렇게 김상우는 한참 동안을 정신없이 눈밭을 헤치고 움막집이 있는 곳으로부터 가급적 멀리 달아났다. 그러다가 그만 지쳐서 눈밭 위에 쓰러졌는데, 처음에는 추웠지만 나중에는 점차 따뜻해졌다. 그대로 의식이 희미해져서 잠이 들었는데, 그것이 위험한 일이라는 것은 나중에 알았다. 추운 곳에서 잠이 들면 몸의 온도가 낮아져서 죽을 수도 있다고 아라사 군인들이 말해주었다.

문득 정신이 들어보니 김상우는 반쯤 일으켜 세워져 있었고, 눈앞에는 아라사군 병사들이 그를 에워싸고 있었다. 그들은 눈밭에 쓰러진 김상우를 발견하고 일으켜 세우고는 정신을 들게 하려 연신 뺨을 때리고 있었던 것이다. 김상우가 마침내 눈을 뜨자, 그들은 그를 통나무와 흙을 쌓아 올려 만든 군사 요새로 데려갔다. 그곳에는 군대를 인솔하는 아라사군 장교들이 있었다. 그들은 김상우에게 모포 한 벌과 따뜻한 차를 주면서, 그가 누구이고 어떤 경위로 눈밭에 쓰러져 있었는지 말하라고 했다. 그래서 김상우는 아라사 군대와 시베리아에서 보고 겪은 일을 그대로 말했다. 김상우의 이야기를 들은 아라사군 장교들은 "당신이 겪은 일은 우리와도 관련이 있다. 우리는 아라사군을 습격한 축치족들을 진압하러 가는 길이었다. 축치족들을 완전히 제압하기 위해서는 대규모의 병력 지원이 필요한데, 우리가 바로 그 역할을 맡았다. 당신은 인부라고 했으니, 여기서 며칠 동안 쉬다가 우리를 따라오라. 당신은 여러 가지 일을 하고 지내면 될 것이다"라고 했다. 김상우는 그 말에 따라 닷새 정도 요새 안에서 쉬면서 건강을 회복했다.

그리고 닷새 후, 요새에서 아라사군이 출정에 나섰다. 그들은 먼젓번 김상우가 본 아라사 군대보다 규모가 더 컸고, 그들이 갖지 못했던 폭탄과 대포까지 갖고 있었다. 단, 눈이 쌓여서 대포는 말이 아니라 큰 개들이 끄는 썰매에 싣고 다녔다. 그리고 대포뿐만 아니라 많은 아라사군 병사들도 개들이 끄는 썰매를 타고 나섰다. 그들이 부리는 개들은 시베리아에서 수천 년 동안 원주민들이 길들인 동물이라서 말보다 추위에 더 익숙하고, 눈과 얼음도 잘 헤치며 미끄러지지도 않았다. 물론 김상우도 아라사군 병사들과 함께 개썰매를 탔다.

개썰매를 타고 김상우 일행이 간 곳은 커다란 거울처럼 펼쳐진 얼음 벌판 위였다. 처음에는 그저 단순히 얼음이 언 곳이라고 여겼는데, 김상우의 옆에 탄 아라사군 병사가 "여기는 바다 위다! 우리는 지금 얼어붙은 바다 위로 썰매를 타고 달리는 거다!"라고 웃으며 가르쳐 주었다. 그 말을 들은 김상우는 깜짝 놀랐다. 아무리 춥다고 해도, 어떻게 바다가 얼어붙을 수 있지? 하고 말이다. 그러나 나중에 알고 보니 아라사에서는 별로 이상하거나 낯선 일도 아니었다. 아라사는 나라 자체가 추운 북쪽에 있다 보니, 겨울이 되면 바다가 얼어붙어 배가 다니지 못한다고 했다. 그래서 아라사인들은 겨울에 얼지 않는 바다를 찾아 계속 남쪽으로 내려오고 있다고 하였다.

그 장면은 지금도 김상우의 마음속에서 잊혀지지 않는다. 생각해 보라, 바다가 온통 얼어붙어서 육지처럼 단단해진 장관을. 그래서 끝도 없이 드넓게 펼쳐진 거울 같은 얼음 벌판 위를 개들이 끄는 썰매를 타고 달리는 장쾌한 기분을 말이다. 김상우는 한참 추위에 시달리는 와중에서도 그 벅찬 감격에 젖어서 마치 유람을 가고 있는 듯했다.

그렇게 한참을 신나게 달리던 개썰매 대군은 문득 멈추었다. 군대를 인솔하던 장교들은 저 먼 곳을 손가락으로 가리켰는데,

김상우가 보니 희미한 검은 점 같은 것이 있었다. 장교들은 그것이 아라사 군대를 습격하고 달아난 축치족들의 본거지라고 설명해 주었다. 그리고 지금 우리가 여기에 왔으니, 저곳을 반드시 공격해서 축치족들을 제압해야 전투를 끝낼 수 있다고 말하고는 모든 병사와 인부들에게 썰매에서 내려 각자의 짐을 챙기고 앞을 향해 행군하라고 지시를 내렸다.

김상우를 포함한 모든 아라사군 병사와 인부들이 그 말에 따라, 각자의 무기와 장비를 챙겨 앞으로 걸어갔다. 거리가 가까워지니 그 검은 점의 윤곽이 점차 분명해졌는데, 그것은 김상우가 예전에 보았던 움막집들이었다. 축치족들은 자신들의 본부를 얼어붙은 바다 위에 설치했던 것이다. 그래서 여태까지 아라사군도 그들의 본거지를 찾지 못했다. 아라사군 장교들은 저 움막집들은 동물의 뼈 위에 물개가죽을 씌운 것으로 유사시에 간단히 분해하여 가져간 다음, 새로운 장소에 다시 설치할 수 있는 이동식 집이라고 가르쳐 주었다.

아라사군에는 아라사인 이외에도 가살극 병사는 물론, 김상우와 외모가 비슷한 시베리아 원주민 출신 병사들도 있었다. 그들은 움막집들을 향해 걸어가다가 멈추고는 썰매에 싣고 온 대포를 꺼내 포탄을 장전하고 불을 붙여서 움막집을 향해 발사했다. 조준은 그리 정확하지 않아 포탄은 움막집을 빗나가 얼어붙은 바다 위로 떨어졌지만, 얼음이 깨지면서 큰 소리가 울려 퍼져서 움막집 안에 있던 축치족들이 뛰쳐나왔다. 그들은 아라사 군대가 온 것을 보고는 놀라서 고함을 지르며, 동료들을 끌어냈다. 움막집

안에 있던 축치족들이 모두 나오니, 그 수는 대략 아라사군과 비슷해 보였다. 뼈로 만든 갑옷과 무기를 들고 나온 축치족들은 곧바로 아라사군을 향해 달려들었는데, 아마 아라사군이 가져온 대포를 보고 그랬을 것이다. 그대로 거리를 유지한 상태로 있으면 아라사군이 쏘아대는 대포에 맞아 모두 죽고 말 테니까.

오랫동안 시베리아의 추위에 적응하며 살아서 그런지, 축치족들이 뛰는 속도는 참으로 빨랐다. 그들이 신은 순록 가죽으로 만든 신발 때문에 얼음에 미끄러지지 않는다는 사실은 나중에 알았다. 어쨌거나 축치족들은 빠른 속도로 아라사군을 향해 다가와서 공격을 감행했다. 그들은 주로 창과 작살을 던졌으며, 개중에는 활을 쏘는 자도 있었다. 비록 아라사인들의 화약 무기에 비하면 형편없었지만 그래도 무기는 무기인지라, 축치족들이 던지고 쏘는 무기에 맞은 아라사군 병사들은 비명을 지르며 쓰러졌다. 무기를 다 던진 축치족들은 허리에 찬 뼈를 갈아 만든 칼을 빼어서 아라사군 병사들에게 달려들어 찌르려고 했다.

하지만 축치족들은 한 가지 사실을 잊고 있었다. 바로 지금, 그들과 맞닥뜨린 아라사군 병사들의 총이 얼지 않았다는 것을 말이다. 게다가 이번 전투에서는 먼젓번에서처럼, 거센 눈바람이 불어닥쳐 아라사군의 눈을 가리지도 않았다. 그래서 아라사군은 아무런 거리낌 없이 축치족들을 향해 총을 쏠 수 있었다.

여기에 아라사군이 가진 또 하나의 무기인 수류탄도 빼놓을 수 없었다. 축치족들이 아라사군에게 달려들려고 하면, 그때 아라사군 병사들이 수류탄을 던졌고, 그것이 축치족들에게 닿으면 큰 소리와 함께 폭발이 일어나 축치족들이 죽어나갔다. 김상우는 그 모습을 뒤에서 지켜보면서, 왜 표도루가 축치족들과 싸우러 갈 때에 저것을 병사들에게 나눠주지 않았는지 궁금했다. 아마 수류탄을 사용하면 소리가 커서 주위에 들릴까 봐 일부러 보안을 유지하기 위해 가지고 가지 않은 것인지, 그도 아니면 축치족을 너무 얕잡아 보고 그냥 갔던 것인지는 알 수 없는 일이었지만 말이다.

하지만 아라사군이 총을 쏘고 폭탄을 던지는데도 불구하고 축치족들은 계속 아라사군을 향해 달려들어 싸웠다. 아마도 아라사군과 거리가 멀어지면 그들이 쏘는 총탄과 포탄에 불리하니, 가장 가까이 거리를 좁히면서 아라사군이 총과 폭탄을 쓰지 못하게 육박전으로 가려고 하였던 모양이다. 그리고 축치족들이 아라사군 병사와 바싹 가까이 붙으면, 그들은 총을 휘둘러서 총검을 이용해 축치족들을 제압하려 했는데, 그 틈을 노려 축치족들은 총을 붙잡고 칼을 찌르며 아라사군 병사들을 공격했다.

그래도 그날의 전투는 아라사군이 유리했다. 아라사군 중에는 다른 병사들보다 더 체격이 크고 힘이 좋은 자들이 있었는데, 그들은 '척탄병'이라고 불리며 아라사군 병사들 중에서 최정예로 꼽히는 자들이었다. 나중에 아라사군 장교들의 말을 들으니, 축치족들을 제압하기 위해서 그들을 특별히 아라사의 수도에서 데려와 이 전장에 투입했다고 한다. 아라사군 척탄병들은 한 손에 총검이 꽂힌 총을 들고 다른 손에는 도끼를 휘두르며 축치족들을 때려눕혔다. 그들의 활약에 힘입어 전세는 서서히 아라사군 쪽으로 기울었고, 마침내 축치족들은 대부분 죽어 그 시체가 얼어붙은 바다 위에 널렸다. 간신히 살아남은 축치족들은 움막집들로 달아나 버렸다. 그러자 아라사군 장교들은 병사들에게 축치족을 추격하지 말라고 제지했는데, 아마 무리하게 쫓아가다가 자칫 궁지에 몰린 그들의 역습을 받아 아군 병사들이 위험해지는 일을 막기 위해서였던 듯하다. 대신 아라사군 장교들은 병사들에게 축치족들이 숨어들어간 움막집들을 향해 일제히 대포를 발사하도록 명령했다. 그 지시대로 아라사군 병사들이 대포에 포탄을 넣고 불을 붙여 움막집을 향해 포구를 겨냥하자, 우렁찬 굉음과 함께 포탄이 움막집을 향해 번개같이 날아가서 집을 부숴버렸다. 곧이어 두 번째, 세 번째, 네 번째 포탄이 계속 발사되어 움막집들을 공격했다. 연이은 대포의 공격에 움막집들은 산산이 파괴되었고, 이제 멀쩡하게 남아 있는 움막집은 단 한 채도 없었다.

포격이 끝나자, 장교들은 병사들에게 움막집을 향해 이동하라고 지시를 내렸다. 그리고 부서진 움막집들의 잔해를 수색했는데, 그곳에는 포탄에 맞아 목과 몸이 떨어져 나갔거나 아니면 몸이 산산이 찢어져 죽은 축치족 전사들의 시체가 가득 있었다. 단한 사람의 축치족도 항복하지 않고 모두 죽음을 맞았던 것이다. 그렇게 해서 그날의 전투는 아라사군의 승리로 끝났다.

아라사군 장교들은 군대를 이끌고 남쪽으로 내려간다고 말했다. 그리고 김상우도 그들을 따라 남쪽으로 행군을 했다. 그동안 김상우는 눈으로 뒤덮인 벌판 위에서 식사를 하고, 잠이 오면 아라사군 병사들과 함께 그들이 친 막사 안에 들어가서 모포를 덮고 잠을 잤다.

해가 뜨고 지기를 30번쯤 반복했을 무렵, 드디어 행군이 끝났다. 아라사군 장교들은 여기가 대략 몽고 초원 북쪽이라고 가르쳐 주었다. 시베리아처럼 이곳도 눈으로 덮여 있기는 했지만, 그래도 눈의 깊이는 비교적 얕아서 말을 타고 충분히 달릴 수 있었다. 거기서 김상우를 데리고 온 아라사군 장교들은 다른 아라사군 부대와 합류했다. 그들은 김상우가 두 번째로 만났던 아라사군에서 본 가살극 기마병들로 이루어졌는데, 그들을 이끌고 있는 아라사군 지휘관은 김상우와 함께 온 장교들보다 계급이 더 높아 보였다. 김상우를 이끈 장교들이 그 지휘관에게 정중히 경례를 하고 공손하게 대했기 때문이다.

아라사군의 지휘관은 유리 장군이라고 불렸는데, 한눈에 봐도 매우 멋진 말 위에 올라타 있었다. 그는 김상우와 함께 온 아라사군 장교들을 불러서 지시를 내렸는데, 우리가 새로운 전투에 나서야 한다는 것이었다. 유리 장군은 중국 청나라의 지배를 받고 있는 몽고에서 약탈을 저지르다가 도망친 도적떼가 지금 청나라 국경을 넘어 아라사 영토로 들어왔는데, 자신이 지금 아라사군을 이끌고 그들을 토벌하러 가는 중이니 우리도 합류하라고 지시했다. 그래서 김상우 일행을 인솔하던 장교들은 지금까지 타고 온 개썰매를 버리고, 유리 장군이 내어 준 말들을 타고서 그들과 합류하여 도적떼를 퇴치하러 나섰다. 그때 김상우는 세 마리 말들이 끄는 수레를 타고 갔다. 물론 수레에 짐을 실은 채로.

유리 장군이 이끄는 아라사군은 도적떼를 찾기 위해 이틀 동안 설원을 수색하다가 결국 그들을 찾아냈다. 몽고족 도적떼들은 작고 긴 털이 달린 말들 위에 털가죽 옷과 모자를 걸치고, 활과 화살을 든 차림이었다. 반면 아라사군 병사들은 크고 다리가 긴 말 위에 올라타 있어서, 상대적으로 몽고족 도적떼보다 더 커 보였다.

김상우와 함께 온 장교들은 도적떼를 향해 대포를 쏘도록 유리 장군에게 건의했으나, 장군은 고개를 저어 거부했다. 빠르게 달리는 기병들을 상대로 발사 속도가 느린 대포를 쏘아 봐야 잘 맞지도 않고, 괜히 아까운 화약과 포탄만 낭비하게 된다는 이유에서였다. 대신 그는 가살극 기마병들을 내세워, 도적떼에게 재빨리 달려들어 칼과 창 등으로 끝장을 내라고 지시했다.

이윽고 유리 장군이 전투의 시작을 선언하자, 가살극 기병들은 일제히 환호성을 지르며 도적떼를 향해 돌격을 감행했다. 몽고족 도적떼들이 화살을 쏘아 가살극 기병들을 막으려 했으나, 중간에 몇 명만 화살에 맞고 쓰러질 뿐, 나머지는 그대로 말을 달려 도적떼들에게 바짝 접근했다. 그리고 거리가 가까워지자 가살극 기병들은 차고 있던 마상총을 꺼내 도적떼에게 쏘고 나서는 허리에 찬 칼을 뽑아 그들에게 휘두르거나 찌르고 베면서 공격을 했다.

이곳에서 가살극들은 비로소 그들의 진가를 발휘했다. 초원의 드넓은 벌판 위로 질풍같이 말을 달리며 적들을 향해 거침없이 칼을 휘두르며 싸우는 가살극들의 용맹스러운 모습은 가히 먹이를 노리며 사냥하는 호랑이와도 같았다. 이미 전투 시작부터 도적떼들은 그런 가살극 기병들의 기세에 주눅이 들어 제대로 싸우지도 못하였다. 잠시 동안에 벌써 수백 명의 도적떼들이 가살극 기병들이 휘두르는 칼에 맞고 땅에 떨어져 죽었다.

가살극 기병들이 도적떼를 압도하는 모습을 보이자, 유리 장군은 나머지 병력들도 곧바로 실전에 투입했다. 말을 탄 아라사군 병사들이 한꺼번에 달려나가 도적떼들을 공격했는데, 그중 말에 탄 척탄병들은 도적떼에게 가끔씩 수류탄을 던지기도 하였고, 그때마다 수류탄이 큰 소리와 함께 폭발하면서 눈과 얼음이 하늘 높이 치솟았다.

어느 정도 시간이 지나자 전투는 끝났다. 새하얀 백설기 같았던 눈벌판은 병사들이 힘들게 싸운 증거인 피로 붉게 물들었고, 도적떼의 거의 대부분은 죽은 시체가 되어 눈밭 위에 나뒹굴었다. 간신히 살아남은 도적떼 몇 명은 항복하여 아라사군의 포로가 되었다. 유리 장군은 승리를 선언했고, 아라사군 병사들은 기쁨에 겨워 쓰고 있던 모자를 하늘 높이 던져 올리고는 서로를 끌어안고 승리와 살아남은 것에 대해 축하했다. 그 광경을 보고 있자니, 전투에 참가하지 않은 김상우도 왠지 모르게 가슴이 뭉클해졌다.

도적떼 토벌을 마친 아라사군 병사들은 두 무리로 갈라졌다. 유리 장군이 이끄는 가살극 부대는 계속 그곳에 남았고, 김상우를 데리고 온 장교와 병사들은 다시 동쪽으로 행군을 하였다. 그들은 동쪽의 아라사와 청나라 국경 지대로 가서, 국경을 지키는 수비대로 복무할 예정이라고 말했다. 김상우도 그들을 따라갔는데, 두 나라의 국경 지역에서 조금만 더 남쪽으로 내려가면 바로 조선이 나온다는 생각에서였다.

동쪽으로 행군을 하는 와중에 드디어 북방에 봄이 왔다. 하지만 아라사군 병사들은 봄을 별로 좋아하지 않았다. 그들의 말에 의하면 아라사에서 가장 살기 힘든 계절은 겨울이 아니라 바로 봄이라고 했다. 왜 그런고 하니, 봄이 되면 겨울 동안 쌓인 눈이 모두 녹아버려 땅이 온통 진흙탕투성이가 되어서, 말을 타고 달리지도 못하고 두 발로 걷기도 힘들다는 이유에서였다. 차라리 눈과 얼음에 덮여 단단히 얼어붙은 땅 위를 말타고 달리는 것이 더 편하지, 깊고 질퍽질퍽한 진흙탕 위를 힘들게 건너는 것은 힘들다고 말이다.

여하튼 그렇게 해서 보름 동안의 행군 끝에 김상우 일행은 부임지의 군부대에 도착했다. 그곳은 바다와 인접한 작은 항구 마을 인근이었는데, 바다를 보자 김상우는 마음이 흔들리기 시작했다. 저 바다에 배를 띄우고 건너면 어딘가에 있을 조선으로 갈 수 있다는 기대감에서였다.

행군을 마치고 부대에 짐을 푼 장교들은 수고했다면서 모든 병사들에게 술과 음식을 나눠주고는 닷새 동안 푹 쉬게 했다. 김상우도 그때 아라사 술을 잔뜩 마셨는데, 아라사인들은 술에 강한지 몇 잔을 마셔도 멀쩡했지만 그는 한 잔만 마셔도 바로 취해버렸다. 아라사인들은 추운 북쪽에 살아서 그런지, 주로 독한 술을 선호하였다.

닷새가 지나자, 장교들은 김상우를 불러서 이렇게 물었다.

"당신은 고향인 조선에 가고 싶다고 했다. 지금도 그러한가?"

"맞다. 나는 어떻게 해서든 내 고향에 돌아가기를 원한다."

그러자 장교들은 어색한 표정을 짓더니, 김상우를 만류했다. 그들은 아마도 한 사람의 일꾼이라도 쓸모가 있다고 여겨서 김상우를 보내려 하지 않는 것인지도 몰랐다.

"꼭 그래야겠는가? 우리는 여기서 3년만 복무하면 다시 아라사의 수도로 돌아갈 수 있다. 그곳은 여기보다 훨씬 번화하고 살기 좋으며, 급료도 더 많이 나온다. 당신도 여기서 3년 동안 지내다가 우리와 함께 가는 것은 어떤가? 그러면 당신은 살 집과 땅을 얻고, 많은 돈도 받아 살기도 지금보다 더 좋아질 수 있다. 그뿐만 아니라 아름다운 여인과 결혼도 해서 가정도 꾸릴 수 있다. 어떤가? 우리와 함께 수도로 가지 않겠는가?"

하지만 김상우는 그들의 말에 동의하지 않고, 반드시 조선으로 돌아가겠다고 고집을 부렸다. 물론 그들이 말하는 대로 김상우가 아라사의 수도로 가서 군대에 복무하며 돈을 많이 벌어서 아름다운 아라사 여인과 결혼을 할 수도 있었을 것이다. 그러나 김상우는 남의 나라에서 부귀영화를 누리는 것보다는 자신의 나라와 고향으로 돌아가 평범하게 살다가 죽고 싶었다. 젊어서 본의 아니게 고향을 떠나 수십 년 동안 외국을 떠도는 험난한 삶에는 이제 지쳤으니까.

결국 김상우의 고집을 꺾을 수 없었던 장교들은 알았다며 수

궁하고는 다음 날 아침, 그를 다시 불러서 개인적인 짐들을 모두 챙기게 한 다음, 항구로 데려갔다. 그리고는 김상우가 아라사 군대를 따라다니며 수고해준 대가로 수달과 여우 모피 열 장을 선물로 주고, 작은 배 한 척을 내주었다. 그리고 "여기서 곧바로 배를 남쪽으로 몰아 20일 정도 간다면, 당신이 가고 싶어 하는 조선이 나올 것이다. 부디 무사히 돌아가기를 바란다"라며, 축복을 빌어주었다. 김상우는 그들이 내어준 배에 모피들과 다른 짐들을 챙겨 싣고는 그들을 향해 오른손을 흔들며 인사를 했다.

이제야 드디어 김상우는 운명의 사슬에서 해방을 맞았다. 더는 남들이 시키는 대로 이리저리 끌려 다니며 살지 않아도 좋다는 점에서 그저 기뻤을 뿐이다. 한시라도 빨리 고향으로 돌아가서 편안히 몇 날 며칠 동안 잠을 자면서, 남은 인생을 조용히 보내고 싶은 생각이 가득했다.

하지만 하늘은 김상우가 떠나는 마지막 순간에도 장난을 멈추고 싶지 않았나 보다. 배를 탄 지 한 보름 정도 되었던 날, 갑자기 하늘 저편에서 시꺼먼 먹구름이 몰려오더니 곧바로 심한 바람이 불어 파도가 배를 거세게 덮쳤다. 김상우는 뱃전을 단단히 붙잡고, 마음속으로 그동안 알게 된 모든 신들에게 "제발 이번에는 날 가만히 내버려 두십시오! 이제 그만큼이나 고생을 하게 했으면 되지 않았습니까? 고향을 지척에 두고서 날 바다에 빠뜨려 죽일 작정입니까?" 하고 빌었다. 그러거나 말거나, 어두워진 하늘은 계속 바람을 보내 김상우가 탄 배를 위협했으며, 거대한 바다 위에 떠 있는 배는 파도와 풍랑에 밀려 어디론가 떠밀려

갔다.

해가 보이지 않을 만큼 어두워서 날짜가 며칠이 지난지도 모르는 사이, 김상우가 탄 배는 어느 육지의 해안가에 표류했다. 한참을 배멀미에 시달리던 김상우는 힘없이 배에서 내렸는데, 아라사군 장교들이 선물로 준 모피들은 풍랑에 시달리느라 죄다 바다에 빠지고 없었다. 하기야 바다에 빠져 죽을 뻔한 위기에서 겨우 목숨을 건진 처지에 그런 것들은 상관없었다. 가장 중요한 점은 일단 김상우가 표류한 이곳이 어디냐는 것이었다. 일단 길을 가는 사람들 아무나 붙잡고 물어볼까, 하는 생각도 했지만 곧바로 관두었다. 만약 이곳이 조선이 아니라 중국이나 일본이라면, 김상우는 틀림없이 첩자나 밀입국자로 분류되어 감옥으로 끌려갈지도 모르는 일이었다.

일단 김상우는 배에 실린 짐 중에서 쓸만한 것들을 모두 챙겨서 등에 지고는 주위를 살피며 조용히 땅 위를 걸었다. 그리고 조금 지나자 산이 나왔는데, 김상우는 그 산으로 들어가 숲속에 몸을 숨기며, 또 걸었다. 식사는 가지고 온 딱딱한 육포를 꺼내 씹는 것으로 때웠고, 물은 새벽에 내린 이슬로 해결했다. 산이 계속되자 김상우은 다소 초조해졌는데, 이곳이 어느 나라에 속하는 땅인지를 알 수가 없었기 때문이었다. 그래서 일단은 사람의 흔적이 있는 산 아래로 내려가야겠다고 마음을 먹었는데, 조금 내려가니 사람들이 보였다. 혹시 외국인일지도 몰라서 몸을 숨기고, 조용히 눈과 귀로 그들이 어떤 사람이고 어떤 말을 하는지 살피려 했다. 자세히 보니 분명 서양인은 아니고 동양인이며,

하는 말도 영어나 불란서어, 서반아어나 아라사어도 아니었다. 하지만 처음에는 어느 나라의 말인지 잘 몰랐다. 그래서 좀 더 가까이 가려고 몸을 슬며시 뺐는데, 그때 누군가 김상우의 어깨에 손을 짚고서 말하는 게 아닌가?

"당신은 누구요? 여기서 뭐하고 있소?"

그 말을 들은 김상우는 어느 나라의 말로 응대해야 할지 몰라서 잠시 머뭇거리다가 조심스럽게 등을 돌려 그의 얼굴을 쳐다보았다. 그러자 그의 모습이 보였는데, 그는 김상우가 고향에서 떠나오던 때, 거리에서 보았던 패랭이를 쓰고 저고리와 짚신을 착용한 모습이었다. 혹시 그도 자신처럼 외국 땅에 표류해온 조선 사람인가 싶어서 오랫동안 쓰지 않은 조선 말로 조심스럽게 물어보았다.

"그러는 당신이야말로 누구요? 여기는 대체 어디요?"

김상우의 말에 그는 별 이상한 사람 다 본다는 말투로 대답했다.

"나? 강원도 양양 범골 마을에 사는 김일수요. 여기는 강원도 속초로 통하는 산줄기외다."

"강원도라면 조선의 땅이 아니오?"

"그럼 강원도가 조선에 있지, 중국이나 일본에 있겠소? 도대체 당신, 자다가 깨어난 거요?"

조선! 드디어 김상우가 꿈에도 그리던 고향에 돌아온 것이었다. 김상우는 한동안 멍해 있다가 어느 순간, 감정이 복받쳐 올라와서 그만 할 말을 잃고 흙투성이의 땅바닥에 벌렁 누워버렸다. 그리고 고향의 땅을 손으로 파내서 그 냄새를 맡고, 얼굴에 바르며 오랫동안 잊었던 고향의 정취를 느끼려 했다. 김상우의 그런 행동을 보던 김일수는 "별 미친 놈 다 봤네"라고 말하며 지나가 버렸고, 김상우는 그렇게 한동안을 누워서 흐뭇한 얼굴로 땅바닥에 누워서 고향의 하늘을 계속 쳐다보고 있었다.

이윽고 해가 저물자, 김상우는 마침내 산에서 내려와 속초로 향하는 길을 찾았다. 그리고 지나가는 사람들에게 길을 물어, 속초로 가는 길로 정신없이 빠른 걸음으로 걸어갔다. 얼마 못 가서 고향 마을의 입구가 나왔고, 김상우는 정신없이 달려가서는 오랫동안 그가 버려두었던 집으로 찾아갔다. 집에 간 김상우는 약간 놀랐는데, 수십 년 동안 떠나 있었는데도 집이 그리 더럽지 않았다는 것이었다. 나중에 알고 보니, 마을 사람들은 김상우가 바다에서 빠져 죽은 줄 알고 그의 넋을 위로하기 위해 매년 제사를 지내주고 집을 청소했다고 한다.

그렇게 해서 김상우는 드디어 고향 집으로 돌아왔고, 이렇게 편안하게 늙어가고 있는 것이었다.

긴 이야기를 마친 김상우는 지난 삶의 이야기를 회상하다가 감개가 다시 복받쳐 왔는지, 한동안 말을 잃고 입을 다문 채로 조용히 있었다. 왕과 송화도 그의 입장을 고려해서 그대로 내버려 두었다. 그러다가 김상우는 뭔가 생각이 난 듯 다시 입을 열었다.

"전하께서는 나라를 다스리시는 분이니, 한낱 백성인 소인이 감히 이래라저래라 하고 말씀을 드릴 수는 없사옵니다. 다만, 한 가지만 당부를 드리겠사옵니다."

"무엇이든 말해 보라."

"전하, 이 세상에는 소인이 말씀드린 것처럼 중국과 일본 이외에도 수많은 나라들이 있사옵니다. 그들 중, 소인이 수십 년 동안 보고 체험했던 서양 나라들은 매우 중요하옵니다. 전 세계의 바다를 거머쥐고 있는 영국과 나파륜 황제를 키워 낸 불란서, 영국의 후계국인 미국, 그리고 중국의 북쪽 땅을 모두 지배하면서 남쪽으로 내려오려는 아라사 등은 머지않아 우리 조선과 접촉하게 될 것이옵니다. 그들은 우리의 친구가 될 수도 있지만 적이 될 수도 있사옵니다. 부디 그들과 적대하지 마시고, 그들의 앞선 문물을 잘 받아들여 나라의 힘을 키우셔야 하옵니다. 우리 조선이 영국에게 지배당한 인도나 나파륜에게 짓밟힌 애굽, 혹은 아라사의 영토로 편입된 시베리아처럼 되어서는 결코 아니 되옵니다. 부디 전하께서 이 나라 조선과 백성들을 잘 지켜 주시기 바라옵니다."

김상우의 간절한 건의를 들은 왕은 무겁게 고개를 끄덕였다.

"그대의 말뜻은 과인도 잘 알았도다. 과인은 결코 망국의 군주가 되지 않을 것이고, 백성들도 나라를 잃은 신세가 되지 않도록 각별히 유념할 테니, 그대는 부디 안심하라."

"전하께서 그렇게 해 주신다면 이 못난 백성은 그저 감사할 따름이옵니다."

거기까지 말한 왕은 잠시 후 뭔가 좋은 생각이 떠올랐는지 김상우에게 말했다.

"혹시 그대는 조정에 들어와 과인의 곁에 있으면서, 나중에 있을 서양 나라들과의 교역에서 과인에게 정보를 알려 주는 자문으로 일할 생각은 없는가?"

그 말에 김상우는 쓴웃음을 지었다.

"송구하오나, 전하. 평생 동안 남들이 시키는 대로만 살다 보니, 이제는 소인이 하고 싶은 대로 살기로 했사옵니다. 다른 사람이 명령하는 대로 사는 것은 넌더리가 납니다요. 지금 소인은 그저 이 보잘것없는 집에서 편안히 늙어 가다가 조용히 죽고 싶은 심정뿐이옵니다."

"그런가? 그대의 뜻이 정 그렇다면 과인이 강요하지는 않겠다. 송전경은 일어서라. 밤새도록 재미있는 이야기를 들었으니, 이제 그만 물러가서 일상으로 복귀해야 할 때다."

"예, 전하. 그리하겠사옵니다."

왕과 김상우가 자리에서 일어서자, 김상우는 왕을 향해 엎드려 큰절을 했고, 송화가 그런 김상우를 일으켜 세웠다. 왕은 옷속에 손을 넣어 돈 몇 푼을 꺼내 김상우에게 주었고, 김상우는 한사코 사양하려 했으나 "그대에게 귀중한 이야기를 밤새도록 들은 값이다"라며 왕은 그에게 돈을 주고는 송화와 함께 방문을 열고서, 밖에 대기시켜 둔 병사들의 호위를 받으며 김상우의 집을 떠났다.

왕이 송화와 호위병들을 거느리며 길을 걷자, 어느덧 밤의 어둠이 거의 지나가고 이제 새벽녘의 파란 하늘이 뚜렷해지고 있었다. 그 모습을 보며 왕이 송화에게 물었다.

"저 새벽처럼 우리 조선의 앞길도 밝아질 수 있을까?"

"미래가 빛이 될지, 어둠이 될지는 오직 사람의 손에 달려 있사옵니다."

"그렇겠지. 부디 밝아졌으면 한다."

그런 대화를 나누며 왕과 그 일행들은 다른 신하들과 사냥 몰이꾼들이 기다리고 있는 장막을 찾아 발걸음을 옮겼다. 그 와중에도 왕은 밤새도록 김상우가 들려준 서양의 여러 나라들에 대한 이야기를 떠올리면서, 미지의 세계에 대한 호기심과 열정을 마음속으로 다시 불태우는 중이었다. 언젠가 그 나라들이 조선과 교류를 하러 온다면, 잘 살펴서 그들과 손을 잡고 새로운 세상을 만들어 보겠다는 꿈도 함께 품으면서…….

이번 항목에서 중요하게 다뤄진 나라는 러시아다. 러시아는 조선 시대에 나선, 악라사, 아라사 등 다양한 이름으로 표기되었는데 여기서는 19세기 초반과 중엽 사이라는 점을 들어 우리에게 가장 익숙한 아라사로 통일했다.

　김상우가 러시아 선원들과 가장 먼저 방문한 섬은 모아이석상으로 잘 알려진 이스터 섬이다. 이스터 섬은 남태평양의 한가운데에 있는데, 폴리네시아 계통의 주민들이 배를 타고 이주해 정착하면서 역사가 시작되었다. 처음에 이스터 섬은 울창한 숲이 우거졌으나, 주민들이 계속 생활 도구로 쓸 나무를 얻기 위해 숲을 베고 급기야 모아이석상을 쌓는 데 필요한 굴림대로 많은 통나무를 필요로 하는 바람에 이스터 섬의 숲은 급속도로 줄어들었다. 여기에 이스터 섬의 기후는 숲이 한 번 없어지면 다시 자라기 어려운 데다, 이스터 섬의 주민들은 삼림 복구도 알지 못했다. 그래서 18세기 유럽인들이 이스터 섬을 방문했을 때, 이스터 섬에는 숲이 전혀 없어서 마치 화산섬을 보는 듯했다고 기록했다.

　이스터 섬의 명물인 모아이석상은 그 거대함과 기괴함 때문에 한동안 외계인이 와서 세웠다고 잘못 알려졌다. 그러나 사실 모아이석상은 사람의 힘만으로 손쉽게 만들어 세울 수 있다. 모아이석상 같이 신기한 유적들을 외계인이 만들었다는 주장은 비서구인들을 폄하하기 위한 발상에서 나온 일종의 인종차별적인 사고관에 그 기반을 두고 있으니 조심해야 한다.

김상우가 두 번째로 방문한 섬은 오늘날 미국 영토인 하와이 제도 서북쪽에 있는 카우아이 섬이다. 이 섬의 통치자였던 카우무알리는 자신의 경쟁자이자 하와이 섬의 지배자인 카메하메하 1세에게 맞서기 위해서 1817년, 북미 대륙에 러시아 식민지 경영을 맡았던 러시아-미국 회사와 손을 잡고서 자신의 영토인 카우아이 섬에 300명의 러시아 군대와 그들이 주둔할 요새 세 곳을 세우도록 요청을 하였다. 그리하여 카우아이 섬의 남동쪽인 와이메아 계곡과 강 근처에 세 개의 러시아 요새가 건설되었다. 요새들에는 러시아 황제 알렉산드르 1세와 황후인 엘리자베스 및 러시아 군대의 원수인 바클레이의 이름을 따서, 알렉산드르 요새와 엘리자베스 요새, 바클레이 요새라는 이름이 붙었다.

그러나 카우무알리는 진심으로 러시아에 복종하려 한 것이 아니었다. 그는 요새가 완성되자, 러시아인들에게 식량 공급을 끊겠다고 위협하여 그들을 쫓아 버렸다. 아울러 세 군데의 러시아 요새에 보관된 총과 대포와 화약과 포탄 같은 무기들은 모두 자신이 차지했다. 아마 그는 카메하메하 1세에 맞서기 위해 러시아의 군사 무기가 필요했던 것뿐이지, 자신이 러시아의 신하가 되기는 싫었던 듯하다.

다소 이율배반적인 카우무알리의 처사에 분노한 러시아-미국 회사에서는 러시아 황제 알렉산드르 1세에게 도움을 요청하여, 카우아이 섬뿐만 아니라 하와이 제도 전체에 대규모의 러시아 정규군을 파견하여 러시아 제국의 식민지로 삼자고 요청하였으나, 알렉산드르 1세는 러시아 본국에서 거리가 멀어 보급과 유지가 어렵다는 이유로 그 요청을 거부하였다.

오늘날 하와이를 방문하는 전 세계 관광객들은 카우아이 섬에 표기된 러시아 요새 엘리자베스의 알림판을 볼 수 있는데, 이는 한때나마 러시아가 하와이 제도에 손을 뻗쳤다는 역사적 사실을 알리는 흔적이다.

김상우가 세 번째로 러시아 선원들과 함께 방문한 곳은 미국 서부의 캘리포니아다. 원래 캘리포니아 주는 미국과 멕시코가 전쟁을 벌여 승리한 미국이 전리품으로 차지하기 전에는 멕시코의 영토였고, 그 이전에는 멕시코를 지배했던 스페인의 땅이었다. 김상우가 왕에게 말한 로수 요새는 그런 캘리포니아에 러시아인들이 세운 '포트 로스'를 가리킨다. 포트 로스는 러시아의 이름을 줄여서 붙여진 이름이었고, 1812년에서부터 1841년까지 약 29년 동안 다섯 명의 러시아인 행정관들에 의해 운영되었다.

포트 로스는 1833년과 1837년에 말라리아와 천연두 등의 전염병이 퍼져 인구가 크게 줄어들었고, 해달과 수달 같이 모피를 제공해 주던 동물들도 너무 많이 잡아서 모피 무역도 중단되기에 이르렀다. 재정 악화를 견디다 못한 러시아-미국 회사는 결국 1841년, 로스 요새를 멕시코인 존 셔터에게 3만 달러에 팔고, 그때까지 요새에 남아 있던 회사 직원들을 모두 알래스카로 철수시켰다. 그리하여 레자노프가 야심 차게 추진해 오던 캘리포니아 식민지는 36년 만에 끝났다.

한편 김상우가 말한 레자노프, 즉 러시아-미국 회사를 세운 러시아의 무역 상인인 니콜라이 페트로비치 레자노프와 서반아인 소녀 마리아와의 사랑 이야기도 실제 있었던 일이다. 당시 스페인의 식민지였던 캘리포니아를 다스리는 스페인 장관인 조세 다리오 알게우엘로에게는 캘리포니아 제일의 미녀로 칭송받던 마리아 콘켑시온 알게우엘로라는 딸이 있었는데, 그녀의 나이는 15세였다. 그녀는 연회장에서 만난 레자노프와 사랑에 빠져 아버지의 반대를 무릅쓰고 약혼을 치렀는데, 레자노프가 러시아 본토로 출장을 갔다가 과로사하자, 그 소식을 듣고 슬퍼하여 몬테레이에 수녀원을 만들고 그 안에 들어가 평생 동안 수녀가 되어 결혼하지 않고 살다가 1857년에 죽었다. 두 사람은 나이 차이가 많이 났지만, 마리아는 레자노프를 진심으로 사랑했던 모양이다.

김상우가 러시아 선원들과 함께 네 번째로 도착한 곳은 오늘날 미국 알래스카 남부 도시인 시트카이다. 이곳은 러시아인들이 처음 개척하여 만든 도시인데, 원주민인 틀링깃족과의 마찰로 1804년 전투가 벌어지기도 했다. 전투는 러시아 측의 승리로 끝났고, 러시아인들을 피해 달아난 틀링깃족들이 산발적으로 습격을 해 오기도 했지만, 이후로 러시아의 알래스카 식민지는 평온했다. 참고로 알래스카는 1741년에 러시아인 선장 알렉세이 치리코프가 베링 해협을 건너 알래스카에 상륙하면서 러시아의 식민지가 되었고, 그 후 120여 년 동안 러시아의 영토였다.

김상우가 러시아 선장 일행과 헤어진 곳은 오늘날 러시아 동쪽 끝인 추코트카자치구의 해변이다. 이곳은 시베리아의 여러 원주민 부족들 중 하나인 축치족이 사는 곳으로, 축치족의 이름을 따서 추코트카라는 지명이 붙었다. 축치족은 김상우의 설명대로 매우 호전적인 부족이었는데, 원시적인 무기에도 불구하고 가장 오랫동안 러시아군에 맞서 저항한 자들이기도 하다. 추코트카자 치구는 러시아에서 자연환경이 거칠고 교통도 불편한 오지이지만, 러시아의 거부인 로만 아브라모비치가 주지사로 부임하여 주민들을 위해 여러 가지 복지 정책과 배려를 한 결과, 지금은 어느 정도 살 만한 지역이 되었다고 한다.

또한 김상우가 설명한 가살극은 러시아의 코사크족들을 가리킨다. 봉건지주들의 압박을 피해 러시아 변방으로 달아나서 몽골-튀르크계의 유목민들과 혼혈을 이루어 탄생한 집단인 코사크족은 뛰어난 기병으로 활약하며 러시아 군대에 복무하는 대가로 많은 자치권을 누렸다. 이들은 나폴레옹이 러시아를 침공했을 때에도 프랑스군에 맞서 용감하게 항전했으며, 나폴레옹이 퇴각하자 그 뒤를 쫓아 프랑스 파리에까지 들어가 전쟁을 승리로 이끈 주역이기도 하다.

김상우가 말한 척탄병은 르네상스 시대 이후부터 유럽 각 나라들이 사용한 부대인데, 키가 크고 힘이 센 병사들만 골라 편성했으며, 적에게 수류탄을 던져 기선을 제압하며 전투에서 가장 위력을 발휘하는 최정예 병사들이었다.

朝 鮮 夜 話

장년이 된 왕은 원인을 알 수 없는 병에 걸려 죽음의 문턱을
헤매는 신세가 된다. 왕은 지나간 역사를 되돌아보고
그로부터 깨달음을 얻으며 삶을 마칠 준비를 한다.

제3장

지난 역사의 회고

01

나라를 망친 성군,
양무제

자비심만으로는 세상을 구할 수 없다

얼마 전부터 조선의 왕궁은 근심에 휩싸여 웃음소리가 끊겨 있었다. 이제 30대로 접어든 왕이 갑자기 병에 걸려 자리에서 일어나지 못하고 있었기 때문이다. 조선 각지에서 용하다는 의원들이 약재를 들고 궁궐을 방문하여 왕을 진료했고, 내관과 궁녀들이 매일 밤마다 각자가 믿는 신에게 왕을 낫게 해 달라는 기도를 올렸으나 왕의 병은 전혀 차도가 없었다. 신하들은 혹시 있을지 모르는 왕의 죽음에 대비하여 누가 다음 왕이 될 것인가를 놓고 은밀히 귓속말로 수군거렸다.

그러는 와중에 오직 순수한 마음으로 왕을 걱정하는 신하가 있었으니, 바로 송화였다. 그는 왕이 병에 걸려 자리에 누웠다는 소식을 듣자마자 황급히 왕을 찾아가려 했으나, 선뜻 기회가 나지 않았다. 왕실의 친척들과 조정의 수많은 고위 대신이 매일 문병을 하러 왕이 누운 방을 뻔질나게 드나들었기 때문에, 그가 끼어들 자리가 없었던 것이다. 더구나 벼슬이 낮은 그로서는 고관대작들에 비하면 자연히 차례가 뒤로 밀려날 수밖에 없었다.

좀처럼 기회가 오지 않아 안달복달하던 송화는 왕이 자리에 누운 지 거의 일곱 달이 지나서야 간신히 왕을 찾아갈 수 있었다. 그나마 그것도 평소 송화와 친하게 지내던 내관이 "지금 사람들의 문병 행렬이 한가하니, 빨리 오시오"라고 귀띔을 해주고서야 얻은 기회였다. 오랜만에 왕을 본다는 기대감에 젖어 두근거리는 가슴을 부여잡고 송화는 축지법을 쓰는 것처럼 빠른 걸음으로 왕이 누워 있는 별궁을 찾아갔다. 다행히 내관이 알려 준대로 별궁은 방문객들이 없어서 한가했다. 송화는 안도의 한숨을 쉬고 마음속으로 그 내관에게 감사의 인사를 전했다. 별궁의 문을 지키고 있는 호위 무사와 내관들이 누구냐고 묻자, 과거 야대 시간에 전하를 모셨던 몸이며 문병을 왔다고 하자, 별다른 저지 없이 순순히 보내 주었다.

마침내 왕이 누워 있는 방까지 오자, 송화는 내관에게 자신의 신분과 방문 목적을 밝혔다. 그러자 내관은 왕에게 송화의 방문을 알렸다.

"전하, 송전경이 들어와 뵙기를 청하옵니다."

그러자 곧이어 방 안에서 흐릿한 목소리가 들려왔다.

"들라 해라."

비록 힘이 없는 목소리였지만, 송화는 그 소리의 주인공이 왕임을 즉시 알아차렸다. 금방이라도 터질 것 같은 반가운 마음을 억누르며 송화는 내관이 열어 준 방문 안으로 조심스럽게 들어갔다. 방 안에는 죽음을 앞둔 사람이 내뿜는 특유의 탁하고 무거운 냄새가 가득했지만, 송화는 전혀 개의치 않았다. 방의 한가운데에는 금실 비단으로 짠 두꺼운 이불을 덮고서, 베개 위에 머리를 올려놓은 왕이 누워 있었다. 왕은 누운 채로 송화를 맞았는데, 평소 총기가 감돌던 두 눈은 그물에 잡힌 명태의 눈처럼 흐릿했다. 하지만 송화의 방문을 알아차린 왕의 얼굴은 밝았고, 애써 미소를 지으며 송화를 향해 손을 추켜올리기도 했다.

송화가 왕 옆에 조용히 앉자, 왕이 먼저 입을 열었다.

"매일 누워만 있었더니 허리가 아파서 이제는 잠을 자기도 어렵다네. 그래서 깨어 있었는데, 마침 그대가 왔다기에 반가워서 곧바로 들어오라고 했지."

"몸은 어떠시옵니까, 전하?"

"어제와 같네. 온몸에 힘이 없고, 아픔이 끊이지 않네 그려. 차라리 맑은 바람을 쐬러 밖에 나갔으면 싶은데, 의원들이 무슨 일이 있어도 나가면 안 된다고 해서 그냥 여기에 계속 누워 있다네. 하긴, 나가고 싶어도 몸에 기운이 없으니 그러지 못하고 있네."

말을 마친 왕은 길게 한숨을 쉬었다. 의학에 지식이 없는 송화는 자신이 왕을 돕지 못하고, 그저 왕이 고통스러워하는 모습을 계속 지켜볼 수밖에 없다는 생각에 마음이 괴로웠다. 그런 송화의 심정을 알아차리기라도 했는지, 왕은 다시 송화에게 말을 걸었다.

"송전경, 그렇게 무거운 표정 짓지 말게. 자네는 아무런 잘못도 책임도 없어. 사람의 몸이 병들고 건강해지는 것을 누가 어찌 알 수 있겠나? 더구나 자네는 과인을 치료하는 의원도 아니지 않은가."

"전하의 말씀이야 옳사옵니다만, 임금이 병에 걸려 아파하고 있는데 신하로서 어찌 즐거워할 수 있겠사옵니까?"

송화의 말에 왕은 짧게 웃었다.

"여전히 그대는 곧고 올바른 사람이로군. 과인에게 문병을 오는 수많은 왕실 친척이나 조정 대신들 중에 과인을 진심으로 걱정하는 사람은 아마 그대뿐일 걸세. 다들 과인이 죽으면 그 빈자리를 누가 차지하느냐를 놓고 지금 치열한 암투를 벌이고 있지. 하는 짓이야 괘씸하지만, 그들의 계산이 틀린 건 아니야. 과인이 생각해도 지금 이 병은 약을 먹거나 치료를 해도 소용이 없어. 어쩌면 과인이 영영 못 일어날 수도 있다는 예감이 든다네."

불길한 뜻을 담은 왕의 말에 송화는 깜짝 놀랐다.

"전하, 어찌하여 그런 무서운 말씀을 하시옵니까?"

"과인의 몸은 과인이 가장 잘 안다네. 이 몸이 하루하루 저승의 문을 향해 서서히 발걸음을 옮긴다는 것도 과인은 느끼고 있지. 이 이상 얼마나 버틸지 모르겠어. 한 석 달? 아니면 여섯 달? 일 년 이내에 과인은 그대와 영원히 작별을 하게 될 걸세."

"당치 않으신 말씀이옵니다, 전하. 어서 자리에서 훌훌 털고 일어나셔서 예전처럼 나랏일을 돌보셔야지요."

그러나 왕은 자신의 예감을 굽히지 않았다.

"과인도 부디 틀렸으면 좋겠네만, 불행히도 그럴 것 같지는 않아. 그리고 설령 죽는다고 해도 과인은 불만이 없네. 지금 듣자 하니 나라 안과 밖이 온통 어수선하다지? 나라 안에서는 하루에도 수십 명이 굶어 죽거나 자살을 하고, 나라 밖에서는 당장 영국과 불란서가 쳐들어올지도 모른다는 흉흉한 소문이 나돌고 있다는 것을 과인은 알고 있네. 과인이 죽는다면 그런 끔찍하고 무서운 일들을 더는 보거나 듣지 않아도 되니, 다행이 아닌가? 물론 과인을 대신해 이 나라의 왕이 될 사람에게는 큰 짐이 되겠지만 말이야."

"전하……."

금방이라도 울 것 같은 얼굴을 하는 송화를 향해 왕은 손을 휘저으며 '이제 그만하게'라는 신호를 보냈다.

"참, 과인이 자리에 누우면서 송전경을 만나면 하고 싶은 말이 있었다네. 그동안 송전경이 들려주는 재미있는 이야기를 못 들어서 무척이나 지루하고 답답했는데, 이렇게 와 주어서 정말 고맙네. 송전경, 어서 과인에게 이야기를 들려주게. 이 방 안에 계속 누워만 있자니 몸도 아프고 마음도 허무해서 견딜 수가 없네."

왕의 부탁에 송화는 붉어진 눈시울을 소매로 닦고는 얼굴을 밝게 만들려 애썼다.

"소신은 궁궐에 들어온 이후로 줄곧 전하께 이야기를 들려드리며 젊은 날을 보냈었지요. 이제 전하께서 가시는 길에도 이야기를 들려드리겠나이다. 전하께서 소신에게 바라는 것인데, 어찌 거부하겠사옵니까? 신하된 자로서 당연히 따르겠사옵니다."

그리고 송화는 머릿속에서 이야깃거리들을 떠올리기 시작했다.

"이제 전하께서도 연세가 서른이 넘으셨으니, 예전과는 다른 이야기들을 들려드리겠사옵니다. 오늘부터 전하께 들려드릴 이야기의 주제는 '역사에서 배울 교훈'이옵니다."

송화가 이야기를 하겠다는 말에, 왕은 병으로 고통받고 있는 상황에서도 눈을 밝혔다.

"어서 말해 보라."

"예, 전하. 중국이 북방에서 쳐들어온 유목민들과 토착 한족들 간 전쟁으로 혼란스러웠던 오호십육국 시대의 후반기인 남북조 시대에 있었던 일이옵니다. 한족 왕조인 양나라를 세웠던 무제, 소연에 관해서입니다. 소연은 매우 훌륭한 성군이었사옵니다. 그는 매일 새벽마다 잠자리에서 일어나 해가 질 때까지 식사하는 시간을 제외하면 쉬지도 않고 계속 나랏일을 보았사옵니다. 더운 여름이고 추운 겨울이고 간에, 가리지 않고 항상 그렇게 일하다 보니 손이 부르터서 갈라질 지경이었사옵니다. 명색이 한 나라의 군주이면서 그렇게 열심히 정치를 살핀 경우는 역대 중국 황제들 중에서도 굉장히 드물었사옵니다. 근면함 이외에도 소연은 다른 장점도 지녔사옵니다. 검소함이었지요. 소연은 사치를 멀리했고, 비단옷 대신 베로 만든 옷을 입었으며, 고기나 생선 같은 비싸고 호화로운 요리를 먹지 않고 언제나 채식만을 했사옵니다. 당시 대부분의 중국 황제들이 사치와 방탕을 즐긴 폭군이었음을 본다면, 이는 매우 특이한 경우였지요. 아울러 소연은 진경지와 위에 같은 뛰어난 장군들을 등용하여, 북방의 강적이었던 북위의 침략을 번번이 막아내기도 했었지요. 진경지는 대단히 탁월한 장군이었는데, 7,000명의 군대를 이끌고 북으로 진군하여 43만 명이나 되는 북위의 대군과 맞서 싸워 대승을 거두었으며, 그 여세를 몰아 북위의 수도인 낙양까지 점령했었사옵니다. 위예도 진경지 못지않게 훌륭했는데, 쳐들어온 북위의 대군을 격파하여 그중 20만 명을 죽이고 10만 명을 포로로 잡는 등 위용을 떨쳤지요. 말년에 가서 소연은 불교를 믿고, 불교에서 가르치는 '자비'에 깊이 감화되어 이를 국정 철학의 근본으로 삼았사옵니다. 감옥에 갇힌 죄수들도 사형을 시키지 않았고, 어쩌다 사형을 시키면 며칠 동안을 불쾌해하며 부처에게 죄를 빌었사옵니다. 또 자신을 죽이려 역모를 꾸민 동생도 용서해 주어 결코 해치지 않았고, 적국인 북위로 달아났다가 돌아온 조카도 사면해 주었사옵니다. 그리고 스스로 황위를 버리고 절에 들어가 종이 되기를 원하여 세 번이나 사찰에 들어갔다가, 신하들이 절에 일 억 전이라는 막대한 돈을 바치고 다시 돌아오게 했사옵니다. 아울러 양무제는 잇달아 절을 짓는 데도 큰돈과 물자를 퍼부어서, 양나라의 수도인 건강에는 500여 개나 되는 사찰들이 들어섰사옵니다. 그래서 사람들은 양무제를 가리켜 '보살 황제'라고 불렀지요."

"하지만 그렇게 훌륭한 업적을 쌓았던 양무제도 큰 실책을 저질렀다."

왕이 아쉽다는 투로 말하자, 송화도 고개를 끄덕였다.

"맞사옵니다. 이제부터 그 점에 대해 말씀을 드리겠사옵니다."

"소연의 끝은 비참했사옵니다. 물론 소연 본인은 검소하고 부지런했지만, 문제는 그의 주위에 있는 사람들이었사옵니다. 소연의 동생들은 노골적으로 반역을 꾸몄으며, 아들들은 백성들을 수탈하고 착취하여 얻은 재물로 날마다 사치와 방탕에 젖어 살았사옵니다. 그래서 소연이 애써 얻은 민심을 그 친인척들이 몽땅 날려버린 셈이었지요. 또한 소연 본인도 잘못이 있었사옵니다. 그는 착한 사람이었지만, 그로 인해 사람의 본성 중 얼마나 많은 부분이 사악한지를 제대로 알지 못했사옵니다. 어느 정도였느냐 하면, 자기의 동생과 아들들이 비리와 부패를 저질러도 처벌을 하지 않았사옵니다. 한번은 동생인 소굉의 집에 찾아갔는데, 그가 백성들을 착취해 집안 창고에 막대한 돈을 쌓아 놓은 모습을 보고는 화를 내지도 벌하지도 않고 오히려 "너희 집 살림살이가 좋구나"라고 웃으며 넘어갔사옵니다. 아마 그들을 잘 다독이면 마음을 고쳐먹고 착하게 살 거라고 생각을 했던 모양이옵니다. 그러나 사람의 본질은 한 번 형성이 되면 좀처럼 변하지 않사옵니다. 그리고 사악한 자들은 자신들의 욕망에 충실할 뿐, 도덕이나 윤리 같은 것은 전혀 안중에도 없지요. 애석하게도 소연은 인간이 얼마나 잔인하고 탐욕스러우며 거짓으로 가득 찬 존재인지도 몰랐지요."

"대부분의 사람들이 다른 사람도 자신과 같다고 여기지. 자기와 다른 형태의 인간에 대해 알거나 이해하는 자는 매우 드물다."

"그래서 사람은 자기가 보고 싶은 것만 본다고 하지요. 진정 훌륭한 위인이라면 자기가 보고 싶지 않은 것도 보아야 하는 법이옵니다. 동생과 아들 같은 친척들의 범죄와 부패를 그대로 내버려 두다 보니, 점차 백성들의 민심은 양나라를 떠나기 시작했사옵니다. 소연이 행차를 하던 도중에 어느 백성이 길을 막아서고 "폐하의 법은 권세 있는 자들에게는 너그러우면서 백성들에게는 엄하옵니다. 과연 이 나라가 오래갈 것 같사옵니까?"라고 항의를 할 정도였지요. 그러던 소연은 후경이라는 사람을 만나면서 끝내 파멸을 맞게 됩니다. 후경은 모든 면에서 소연과 정반대되는 인물이었죠. 그는 사납고 탐욕스러운 데다가 배신을 자주하여 신의가 없기로 악명이 높았사옵니다. 본래 동위의 장군이었던 후경은 서위로 넘어갔다가 거기서도 반란을 일으켜 싸우다 대부분의 군사를 잃고 양나라로 투항했사옵니다. 이때, 많은 신하들이 후경의 표리부동함을 우려하여 그를 받아들이지 말자고 건의했사옵니다만, 소연은 자신의 관대함을 과시하기 위해 후경의 망명을 승인했사옵니다."

"그것이 잘못이었다. 소연은 호랑이나 곰을 자기 집 안으로 끌어들였던 것이다."

"그렇사옵니다. 소연은 후경을 자신이 통제할 수 있다고 생각했는데, 결과적으로 그것은 크나큰 오산이었사옵니다. 후경은 양무제가 베푼 은혜를 원수로 갚았사옵니다. 그는 양나라의 가난한 백성들을 선동하여 자신의 군대로 끌어들여 세력을 키운 다음, 소연에 맞서 반란을 일으켰지요. 당시 양나라는 빈부 격차가 매우 심하고, 사회 전체의 부를 극소수 대귀족들이 차지하고 있었기 때문에 백성들의 불만이 극심했사옵니다. 그래서 평생을 거지로 지내느니 차라리 후경의 군대에 들어가서 부자들을 약탈하여 한몫 챙기겠다는 궁리를 했던 것이지요. 후경이 반란을 일으켰으면 마땅히 나라의 모든 군대를 동원해 그를 박멸했어야 했는데, 이 판국에서도 소연은 "그 후경이라는 자는 짐이 말채찍 하나만 던져도 손쉽게 사로잡을 수 있다"라면서 대수롭지 않게 여겼사옵니다. 결과적으로 그런 방심과 오만이 소연을 망하게 하였지요. 북방에서 수많은 전투에 참가하여 연전연승했던 뛰어난 지휘관인 후경은 순식간에 양나라의 군대를 격파하고, 곧바로 수도인 건강을 겹겹이 포위하였사옵니다. 후경은 비록 일자무식의 불한당이었지만, 세상이 돌아가는 이치는 꽤나 정확히 파악하는 재주가 있었지요. 그는 건강을 포위하고 나서 대귀족 집안에서 부리던 종들에게 "너희가 나를 도와 싸워 이긴다면, 모두 높은 벼슬을 주겠다!"라고 선동하는 글을 화살에 묶어 성 안으로 날려 보냈사옵니다. 그러자 수천 명의 종들이 죄다 성벽 밖으로 빠져나와 후경의 군대에 가담하였사옵니다. 설상가상으로 그들은 건강 안에서 오랫동안 살았기 때문에 성안의 지리도 잘 알고 있었지요. 결국 그들의 도움에 힘입어 후경은 마침내 건강을 함락시키고 소연과 양나라 황족들을 포로로 잡았사옵니다. 양나라의 빈부 격차를 이용한 후경의 분열 전략이 대승을 거둔 셈이었지요. 오죽하면 후경이 소연과 만난 자리에서 "지금은 누가 그대를 따르고 있는가?"라는 질문에 "이

나라의 백성 모두가 나를 따르고 있다!"라고 소리쳤을 정도였
사옵니다."

"양무제는 자비에 심취했으면서도 왜 자기 나라 백성들을 굶
주리게 만들었을까? 결국은 자신을 무너뜨리는 반란군을 양무
제 스스로 만들어낸 꼴이 아닌가?"

"양무제가 베푼 자비는 어디까지나 자신의 측근, 혹은 자신의
권위를 과시할 수 있는 쪽에만 해당되었사옵니다."

송화는 그렇게 말하며 쓴웃음을 지었다.

"물론 양나라의 정규군은 아직도 상당한 병력을 가지고 있었
사옵니다. 그러나 군대를 지휘하던 양나라 황족들은 후경이 건
강을 포위하는 동안에 그저 지켜보기만 했을 뿐, 군대를 이끌고
건강으로 가서 후경과 싸우지 않았사옵니다. 소연이 죽어서 황
제의 자리가 비면, 그 틈을 노려 자신들이 황제가 될 기회만 노
리고 있었기 때문이었지요. 소연은 자비로움으로 가문을 다스
렸지만, 그들은 소연이 베푼 자비를 후경처럼 원수로 갚았던 것
이지요. 후경은 소연을 감금하고 그에게 물과 음식을 주지 않은
채, 계속 굶겼사옵니다. 그리하여 소연은 끝내 굶어 죽고 말았사
옵니다. 죽기 전에 그가 남긴 말들이 여러 갈래로 전해져옵니다.
어느 책에는 '이 모든 게 자업자득이다'라고 했다거나, 또 어떤
책에는 후경을 가리켜 '괘씸한 놈'이라고 했다는 식이옵니다. 물
론 역사책에 있는 내용을 다 곧이곧대로 믿을 필요는 없사옵니
다. 훗날 기록을 남긴 사람들이 자신들의 입맛에 맞게 없는 사실
을 일부러 지어낸 것들도 많으니까요. 소연이 죽기 전에 뭐라고

혼잣말을 했든지, 그것은 중요하지 않사옵니다. 그런 말들의 진실과 거짓 여부를 가리는 일은 호기심이 강한 극소수의 괴짜들한테나 맡겨서, 자기들끼리 실컷 떠들고 상상하라고 내버려 두면 되옵니다. 정말로 중요한 것은 소연이 패망했다는 사실 그 자체이옵니다. 오호십육국과 남북조시대를 통틀어 가장 자비롭고 부지런하며 검소한 삶을 살았던 황제가 어쩌다 참혹한 최후를 맞았느냐, 하는 것이옵니다. 물론 소연은 정말로 선량한 사람이었사옵니다. 그러나 그 선량함이 오히려 그를 파멸로 이끌었사옵니다. 착한 소연은 사악한 후경에게 패배하고 말았던 것이지요. 역설적이지만 그는 선량함의 세계에 갇혀 살았기 때문에, 그 세계 밖에 있던 거대하고 위험한 악을 보지 못했사옵니다. 그래서 난생처음 보는 악과 마주치자, 어찌해야 할 줄을 몰라 허둥대다가 속수무책으로 몰락했던 것이옵니다. 전하께서는 이 점을 명심하셔야 하옵니다. 우리가 사는 이 세상은 아이들이 꿈꾸는 아름다운 낙원이 아니라, 온갖 추악함으로 가득 찬 진흙탕이옵니다."

양무제 소연은 검소함과 부지런함, 자비심을 모두 갖춘 성군
이었다. 당시 양무제가 살던 시기는 중국 역사상 최대의 혼란기라
불리는 오호십육국 시대였다. 황제가 살인마이거나 음탕한 쾌락
에 미쳐 나랏일을 내팽개치는 모습이 일상화된 시대에 양무제 같
이 훌륭한 군주는 매우 드물었다. 그래서 양무제가 나라를 다스
리던 약 40여 년은 평화와 번영이 계속되던 행복한 때였다.

하지만 양무제의 시대는 끔찍한 파멸로 끝나고 만다. 물론 그
직접적인 원인은 투항해 온 후경의 반란이었으나, 자세히 들여다
보면 양나라 내부에서 이미 몰락의 기운이 싹트고 있었다. 양무
제는 매우 선량한 인물이었으나, 오히려 그로 인해 인간 내면의
사악한 본성을 간파하지 못했다. 그는 모든 사람을 착한 마음으
로 대하면 감동을 받아 착한 인물이 된다고 믿었으나, 그의 주변
에 있던 사람들은 그것을 반대로 이용하여 백성들을 상대로 온
갖 수탈과 착취를 일삼으면서도 무사했다. 그러다 보니 백성들이
분노하여 민심이 양나라 황실을 떠났다. 훗날 후경이 반란을 일
으키자, 양나라 황족들에게 수탈을 당하던 백성들은 일제히 그에
게 몰려가 반란군에 가담하여 양나라를 몰락시켰던 것이다.

아울러 양무제 본인의 실책도 컸다. 애초에 후경이 반란을 일

으켰을 때, 전력을 다해 진압했다면 양나라가 입은 피해가 그토록 커지지는 않았을 것이다. 그러나 그는 후경을 관대하게 대하면 감동을 받아 항복하리라 믿고서 계속 후경을 내버려 두었다. 그러자 후경은 양무제를 깔보며 세력을 끌어모아 힘을 더욱 키웠고, 자신을 받아 준 양무제에게 칼을 들이대어 죽게 하고 말았다.

르네상스 시대, 이탈리아의 학자인 마키아벨리는 "항상 선한 태도를 지키는 사람은 주위의 그렇지 않은 사람들에게 포위당해 몰락하고 만다"는 말을 남겼다. 양무제와 후경의 관계가 바로 이 경우에 해당된다. 송화의 말처럼 우리가 사는 이 세상은 결코 어린이 동화책이 아니다. 지나치게 선량하거나 공손한 태도는 남에게 나약한 모습으로 비추어져 업신여김을 받을 수도 있다.

02

병자호란 때의
광교산 전투와 김화 전투

침착하게 대응하면 위기를 극복할 수 있다

"이번에 들려드릴 이야기는 병자호란 때의 일이옵니다."

"병자호란? 그거 인조 임금께서 겪으셨던 삼전도의 굴욕이 아닌가? 그런 이야기를 왜 지금 과인에게 들려주는 것인가?"

"전하, 소신이 지금 전하께 말씀드릴 이야기는 삼전도의 굴욕 같은 비극이 아니옵니다. 광교산과 금화 전투에서 우리나라 군대가 청나라 군대를 격파했던 통쾌한 일에 관해서이옵니다."

송화의 말을 들은 왕은 이부자리에 누워 허리가 아픈 상황에서도 눈을 크게 뜨며 호기심을 보였다.

"과인은 잘 모르는 일인데, 그때 우리나라 군대가 이긴 적이 있다니 놀랍군. 어서 시작하라. 과인도 듣고 싶도다."

"청나라 태종 홍타이지가 직접 12만 대군을 이끌고 우리나라에 쳐들어온 지 약 두 달이 되던 정축년 1월 5일, 전라병사 김준룡은 약 2,000명의 군사를 이끌고 경기도 용인과 수원 사이에 있는 광교산에 도착했사옵니다. 바로 그곳에서 우리나라 군대가 청군과 맞서 싸운 광교산 전투가 벌어졌지요. 김준룡은 병사들로 하여금 광교산에 진을 치게 했사옵니다. 그런데 병사들 사이에서는 불길한 소문이 돌고 있었사옵니다. 이틀 전, 쌍령에서 벌어진 전투에서 조선군 수만 명이 청군에게 대패를 당하고 수많은 장수와 병사들이 전사했다는 내용이었사옵니다. 소문은 날개를 펴고 순식간에 번져나갔고, 병사들은 자칫 우리도 쌍령에서처럼 청군에게 개죽음을 당하는 것이 아니냐며 불안에 떨었사옵니다."

"쌍령 전투는 참으로 어이가 없는 패전이었지. 수만 명의 군대가 고작 그보다 10분의 1도 안 되는 청군에게 패배했으니 말이다."

왕이 혀를 끌끌 차자, 송화가 보충 설명을 했다.

"쌍령에서 아군이 패한 것은 화약을 제대로 다루지 않다가 폭발 사고가 일어나 혼란한 틈을 노려 청군이 기습적으로 돌격을 했기 때문이었사옵니다. 광교산과 김화 전투의 승리를 생각한다면 참으로 안타까울 뿐이었지요. 그렇게 병사들이 불안해하자, 김준룡은 장교와 병사들을 모아놓고 연설을 했사옵니다. '쌍령 전투에서 청군은 말을 탄 기병이었고, 우리나라 군대는 보병이었다. 그들은 사정거리 안에 적이 들어오기도 전에 마구 조총을 쏘다가 총탄을 낭비했고, 그 틈에 적의 돌격을 허용하여 참패한 것이다. 그러나 지금 여기에 있는 우리는 사정이 다르다. 우리는 결코 적의 돌격에 무너지지 않을 만큼 엄격한 군기를 갖추었다. 여러분들은 이 사실을 명심해라! 무슨 일이 있어도 보병은 흩어지지 않으면 살고, 기병은 멈추면 죽는다. 우리는 단단히 진열을 짜서 적의 기병이 움직이지 못하게 봉쇄하며 싸울 것이다. 그러면 제아무리 청나라 군대의 기병이 강하다고 해도 얼마든지 이길 수 있다!' 하지만 그래도 병사들 사이에 퍼진 불안함은 완전히 사라지지 않았사옵니다. 김준룡은 내심 한숨을 쉬면서도 장수로서 본연의 임무에 충실했사옵니다. 그는 산과 골짜기의 곳곳에 복병을 설치했으며, 정찰병을 여러 군데에 보내 청군의 동태를 살피게 했사옵니다. 그러던 중, 수천 명의 청군이 바로 광교산으로 진군하는 모습이 정찰병에게 발견되었사옵니다. 이 보고를 받은 김준룡은 전군에게 명을 내려 제1선에는 포수를, 제2선과 3선에는 각각 사수와 살수를 배치하도록 했사옵니다. 포수는 조총을, 사수는 활을, 살수는 칼과 창을 가진 병사들이었지요."

"과인이 듣기로 그것이 삼수병 체제라고 하는데, 맞는가?"

"그렇사옵니다, 전하. 임진왜란을 거치면서 명나라 군대의 전술을 보고 참조하여 만든 진법이었지요. 이윽고 산기슭에 수천 명의 청군이 당도했사옵니다. 광교산으로 진군한 청군을 지휘하던 장수는 청태종 홍타이지의 사위인 양구리였사옵니다. 그는 청태종으로부터 초품공이라는 직위를 받았으며, 6,000명의 기병을 휘하 병력으로 거느리고 있었사옵니다. 청군은 산에 진을 친 조선군을 보고는 단숨에 짓밟을 기세로 말을 몰아 올라왔사옵니다. 그 모습을 지켜보고 있던 김준룡은 북을 올리고 기를 흔들게 하여 1선의 포수들에게 사격을 명령하였사옵니다. 포수들이 일제히 조총을 쏘는 것과 동시에 사수들이 활을 쏘아대자 청군은 당황했사옵니다. 여태까지 그들이 상대해온 조선군은 자기들이 돌격을 하면 지레 알아서 겁을 먹고 도망을 갔는데, 이 군대들은 사뭇 달랐던 것이었사옵니다. 조선군의 총탄과 화살 세례가 퍼부어지자, 말들이 쓰러지고 기수들이 말에서 떨어졌사옵니다. 청군이 돌격을 계속하지 못하고 주춤거리자, 이 틈을 타 제3선의 살수들이 앞으로 나와서 청군을 향해 창과 칼을 휘두르며 닥치는 대로 죽였지요. 조선군의 맹렬한 공세에 놀란 청군은 더 이상의 전투를 포기하고 산 아래로 퇴각했사옵니다. 조선군은 승리를 거두었사옵니다. 그러나 김준룡은 아군들의 전열을 재정비하고 진형을 굳게 갖추라고 엄중히 명을 내렸사옵니다. 아직 청군의 주력 부대는 손상을 입지 않았고, 조선군이 승리에 도취되어 방비를 허술히 하다가 청군이 기습을 해올 우려가 있었기 때문이었사옵니다. 다음 날인 1월 6일, 청군의 공격은 다시 시작되었습니다. 이번에는 총사령관인 양구리 본인이 직접 남은 병력을 모두 이끌고 공격해왔사옵니다. 산의 곳곳에서 조선군과 청군 사이에 격렬한 전투가 벌어졌사옵니다. 전투가 한창 전개될 무렵, 조선군의 동남쪽 진영이 수적으로 우세한 청군 기병의 공세를 이기지 못하고 무너져 내렸사옵니다. 그런데 이때, 뜻하지 않은 일이 발생했사옵니다. 청군을 통솔하던 양구리가 매복해 있던 조선군 포수의 총탄에 맞아 전사한 것이었사옵니다. 갑작스럽게 통솔자를 잃은 청군은 당황하여 물러났고, 미처 퇴각하지 못한 청군 병사들은 조선군의 손에 의해 남김없이 죽임을 당했사옵니다."

"청태종의 사위가 우리나라 군대의 손에 의해 죽었단 말인가?"

왕은 놀라서 눈을 크게 뜨며 반문했다.

"청나라 군사도 사람인데, 그들이라고 안 죽겠사옵니까? 이틀간에 걸쳐 진행된 광교산 전투는 조선군의 승리로 끝났사옵니다. 이 전투에서 청군의 총지휘관이자 청태종의 사위인 양구리를 비롯하여 많은 청군 장수가 전사했으며, 수천 명이 넘는 청군 병사들이 죽었사옵니다. 훗날 영의정 채제공은 정조 임금 치세 18년, 광교산에 기념비를 세워 김준룡의 공적을 찬양했사옵니다."

"과인이 들었던 병자호란 이야기 중에서 오늘 그대가 들려준 이야기가 가장 기쁘고 통쾌하도다. 전체적으로 우리가 불리한 전쟁이었는데, 잘 싸운 사람이 있어서 매우 갸륵하구나."

병든 와중에도 왕은 희미하게나마 미소를 지었다.

"아직 다른 이야기가 하나 더 남아 있사옵니다. 이것도 마저 들으시고 기뻐하시옵소서. 광교산 전투로부터 23일 후인 1월 28일에는 김화에서 다시 조선군과 청군 간에 두 번에 걸쳐 큰 전투가 벌어졌사옵니다. 근왕병을 이끌고 오던 평안도 관찰사 홍명구는 포수 3,000명을 거느리고 남한산성에서 청군에 포위당하고 있는 인조를 구원하러 오고 있었사옵니다. 평안 병사 유림은 2,000명의 병력을 이끌고 그와 함께 오고 있었는데, 홍명구와 전술에서 의견이 달라 서로 대립하고 있었사옵니다."

"어째서? 무슨 이유로 의견이 달랐나?"

"이제 곧 그 이유가 밝혀지옵니다. 1월 26일, 홍명구는 김화에 이르러 그곳에서 약탈을 벌이던 수백여 명의 청군을 격파하고 포로로 잡힌 조선인 백성들을 구출해 냈사옵니다. 홍명구의 부대에게 패배한 청군의 패잔병들은 그들의 본대로 돌아가 조선군이 도착했음을 알렸사옵니다. 다음 날인 1월 27일, 1만 명의 청군 기병이 김화의 외곽에 도착했사옵니다. 청군의 본대를 본 홍명구와 유림은 급히 회의를 벌였으나, 두 사람은 의견 차이를 좁히지 못해 각자 부대를 나누어 진을 쳤사옵니다. 홍명구는 평지에 진을 쳐서 적과 싸울 것을 주장했지만, 유림은 기병이 대부분인 청군을 상대하는 데는 평지보다 산이 더 유리하다고 반박했던 것이옵니다."

"홍명구가 위험하구나. 무릇 기병은 평탄한 곳에서 활동하기 유리한데, 그런 곳에서 기병을 맞아 싸우겠다니. 과인은 병법을 모르지만, 홍명구의 전술은 잘못된 듯싶다."

"전하의 말씀이 맞사옵니다. 홍명구는 잘못된 결정으로 인해 큰 대가를 치르고 말았습니다. 홍명구는 목책을 설치하고 포수와 사수와 살수를 순서대로 배치하여 적을 맞을 준비를 했사옵니다. 그것을 본 청군은 우선 평지에 진을 친 홍명구 부대를 먼저 공격해 쳐 없애고 다음에 산에 진을 친 유림 부대를 공격하기로 결정했사옵니다. 청군은 대포를 동원하여 조선군의 목책을 부수고 병사들을 돌격시켰사옵니다. 홍명구는 삼수병 체제의 기본적인 전술대로 포수와 사수로 원거리 사격을 퍼붓고 살수들을 내보내 청군의 초반 공세를 막아 냈사옵니다. 순식간에 청군은 두 명의 장수를 잃었고 수천 명의 병사들이 전사했사옵니다. 서전에 불리해진 청군은 별동대를 산의 뒤편으로 보내 홍명구 부대의 후방을 공격토록 했사옵니다. 별동대는 말에서 내려 털옷으로 몸을 감싸고 한꺼번에 홍명구 부대를 향해 달려들었사옵니다. 조선군은 전력을 다해 저항하였으나, 수적으로 훨씬 우세한 청군의 기세를 끝내 막지 못하고 무너졌사옵니다. 홍명구는 급히 연락병을 보내 유림을 불렀지만 유림은 불리한 정황이니 가 보아야 소용없다고 판단하여 가지 않았사옵니다. 구원병을 받을 수 없게 되자, 홍명구는 최후를 실감했사옵니다. 그는 병부와 인감을 아전에게 넘겨주고 "나는 여기서 죽어야 마땅하다!" 하고 외치며 손수 활을 당겨 청군을 쏴 죽이다, 청군이 쏜 화살을 세 대 맞자 칼을 들어 청군과 싸우다 끝내 전사하고 말았사옵니다. 홍명구 부대를 전멸시킨 청군은 이제 산에 진을 친 유림 부대를 향해 몰려왔사옵니다. 유림은 청군의 공세를 효과적으로 저지하기 위해 삼수병 체제의 기본을 바꾸어 1선에 살수를 배치하고 2선과 3선에 사수와 포수를 넣었사옵니다. 그리고 산 중턱에 별동대를 매복시켜 놓은 후 청군을 기다렸사옵니다. 청군이 산에 올라오자 유림은 살수들을 돌격시켰사옵니다. 살수들은 청군이 탄 말들을 집중적으로 공격하여 기수들을 말에서 떨어뜨린 다음, 그들을 죽였사옵니다."

"보병이 기병을 그런 식으로 공격해서 죽일 수 있던가?"

"예, 전하. 중국 남송 시대의 명장 악비는 금나라 기병들을 상대로 한 전투에서 '말의 다리만 보고 노려라'라고 병사들에게 명령하였고, 남송 병사들은 그대로 말의 다리를 칼이나 도끼로 집중 공격하여 금나라 병사들을 말에서 떨어뜨린 다음, 곧바로 그들을 공격하여 죽이는 방식으로 대승을 거두었사옵니다. 기병은 말에서 떨어지고 나면, 전투력의 절반 이상을 잃어버리기 때문에 처치하기 쉽사옵니다."

"악비가 용맹을 떨쳤던 것은 적인 금나라 기병의 허점을 잘 간파해서였군."

"그렇사옵니다. 무릇 나를 알고 적을 알고서 싸우면 백 번 싸워 백 번 모두 이기는 법이지요."

"그래, 맞다."

"유림이 거느린 군대 중에서 살수보다 높은 곳에 진을 치고 있던 사수와 포수들은 산 아래에 있는 청군들을 향해 교대로 화살과 총탄을 쏘아 댔사옵니다. 조선군의 잘 조직된 삼수병 전술에 청군은 많은 사상자를 냈고 더 이상 공세를 지속하지 못했사옵니다. 청군은 일단 군사들을 물린 후, 세 번에 걸쳐 다시 공격해 왔으나 조선군의 전열을 뚫지 못하고 사상자만 늘려 갈 뿐이었사옵니다. 청군이 네 번째 공세를 진행하자 유림은 산 중턱에 매복시킨 병사들을 출동시켜 그들을 타격했사옵니다. 전투가 막바지로 치달을 무렵, 청군을 지휘하던 장수가 조선군 포수가 쏜 총탄에 저격당하자 청군은 전의를 상실하고 철수했사옵니다. 이리하여 김화 전투도 광교산 전투 때처럼 조선군의 승리로 끝났사옵니다."

송화의 이야기가 끝나자, 왕은 허리를 세워 몸을 반쯤 일으켰다.

"그대가 한 이야기를 듣고 과인의 몸에 순간적으로 기운이 감돌았다. 고맙네, 송전경. 모처럼 상쾌하고 통쾌한 이야기를 들으니 절로 힘이 나는군."

"과찬이시옵니다, 전하."

"한데 과인은 한 가지 궁금한 것이 있네. 그렇게 우리 군대가 청군을 격파했는데, 어째서 인조 임금께서는 청태종에게 항복을 하셨는가?"

왕의 질문에 송화는 짧게 한숨을 쉬며 말했다.

"참으로 안타까운 일은 김화 전투가 벌어진 바로 그날에, 인조 임금께서 남한산성에서 나와 청태종에게 항복을 하는 삼전도의 굴욕이 있었다는 사실이옵니다. 그러니 결과적으로 김화 전투는 전세에 영향을 미치지 못했지요. 비록 광교산과 김화에서 우리 군대가 청군을 격파했어도, 남한산성에 갇혀 청군에게 포위된 인조 임금과 조정 대신들의 상황은 전혀 나아지지 못했사옵니다."

"허어……."

송화의 설명을 들은 왕은 혀를 끌끌 찼다.

"장병들이 피를 흘리고 싸운 일이 다 허사가 되었군. 원통하도다. 만약 광교산과 김화 전투 같은 일들이 병자호란 초기부터 벌어졌다면, 청군이 이 땅을 함부로 짓밟지는 못했을 것이다."

"소신도 그 점이 안타깝사옵니다. 역사에 가정은 무의미하지만, 적을 맞아 방비를 좀 더 확실히 갖추었더라면 삼전도의 굴욕을 당하는 일도 없었으리라고 생각하옵니다. 청군은 결코 무적이 아니었고, 그들도 얼마든지 패배를 겪었으니 말이지요."

"한데, 왜 이 이야기들을 과인에게 들려준 것인가?"

왕의 질문에 송화는 잠시 머뭇거리다가 대답했다.

"외람되오나, 소신은 전하께 용기와 희망에 대해 말씀드리고 싶었사옵니다."

"그게 무슨 말인가?"

"광교산과 김화에서 우리 군대는 강력한 청군을 맞아 싸우면서 끝내 승리하였사옵니다. 그 비결이 무엇이겠사옵니까? 어려운 상황에서도 당황하지 않고, 끝까지 침착한 자세로 대응하였기 때문에 가능한 일이었사옵니다. 마찬가지로 소신 역시 전하께, 지금 앓고 계시는 병에 대해 절망하지 마시고 반드시 나아서 예전의 건강한 모습으로 돌아가야겠다는 의지를 가지시고서 견뎌 내시라는 뜻으로 두 이야기를 들려드렸사옵니다."

송화의 이야기를 들은 왕은 무거운 표정을 지으며 고개를 끄덕였다.

"그대의 말은 옳다. 하나, 병이란 것이 사람이 마음만 먹는다고 나을 일은 아니다. 만약 그렇다면 이 세상 사람들 중 누가 병으로 죽겠는가? 과인도 낫기를 바라지만 좀처럼 그렇게 되지 않는구나."

"소신이 행여 전하께 무례했다면 용서하오소서. 그러나 병은 약이나 의원 못지않게 환자의 의지와 마음도 중요하다고 들었사옵니다. 소신은 그저 전하께서 하루빨리 완쾌되시기를 바라는 뜻에서 말씀드린 것뿐이옵니다."

왕은 괜찮다는 듯이 오른손을 저었다.

"그만하라. 내가 어찌 송전경에게 화를 내겠는가? 송전경의 마음에서 우러나온 염려, 잘 받았다. 아무쪼록 송전경이 들려준 광교산과 김화 전투의 일처럼, 과인도 이 무거운 병을 이겨 내고 다시 예전의 건강한 모습으로 돌아갔으면 한다. 그때가 되면, 송전경과 함께 광교산과 김화로 가서 용맹한 군사들의 자취를 확인하고 싶구나."

　이번 항목에서 송화가 들려준 이야기는 병자호란 무렵 실제로
일어났던 광교산 전투와 김화 전투를 소재로 한 것이다. 병자호
란은 우리에게 삼전도의 굴욕으로만 알려져 있으나, 사실은 이렇
게 잘 조직된 군대로 청군에게 패배를 안겨 준 경우도 있었다.

　지금이야 상상도 할 수 없는 일이지만, 병자호란 직전의 청나
라 사정도 그리 좋지만은 않았다. 연이은 가뭄과 흉년이 계속되
어 국내에서는 굶어 죽는 사람들이 속출했고, 명나라와의 무역
이 단절되어 경제적으로도 큰 궁핍에 빠졌다. 그래서 청나라는
부족한 물자들을 보충하기 위해 조선을 공격하여 굴복시키고,
약탈을 감행할 수밖에 없었다. 이러니 광해군을 몰아내고 집권한
인조 정권이 명나라를 버리고 청나라에 굴복을 했더라도, 막대한
양의 물자를 바쳤어야 했으리라.

　청나라 쪽의 사정이 나빴는데도 조선이 끝내 병자호란에서 패
배한 것은 무능력한 수뇌부들 때문이었다. 김자점은 북방에 머
물러 있으면서 원병을 보내 왕을 구하려 들지 않았고, 강화도로
피난 간 왕실과 조정 대신 가족들을 지키고 있던 김경징은 매일같
이 술이나 퍼마시며 방비를 소홀히 하다가 막상 청나라 군대가 쳐
들어오자 겁이 나서 배를 타고 섬에서 탈출해 버렸다. 인조가 피

난을 떠난 남한산성도 식량이 부족해서 오래 버틸 수가 없었다. 결국 이렇게 방어에서 잇따른 실책과 문제가 이어지는 바람에 조선은 결국 청나라에 항복하고 말았던 것이다.

하지만 광교산과 김화 전투에서처럼, 조선군이 잘 조직된 부대로 청군에 침착하게 맞서 싸웠다면 얼마든지 승리할 수도 있었다. 청군의 기마병들이 들이닥치는 상황에서도 조선군은 선봉에 선 대열이 총탄과 화살을 퍼부어 청군을 저지시킨 다음, 뒤에 선 살수들이 나와 창과 칼을 휘두르며 청군에게 타격을 입히면서 그들을 격퇴시켰다. 만약 이 삼수병 체제가 광교산과 김화에서뿐만 아니라, 조선 각지로 퍼져 나가 청군과 잘 맞닥뜨려 싸웠다면 삼전도의 치욕과 수십만의 백성들이 청군에게 죽거나 포로로 끌려가는 비극은 없었을 것이다.

광교산과 김화 전투는 우리에게 위기 상황에서 침착하게 대응한다면 얼마든지 살 길이 열린다는 교훈을 가르쳐 주고 있다.

03

아편 전쟁

세상의 흐름을 바꿀 거대한 힘이 다가온다

　늦가을의 쌀쌀한 아침 공기를 마시며 궁궐로 들어가는 송화는 무척 기분이 상쾌했다. 왕의 건강이 이제 어느 정도 회복되었다고 생각했기 때문이었다. 예전처럼 다시 왕이 활기찬 모습으로 정사를 돌볼 날도 머지않은 듯했다. 송화는 그런 날이 당장에라도 올 것만 같은 기분에 온몸이 들떴다.

　그런데 궁궐 안으로 들어가 보니, 분위기가 심상치 않았다. 곳곳에서 마주치는 궁궐의 내관과 궁녀들은 모두 서로 귓속말을 주고받으며 웅성거렸다. 그들의 얼굴에는 근심과 불안이 가득했고, 마치 하늘이 무너지거나 나라가 망한다는 소식을 들은 것처럼 어두운 표정을 짓고 있었다. 송화는 그들의 모습을 보며 불길한 예감이 가슴 한 구석에서 피어오르는 것을 느꼈다.

그 예상은 적중했다. 왕이 머무는 별궁으로 갔더니, 문 앞은 수많은 조정의 대소 신료들로 가득 차서 도저히 안으로 들어갈 수가 없었다. 그 광경을 지켜보는 송화는 분명히 왕의 몸에 이상이 생겼다고 짐작했다. 만약 왕이 멀쩡하다면, 일부러 자신의 건재함을 과시하기 위해서라도 저렇게 많은 사람들 앞에 모습을 드러내야만 했다. 왕의 건강은 곧 이 나라 조선의 운명과도 직결되어 있으니까.

그래도 혹시나 하는 마음에 송화는 가까운 곳에 있던 신하 한 명에게 조심스레 말을 걸었다.

"지금 이게 무슨 일입니까? 왜 전하께서 머무시는 별궁 앞이 이리 혼잡스럽습니까?"

그러자 그가 침통한 표정을 지으며 대답했다.

"그대는 소식도 못 들었소? 엊그제 전하께서 갑자기 쓰러지시는 바람에 지금 몹시 위독하신 상태라오."

왕의 건강이 안 좋다는 것쯤이야 이미 예상은 했지만, 사실로 확인되자 송화는 머리에 벼락을 맞은 듯한 충격을 받고 정신이 희미해졌다. 그러는 가운데에서도 몽롱한 정신을 가까스로 수습하고 다시 질문을 했다.

"아니, 대체 전하께서 얼마나 위독하신 겁니까?"

"나도 모르겠소. 다만 들리는 소문에 의하면 이미 여러 의원들이 다녀갔는데, 모두 더 이상 가망이 없다고 고개를 흔들었다고 합디다. 지금 전하께서는 눈도 보이지 않으시고, 말씀만 겨우

하신답니다. 자고로 사람이 죽기 전에는 눈이 안 보인다고 하던
데, 그 때문인지 많은 사람들이 전하께서 곧 돌아가실 거라고 말
하고 있소. 대비전에서는 벌써 새 임금이 될 왕족으로 누가 좋을
지를 두고 의견이 오가고 있답니다."

　송화는 그의 말을 다 듣고 나서는 머릿속이 멍한 상태로 궁궐
바닥에 힘없이 주저앉아서 생각에 잠겼다. 며칠 전 자리에서 일
어나 자신과 함께 궁궐을 산책하며 돌아가는 시국에 대해 이런
저런 이야기를 나누었을 만큼 건강이 회복되었던 왕이 왜 갑자
기 죽어 간다는 소리를 들을까? 곰곰이 궁리하던 송화는 괴로운
결론을 내렸다. 왕의 상태는 회광반조였던 것이다. 불이 꺼지기
직전에 잠깐 타오르듯이, 왕도 죽기 전에 일시적으로나마 건강
이 조금 좋아졌다가 곧바로 다시 쇠약해져 이제 거침없이 죽음
의 구렁텅이로 떨어지는 신세였다. 그렇다면 태평천국에 대해
왕과 나눈 대화가 이제 이승에서 왕을 만난 마지막 순간이었단
말인가? 송화는 그런 생각을 하다가 눈시울이 붉어지며 금방이
라도 눈물이 흘러내릴 것만 같았다.

　그때 난데없이 들려온 목소리가 송화를 슬픔이 가득한 공상
에서 현실의 세계로 이끌어 냈다.

　"전경 벼슬에 있는 송화가 누구요? 전하께서 급히 찾으시니
속히 별궁 안으로 드시오!"

　'아니, 이게 무슨 소리지?'

　처음 들었을 때는 도무지 믿기지 않았지만, 거듭 자신의 이름
을 거론하는 목소리가 들리자, 송화는 얼른 바닥에서 일어나 사

람들 속으로 뛰어들면서 "내가 전경 벼슬에 있는 송화요! 전하께서 나를 부르시니, 어서 길을 열어 주시오!"라고 소리치면서 그들이 길을 터 주는 대로 서둘러 별궁 안으로 들어갔다.

내관의 안내를 받아 방으로 들어가자, 이미 삼정승과 고위 대신들 및 왕족들이 베개에 머리를 대고서 두꺼운 이불을 덮고 자리에 누운 왕 주변에 앉아 있다가, 송화를 보고는 일제히 시선을 돌렸다. 송화는 그들에게 서둘러 인사를 하고는 급히 왕의 옆으로 다가가 앉았다. 그러나 왕은 이미 눈이 안 보여 송화의 존재를 알지 못했다. 그러자 내관이 왕에게 송화의 도착을 알렸다.

"전하, 송전경이 부르심을 받고 들어왔사옵니다."

그러자 베개에 얼굴을 파묻고 다 죽어 가던 왕이 내관의 부축을 받고 고개를 돌리면서 허공으로 손을 뻗었다. 송화가 얼른 그 손을 잡자, 왕은 희미하게 미소를 지어 보였다.

"오, 송전경. 그대가 와 주었군. 과인은 그대가 어디에 갔는지 몰라서 매우 안타까웠는데, 이렇게 와 주어서 기쁘네. 저승으로 가기 전에 그대를 곁에 둘 수 있어서 참으로 다행이야."

왕의 목소리는 기침과 가래에 쉬어서 매우 거칠고 쇠약했지만, 송화는 전혀 개의치 않고 왕의 손을 잡은 채로 울먹이며 대답했다.

"소신이 전하의 마지막 가는 길을 직접 배웅하지 못할까 봐 두려웠는데, 이렇게 전하의 부르심을 받고 오게 되어 기쁘기 그지없사옵니다."

총애하는 신하가 거의 울기 직전이라는 것을 알아챈 왕이 힘없이 웃으며 위로를 전했다.

"울지 말게. 사람은 누구나 세상에 왔으면 다 떠날 때가 있는 법이야. 과인은 그저 그 때가 일찍 왔을 뿐이라네. 과인도 그대도 그리고 여기 모인 모든 사람들도 언젠가는 다 세상을 떠나야 하지. 과인이 먼저 간다면 그대들을 기다리고 있을 것이네. 그게 어디든 말일세."

"전하……."

왕의 말은 송화의 마음에 전혀 위로가 되지 못했다. 송화는 알고 있었다. 왕은 더 이상의 삶을 포기했으며, 이미 죽음을 준비하고 있다는 사실을. 그래서 자신의 죽음을 볼 사람들이 느낄 슬픔을 덜어 주고자 농담을 던졌다는 것을 말이다. 거칠고 쇠약한 숨을 몰아쉬던 왕은 다시 말을 이었다.

"과인은 어차피 죽을 몸이다. 송전경도 그걸 알게야. 그건 안타깝지 않네. 이미 예상하고 있었으니까. 다만, 송전경에게 한 가지 부탁을 하고 싶네."

"무엇이든 말씀하시옵소서, 전하."

"송전경, 과인은 어린 시절 야대 시간에 그대로부터 재미있는 이야기를 들었지. 그때의 즐거움과 감동은 아직도 잊을 수 없다네. 그래서 과인은 이제 그대와 마지막으로 만나는 이 자리에서, 그대가 들려주는 이야기를 들으면서 눈을 감고 싶다네. 그대와 처음 만났던 무렵과 이제 작별하는 순간을 모두 그대가 들려주는 이야기로 끝내고 싶다는 말일세. 이것이 과인이 그대에게 하는 마지막 부탁일세. 부디 이 소원을 거절하지 말아 주게나. 과인이 비록 죽어 가는 몸이라 귀가 잘 안 들리더라도, 그대가 말하는 이야기를 들을 귀는 가지고 있다네. 어떤가? 할 수 있겠는가?"

왕의 간절한 호소에 송화는 조용히 축축해진 눈을 옷소매로 닦으면서 대답했다.

"신하된 자로서 어찌 임금의 명을 거역하겠나이까. 신, 전하께서 마지막으로 이승에 머무시는 순간에 어울리게 가장 흥미롭고 중요한 이야기를 들려드리겠나이다."

마지막까지 충정을 지키려는 송화의 말에 왕도 눈이 뜨거워짐을 느꼈다.

"고맙네, 고마워. 그대야말로 진정 충신이로다. 그대가 이렇게 충직한 신하인 줄 알았다면, 진작 벼슬의 품계를 올려 줄 걸 그랬는데 안타깝게도 그대를 승진시킬 구실을 찾지 못했구나. 아니, 찾았다고 해도 조정의 다른 대소 신료들이 반대를 했겠지. 쓸데없고 허무맹랑한 이야기나 들려주는 자를 뭐하러 높은 자리에 앉히느냐고 말이야. 지금 이렇게 될 줄 알았다면 그자들이 뭐라고 하든지 개의치 않고, 과인이 하고 싶은 대로 강행할 걸 그랬는데, 후회가 막심할 뿐이네."

왕의 입에서 흘러나오는 말을 들은 영의정과 다른 고관들은 놀라서 황급히 손사래를 쳤다.

"저, 전하! 그 무슨 말씀이시옵니까? 전하께서 명하시는데 어찌 소신들이 반대를 하였겠사옵니까?"

그러자 왕이 서둘러 말을 막았다.

"영상, 과인이 그대와 다른 신하들을 추궁하기 위해 한 말이 아니니 너무 괘념치 마시오. 어차피 이제 과인은 얼마 안 있으면 세상을 떠날 몸인데, 무엇을 더 숨기겠소? 그래, 그대는 송전경을 미워하였지. 그래서 야대 시간에도 기회만 되면 송전경이 들려주는 이야기들을 폄하하는 의견을 내놓았지. 물론 과인은 그 심정 이해하오. 그대가 생각하기에 허무맹랑한 이야기나 들려주는 송전경이 좋게 보일 리 없었겠지. 다만, 영상."

"예, 전하."

"그대에게도 한 가지 부탁이 있소. 들어줄 수 있겠소?"

영의정은 방바닥에 이마가 닿을 정도로 허리를 숙이며 절을 한 채로 말했다.

"말씀하시옵소서, 전하."

"과인이 죽고 난 뒤에, 부디 송전경을 핍박하지 마시오. 과인이 그대에게 부탁하는 소원은 그것 한 가지 뿐이오."

다소 소박해 보이는 부탁이었지만, 그 말에서 왕이 행여나 자신이 죽고 난 이후에 송화가 영의정 등 다른 신하들로부터 반감의 대상이 되어 위기에 몰릴까 봐 보호하려 든다는 의지를 알고 송화는 마음속에 잔잔한 감동이 피어오르는 것을 느꼈다.

"이 늙은 신하가 어찌 전하의 명을 거역하겠사옵니까? 그리 하겠사옵니다."

영의정이 일단 수락을 했지만, 송화는 그 말이 영 믿기지 않았다. 뒷간에 들어갈 때와 나올 때, 사람의 마음이 다르듯이 일단 왕이 죽고 나면 송화를 지켜 줄 수 있는 사람이 궁궐에 아무

도 없었기 때문이다. 그러나 지금 당장은 그까짓 문제야 아무래
도 상관없었다.

속마음이야 알 수 없지만, 그래도 승낙은 했으니 왕은 만족한
다는 듯이 입가에 가벼운 경련을 일으켰다. 송화는 그것이 웃으
려다가 힘이 부족해서 미처 웃지도 못한다는 표시임을 깨닫고,
다시 마음이 아팠다.

"그러면 되었소, 영상. 이보게 송전경, 그럼 이야기를 시작하
게. 오늘 이야기의 주제는 무엇인가?"

왕의 질문을 받은 송화는 자신이 맡은 업무가 이야기꾼이라
는 사실에 주목하여, 이 순간만큼은 왕이 만족할 흥미롭고 유익
한 이야기를 들려줘야 한다는 의무에만 온 정신을 집중하고자
했다.

"예, 전하. 오늘의 주제는 얼마 전 청나라가 겪었던 영국과 불
란서와의 전쟁이옵니다. 청나라 황제가 두 서양 나라의 군대를
피해서 급히 피난을 떠나야만 했던 일과 관련된 내용들을 전하
와 여기 계신 모든 분들에게 말씀드리고자 합니다."

청나라와 서양 두 나라의 전쟁 이야기라는 말에 왕은 만족스
러워했다.

"그래, 송전경이 좋은 주제를 골랐군. 과인도 그 내용이 무척
궁금했지. 여기 있는 사람들은 그저 청나라 황실이 몇몇 서양인
들이 일으킨 소동 때문에 잠시 피난을 떠난 줄로만 알고 있어.
이렇게들 세상 돌아가는 물정을 몰라서 참으로 큰일이야. 과인
은 그래서 여기 모인 사람들에게 송전경 그대가 좀 더 자세한 이

야기를 들려주어 식견을 넓혀 주었으면 하는 마음에서 부른 거라네. 그대는 과인과 함께 젊었던 시절, 강원도 속초에서 김상우란 친구와 만났지? 그 김상우란 사람은 영국과 불란서, 미국과 아라사인들을 직접 만났고, 또 서양의 여러 나라들을 돌아다녀 본 경험이 있어서 과인과 그대에게 놀라운 사실들을 들려주었지. 그자가 말한 대로 서양 여러 나라들의 실정과 그대가 들었던 청나라 사정을 잘 이해시켜서 들려주게. 과인은 오랫동안 방 안에만 누워 있어서 바깥의 돌아가는 사정을 잘 모른다네."

"그러하옵니다, 전하. 여기 계신 많은 조정의 대소 신료 분들은 잘 모를 것입니다만, 이번에 청나라 황실이 북으로 피난을 떠난 일은 결코 보통의 난리가 아니옵니다. 이는 동서고금의 역사에 처음 있는 파천황 같은 일이옵니다."

"그게 무슨 뜻인가?"

영의정이 묻자, 송화가 대답했다.

"영상 대감, 생각해 보십시오. 청나라가 어떤 나라입니까? 중국 역사상 가장 넓은 영토와 많은 인구를 거느린 대국이 아닙니까? 그런 청나라가 고작 수만 명의 서양 군대가 쳐들어오자, 연전연패를 당하고 수도인 북경까지 점령당했습니다. 또한 황제는 그들에게 막대한 돈을 바치고 영토까지 내주었습니다. 청나라가 두 서양 나라인 영국과 불란서에게 무릎을 꿇었단 말입니다. 동양에서 가장 크고 힘센 나라인 청나라가 저 꼴이 되었으니, 장차 우리 조선이나 일본이나 안남이나 태국 같은 다른 나라들은 어찌 될까요? 청나라의 경우처럼 서양 나라들이 많은 군함과 군대를 보내 쳐들어온다면 당해 낼 재간이 있겠습니까?"

"그야…… 나도 잘 모르겠네."

난감한 표정으로 영의정이 말을 얼버무리자, 좌의정이 나서서 송화의 말을 거들었다.

"송전경의 말이 맞소이다. 내가 예전에 우리나라의 역사를 살펴보니, 임진왜란이 일어나기 8년 전에 이런 일이 있었다고 하더군요. 어느 서양 군함 한 척이 전라도 흥양 앞바다에 들어와서 우리나라 수군과 싸웠는데, 그 서양 군함이 우리나라 배보다 훨씬 크고 높은 데다 선체를 온통 쇠로 감싸고 있어서 아무리 공격을 해도 도저히 타격을 줄 수 없었다고 합니다. 그렇게 한참을 서로 공격을 주고받다가 썰물이 되자, 서양 군함이 더 이상 싸우기 지쳤는지 물러갔다고 하더군요. 그 배가 어느 나라에서 왔더라……. 아, 대략 영국에서 왔다는 건 기억이 납니다. 좌우지간 280년 전에 우리나라 수군 함대가 영국 군함 단 한 척을 둘러싸고 싸워도 도저히 이기지 못했는데, 만약 지금 수십에서 수백 척의 영국 함대가 쳐들어와서 우리나라 수군과 싸운다면 어떻게 되겠습니까? 우리나라는 임진왜란과 병자호란 이후로 해전을 치러 본 적이 없어서 수군의 무기와 장비가 부실한데, 과연 280년 전보다 더 강해진 영국 함대와 싸워서 이길 수 있겠습니까? 나는 도저히 그렇다고 대답을 할 수가 없습니다."

좌의정이 내놓은 의견에 송화는 고개를 끄덕이며 수긍했다.

"그렇습니다, 좌상 대감. 이미 우리는 280년 전에 무력에서 서양에 뒤처졌습니다. 그러니 그 격차는 지금에 와서 더욱 크게 벌어졌지요. 하물며 우리보다 훨씬 강대국인 청나라조차 이번에 영국과 불란서 등 서양에게 굴복했습니다. 과연 우리였다면 결과가 달랐겠습니까? 똑같았을 겁니다. 어쩌면 청나라가 당한 것보다 더 참혹했을 지도 모르는 일입니다. 이제 세상이 바뀔 것입니다. 서양이 동양을 정복하는 서세동점의 시대가 오겠지요. 그것은 단순히 군사력에서만이 아닙니다. 정치제도와 의식주, 산업 등 거의 모든 문물에서 서양이 동양뿐 아니라 천하를 주도하는 시대가 올 겁니다."

송화의 단언에 방 안에 있던 모든 사람들이 당혹스러워했다. 그때 영의정이 나서서 송화의 의견에 반대하고 나섰다.

"송전경, 무슨 근거로 그런 말을 하는가? 단지 서양의 군사력이 우리보다 강하다고 해서 우리가 그들의 문물을 따라 해야 한단 말인가? 그건 너무 지나친 억측일세. 옛날 고려 시대에 몽고가 온 천하를 제패하여 우리 조상들이 잠시 그들의 문물을 모방하기는 했으나, 그런 시대는 오래가지 않았네. 비록 서양이 강성하다 하나, 그것이 과연 얼마나 가겠는가?"

"영상 대감, 지금 서양은 몽고와는 전혀 다릅니다. 몽고는 떠돌아다니는 유목민으로 그 문물이 보잘것없었지만, 서양은 엄연히 정착 생활을 하고 나라를 이끌어 가면서 세상에서 가장 발달된 과학기술과 각종 문물들을 지녔습니다. 단지 서양의 군사력만이 대단해서 그들이 세상을 주도한다는 것이 아닙니다. 그들의 제도에서 진정 강력한 힘이 나오는 것입니다."

"그런가……."

송화의 설명에 영의정이 괴로운 듯 인상을 쓰며 말끝을 흐렸다. 그런 영의정을 보다가, 송화는 다시 말을 이어 나갔다.

"소인이 전하와 조정의 대소 신료 여러분들에게 서양의 각 나라들에 대해 알고 있는 대로 말씀드리겠습니다. 이는 장차 이 나라를 이끌어 나가는 데 매우 도움이 될 중요한 정보이니, 잘 들으시고 국정 운영에 참조해 주셨으면 합니다. 첫 번째로 소개할 서양의 국가는 영국입니다. 영국은 지금 전 세계를 통틀어 가장 넓은 영토와 최고의 해군을 거느린 나라입니다. 북미 대륙과 아불리가 대륙, 인도와 호주와 동남아에 이르기까지 온 천하 각지에 그들의 영토가 아닌 곳이 없고, 세상의 모든 바다에 그들의 배가 없는 곳이 없사옵니다. 그들은 용감하고 잘 훈련된 군대를 지니고 있어 현재 서양 나라들 중에서 제일 강력한 군사 강국으로 불립니다. 이번에 청나라 군대와 싸워 일방적인 대승을 거두고, 북경까지 진군하여 청나라 황제를 피난 가게 할 만큼 막강한 군대를 보유하고 있지요. 또 서양을 모두 지배하려 했던 불란서의 나파륜 황제와도 싸워서 끝내 승리했을 정도로 영국군은 강력합니다. 육지뿐 아니라 바다에서도 영국군은 막강한데, 현재 서양뿐 아니라 전 세계 모든 나라들을 통틀어 영국 해군은 가히 상대할 자가 없는 무적이라 할 만합니다. 불란서와 아라사, 미국 해군을 다 합쳐도 영국 해군을 당해 낼 수 없다는 말까지 나오고 있으니까요. 영국은 본래 섬나라이기 때문에 해상무역을 매우 중시하며, 그런 해상무역로를 보호하기 위해 해군을 강력하게 키웠습니다. 결과적으로 이 우수한 해군 덕분에 영국은 전 세계의 바다를 지배하며 막대한 이득을 벌어들이고, 그것을 다시 군대에 투자하여 계속 강력한 군사력을 유지하고 있지요. 그래서 영국의 어느 여왕은 바다를 제패하는 자가 곧 세계를 제패한다는 말까지 남겼습니다. 영국은 또한 서양에서 과학기술이 가장 발달한 나라이기도 합니다. 과학을 연구하는 사람에 대한 우대가 매우 뛰어나지요. 영국이 강대국이 된 원인도 바로 훌륭한 과학기술 덕분입니다. 과학기술이 발달하여 우수한 무기나 각종 생활에 필요한 도구를 만들어 백성들의 삶을 편리하게 하니, 매우 좋은 일이지요. 영국에는 국왕이 있으나 실권은 갖고 있지 않고, 나라의 정치는 총리와 다른 대신들이 의회에서 상의하여 열어 가고 있습니다. 영국 의회에는 학식과 부를 갖춘 의원들이 출석하여 나랏일에 참여하는데, 서로 토론과 논쟁을 벌이며 가장 좋은 의견을 모아 정치에 반영합니다. 국왕이 독단적으로 나라를 이끄는 전제정치가 아니라 의회정치를 하고 있는 것입니다."

"송전경, 그럼 영국은 왕이 아니라 신하들이 다스리는 나라란 말이오?"

우의정의 말에 송화가 대답했다.

"그러하옵니다, 우상 대감. 하지만 영국의 제도는 그리 특이한 것이 아닙니다. 소인이 알기로 과거 우리나라에서도 정도전이 이것과 비슷한 일을 하려고 했다가 실패한 적이 있었다고 하더군요."

정도전이라는 이름이 언급되자 좌중이 술렁였다. 그도 그럴 것이 정도전은 역모 혐의로 태종 이방원에게 처형당한 역적이었기 때문이다. 송화는 그들의 반응에 신경을 쓰지 않고 계속 영국을 설명했다.

"영국은 군주의 권한을 억제하고, 백성들의 권리를 크게 보장합니다. 왕이라고 해서 자기 마음대로 전횡을 하지 못하고, 왕도 법을 따라야 한다는 것이 영국의 제도입니다. 과거 영국의 왕들 중에는 법을 어기고 멋대로 폭정을 일삼다가 백성들에게 쫓겨나 심지어 죽임까지 당한 경우도 있었다고 합니다."

"왕이 쫓겨나는 일이야 우리나라에서도 있지 않았던가?"

"하지만 우상 대감, 영국은 사정이 다르옵니다. 영국에서는 신하들이 왕을 쫓아낸 다음, 법을 만들어 왕의 권한을 대폭 축소시켰습니다. 왕은 그저 나라와 백성의 대표로 존중을 받으나, 통치는 하지 못한다는 것이 영국의 법입니다. 그래서 영국 왕은 형식적인 예우만을 받고, 나라를 다스리지는 못합니다."

"그것은 허수아비가 아닌가?"

누군가 그렇게 말하자, 송화가 대답했다.

"그렇게 볼 수도 있습니다. 하지만 그 덕분에 영국의 왕가는 지금까지 계속 존재할 수 있었습니다. 왕실이 약해진 탓에 오히려 그 수명이 늘어난 셈이지요."

"전화위복이로군."

다른 대신들이 서로를 보면서 그렇게 수군거렸다. 송화는 그들을 향해 계속 서양을 설명해 나갔다.

"다음 소개할 나라는 불란서입니다. 불란서는 전통적으로 서양에서 가장 흥성했던 나라입니다. 한때는 나파륜이란 걸출한 황제가 나타나 서양의 대부분을 지배하기도 했지요. 비록 지금은 그 국력이 영국보다 못하지만, 그래도 매우 강력한 나라입니다. 지금 불란서는 나파륜 황제의 조카인 나파륜 3세 황제가 다스리고 있습니다. 그는 능력과 덕성에서 나파륜 황제보다 못하지만, 그를 존경하여 그가 이룬 업적을 따라 하려고 애를 씁니다. 해외 여러 나라로 군대를 보내 영토를 점령하여 불란서의 위세를 떨치려 하는데, 이번에 청나라를 상대로 영국과 동맹을 맺고 함께 군대를 보내어 침공한 것도 이 자가 한 일입니다. 소인이 소문으로 듣기로는 얼마 전 우리나라에서 천주교도들을 박해한 일이 있었는데, 그 사실이 불란서에까지 알려져 큰 문제가 되었다고 합니다. 불란서는 천주교를 믿는 나라이기 때문입니다. 그래서 불란서 황제가 많은 군함과 군대를 보내 우리나라를 공격할지도 모른다는 소문이 떠돌고 있더군요. 여러분들은 각별히 주의해야 합니다. 소문에 의하면 지금 불란서가 청나라의 속국인 안남을 노리고 있다고 하던데, 자칫하면 우리나라까지 불란서의 침공을 받을 수도 있습니다."

"혹시 우리나라의 천주교도들이 불란서와 내통하여 침공을 돕지는 않겠소?"

이름을 알지 못하는 다른 대신의 질문을 받은 송화는 고심 끝에 답변을 내놓았다.

"물론 그럴 가능성도 있지요. 실제로 황사영이란 자가 불란서에 천주교도를 보호하기 위한 원병을 요청한 편지를 보냈다가 발각당한 적도 있었으니까요. 이는 말할 것도 없이 나라에 해를 끼치는 위험한 일입니다. 그러나 소인은 차라리 천주교를 승인하거나 신도들에 대한 탄압을 중지하여, 그들이 나라를 원망하지 않게 하는 편이 더 좋다고 여깁니다. 무릇 나라가 백성들에게 원한을 사면 반란이 일어나 망하지 않습니까?"

"하지만 천주교도들은 우리나라의 풍속을 어지럽히고, 삼강오륜의 도덕을 거스르는 자들이오. 그런 자들을 어찌 승인할 수 있겠소?"

송화는 그 대신의 말이, 천주교도들이 제사를 천주교의 가르침에 어긋나는 사악한 우상숭배로 여겨 하지 않는다는 뜻으로 알고는 잠시 생각을 하고 나서 대답했다.

"소인이 알기로 세계의 모든 천주교 조직은 서양의 교황에 의해 통제를 받는다고 합니다. 그러니 천주교도가 제사를 지내지 않는 문제는 교황에게 연락을 하여, 조선의 특수한 사정이니 양해를 해 달라고 요청하는 식으로 타협을 하는 편이 나을 듯합니다. 그러면 교황을 통해 국내의 천주교도들이 더 이상 나라와 윤리에 해를 끼치지 않을 것입니다."

"좋은 방안이군."

"다음 소개할 서양의 나라는 아라사입니다. 아라사는 서양의 동쪽 끝에서 동양의 북쪽에 이르기까지 방대한 영토를 차지하고 있는데, 지금 영국을 제외한다면 가장 넓은 땅을 다스리는 나라입니다. 아라사의 정치는 황제 한 사람이 다스리는 전제군주정입니다. 불란서와 비슷하기는 하지만, 불란서보다 황제의 권한이 더욱 막강합니다. 아라사 황제는 오직 하늘에만 책임을 지며, 모든 백성들의 생살여탈권을 마음대로 행사한다고 말할 정도로 강력한 군주입니다. 청나라와 비슷하지요. 또한 아라사는 영국이나 불란서와는 달리, 국토가 바다로 나눠지지 않고 하나의 육지로 쭉 이어져 있지요. 게다가 서양의 나라들 중에서 유일하게 우리 조선과 중국을 상대로 국경이 맞닿아 있사옵니다. 이번 청나라가 영불 연합군과 치른 전쟁에서 패배하면서, 평화 회담의 중재를 선 아라사에게 그 답례로 연해주 땅을 내주었습니다. 그 덕분에 우리나라의 북쪽 끝인 회령과 맞닿은 땅이 이제 아라사의 영토로 편입되었습니다. 현재 영국이 가장 경계하는 나라가 아라사입니다. 아라사는 추운 북쪽에 있어서 겨울에 항구가 얼지 않는 따뜻한 땅을 찾아 계속 남쪽으로 내려왔는데, 영국은 그런 아라사가 자신들이 지배하고 있는 인도를 노린다고 여겨서 모든 면에서 아라사를 봉쇄하려 하고 있습니다. 그래서 아라사는 영국의 봉쇄를 피해 다른 곳을 찾으려 하는데, 거기가 바로 중국과 우리 조선입니다. 지금 청나라는 내우외환에 시달리고 있어서 아라사의 압력에 잘 대응하지 못할 것입니다."

송화의 설명에 방 안의 사람들은 또 다시 술렁이며 자기들끼리 말을 주고받았다. 그들을 향해 송화는 설명을 이어 나갔다.

"마지막으로 소개할 서양의 국가는 미국입니다. 미국은 서양 나라들 중에서 가장 풍요로운 땅을 가진 나라입니다. 단순히 땅의 넓이로만 따지면 영국이나 아라사가 미국보다 더 넓지만, 영국은 본국과 다른 영토가 바다로 나뉘어져 있어서 본국까지 수송하는 데 시간과 비용이 많이 들고, 아라사는 국토의 대부분이 추운 기후라서 생산력이 낮습니다. 그에 반해 미국은 국토가 하나의 땅으로 연결되어 있으면서 그 넓이가 영국보다 거의 45배나 넓으니, 아라사와 영국의 단점이 모두 장점으로 바뀐 나라지요. 기후도 비교적 따뜻해서 농사도 잘되고, 땅에 묻힌 자원도 무궁무진하다고 합니다. 또한 서양 각 나라들에서 매년 미국으로 이민을 가는 사람들도 무척 많아 해마다 인구가 급속히 증가하고 있습니다. 그래서 일설에 의하면, 영국의 다음 자리를 차지할 나라가 바로 미국이라고 합니다. 미국은 서양에서 유일하게 공화정을 하는 나라입니다. 임금이나 귀족이 아예 없고, 대신 백성들끼리 모여 나라를 4년 동안 다스릴 지도자를 선거로 뽑는데, 거기서 가장 많은 표를 얻은 사람이 당첨됩니다. 그 직책을 대통령이라고 합니다. 대통령은 일단 선출되면, 나라 안의 모든 일을 결정할 권한을 갖습니다. 그러나 자기 마음대로 하지는 못하고, 영국처럼 의회에 출석한 의원들과의 토론을 통해 그들의 동의를 얻은 다음에야 처리할 수 있습니다. 또한 대통령은 왕이 아니기 때문에 그 자리가 결코 자손에게 세습되지 않습니다. 만약 대통령이 일을 잘한다면 백성들의 인기를 얻어 선거에 당첨되어 또 다시 4년 동안 그 자리를 이을 수는 있습니다. 그러나 일을 잘 못하여 백성들의 원망을 얻는다면 결코 다음 선거에서 당첨되지 못하고 물러나야 합니다."

미국의 정치제도를 설명하는 송화의 말에 다른 사람들은 크게 놀랐다.

"아니, 세상에 어떻게 임금이 없는 나라가 있을 수 있나? 그게 나라인가?"

"게다가 나라를 이끌 지도자를 백성들이 모여서 투표로 뽑는다고?"

"당치도 않다. 무지렁이들이 어찌 나랏일을 안단 말인가?"

당황해하는 사람들을 향해 송화가 말했다.

"소인이 알기로 옛날 중국 주나라에서도 8년 동안 왕이 없이 대신들끼리 모여서 나랏일을 결정하는 공화정을 시행한 적이 있었다고 합니다. 그러니 미국의 제도가 결코 이상한 것은 아닙니다. 다만 미국은 주나라와는 달리, 국정에 참여할 대상의 폭을 더 넓힌 것이지요. 소인의 생각으로도 그 편이 백성들에게 자긍심을 심어 주어 결과적으로 나라를 위해 더 큰일을 할 수 있도록 하니, 좋은 제도라고 여깁니다."

"하지만 아무리 그래도 그렇지……."

고대 중국의 사례를 들며 송화가 설명했지만, 대신들은 선뜻 납득하려 들지 않았다. 송화는 그들의 모습을 보며 답답했지만, 한편으로는 이해가 가지 않는 것도 아니었다. 저들은 얼마 전까지만 해도 서양인들을 사람이 아닌, 요괴 무리라고 여겼으니까.

그때, 영의정이 나서서 송화에게 질문을 던졌다.

"그대의 이야기는 잘 들었네. 그럼 우리가 장차 어찌하면 좋겠나?"

"서양을 상대로 국교 수립과 통상 등의 문호 개방을 해야 합니다."

그러자 방 안의 사람들이 한순간 크게 술렁였다. 송화의 그

발언은 여태까지 쇄국을 외교의 기반으로 삼아 온 조선의 정책을 근본적으로 뒤바꾸는 내용이었기 때문이다. 영의정은 송화의 말이 거북했는지 얼굴을 찌푸리며 반문했다.

"서양 나라들은 모두 천주교나 야소교를 믿는다고 하는데, 그들은 부모에게 제사도 안 지내며 효를 모르는 짐승 같은 족속들일세. 그러니 효를 도덕의 으뜸으로 여기는 우리 조선이 어찌 그들과 친분을 쌓을 수 있겠는가? 자칫하면 그들과 어울리다가 우리나라 사람들도 그들의 못된 풍습에 물들어 효를 내버릴 수도 있는 일일세. 자네는 이런 생각도 안 해 보았나?"

영상의 추궁에 송화도 물러서지 않고 반박했다.

"물론 우리와 그들은 서로 다른 문화를 지녔기 때문에 불편할 수도 있습니다. 그러나 문호를 개방하여 그들과 우호적인 관계를 맺는 일이 그들과 전쟁을 벌여 무수한 백성들을 죽게 하고 자칫 나라의 운명까지 위태롭게 만드는 것보다는 낫습니다. 옛날 중국과 북방 유목민들의 관계를 생각해 보십시오. 중국인들은 흉노나 돌궐 같은 유목민들이 부모를 공경하지 않는 짐승 같은 오랑캐라고 멸시했지만, 그러면서도 그들과 가급적 우호적인 관계를 맺으려고 노력했습니다. 전쟁을 벌여 서로 막대한 피해를 입는 것보다 평화적인 교류가 더 안전하고 유익한 일이라는 사실을 알고 있었기 때문입니다. 또한 우리는 임진왜란 이후 일본과 200년 동안 통신사를 보내 서로 교류를 했지만, 우리가 그들의 풍습에 물드는 일은 없었지 않습니까?"

"그래, 자네 말대로 우리가 서양에 문호를 개방하고 우호적인 관계를 만들 수도 있겠지. 하지만 그 서양의 나라인 영국과 불란서는 이번에 청나라로 쳐들어가서 무수한 인명을 살상하고 황제의 궁전마저 노략질하여 불태운 포악무도한 자들이 아닌가? 이런 나라들과 과연 평화적인 관계를 맺을 수 있겠는가?"

서양의 침략 가능성을 우려하는 영의정의 말에 여기저기서 동조하는 목소리가 들려왔다. 사실 그들이 가장 두려워하는 것은 서양인들이 제사를 지내지 않는다는 것보다, 그들이 가진 막강한 군대가 이 땅을 유린하는 일이었다.

"물론 여러분들이 서양의 침입을 우려하시는 심정은 소인도 잘 압니다. 우리보다 훨씬 강력한 청나라도 그들에게 패배했는데, 하물며 우리가 서양과 정면으로 대결을 벌이면 승산이 거의 없겠지요. 그러나 무작정 그들과의 무력 충돌만을 염두에 둘 필요는 없습니다. 영국과 불란서가 청나라와 전쟁을 벌인 것은 서로 간의 이해관계가 어긋났기 때문이었습니다. 영국은 청나라와의 무역을 원했는데, 청나라가 영국의 아편 판매를 이유로 영국과의 무역을 모두 금지하는 바람에 전쟁으로 번졌던 것이지요. 소인이 지금 바깥 소식을 들어 보니, 영국 내에서도 아편 판매는 불명예스러운 밀무역이라고 하여 비판의 여론이 높았고, 이번 전쟁에서도 영국은 청나라에 아편을 팔겠다는 내용을 조항에 넣지 않았다고 합니다. 그러니 만약 서양 나라들과의 무력 충돌이 우려된다면, 우리가 그들과의 이해관계를 침해하지 않으면서 우호적인 관계를 더 두텁게 쌓으면 됩니다."

"하지만 그래도 서양 나라들이 우리나라에 쳐들어오거나 위협을 가하면 어찌해야 하는가?"

"영상 대감, 옛말에 이이제이라고 있지 않습니까? 서양 나라들이 결코 하나의 세력만 있는 것은 아닙니다. 그들 중에서 우리와 그나마 친한 나라와 손잡고 위협을 가해 오는 다른 나라를 견제하면 됩니다. 소인이 알기로 영국은 아라사를 견제하고 있으며, 반대로 아라사 역시 영국에 맞서는 중이라고 합니다. 이번에 아라사는 국토가 우리 조선과 맞닿게 되어 필시 접촉을 해 오게 될 터인데, 그나마 아라사는 우리 조선과 가장 가까운 서양 나라이니, 그들과의 교류를 원활히 진행하면 나라에 이로움이 많을 것입니다. 불란서는 영국과 갈등을 빚기도 하고 손을 잡기도 하는 관계입니다. 미국은 영국과 불란서에 다소 뒤처졌으나, 그들 역시 우리 조선과 중국 등 동양에 서서히 세력을 뻗어 오고 있습니다. 만약 영국과 불란서가 우리를 위협한다면, 아라사와 미국을 끌어들여 그들을 견제하면 됩니다. 거꾸로 아라사나 미국이 우리를 압박한다면, 영국과 불란서와 손을 잡고 맞서면 될 것입니다."

송화의 말에 영의정은 일면 수긍하면서도 다소 불안을 드러냈다.

"자네의 말도 일리는 있네만, 남의 비위만 맞추거나 힘을 빌리는 방식에는 근본적으로 한계가 있네. 먼저 우리 자신이 약하다면, 아무리 외부와 손을 잡는다고 해도 위태롭지 않겠는가?"

"물론 소인도 그 정도는 알고 있습니다. 그래서 우리 스스로의 개혁도 필요하지요. 서양의 우수한 군사 무기를 들여온다든가, 아니면 그들의 발달된 제도를 받아들여서 더 많은 백성들에게 기회를 주면 될 것입니다. 그리하면 나라의 힘이 지금보다 더 강해져서 우리도 서양에게 시달리지만은 않게 되겠지요."

그때, 지금까지 누워만 있던 왕이 무거운 입을 열고 아주 작고 희미한 목소리로 말했다.

"영상 그리고 송전경, 그대들이 하는 말을 잘 들었소."

"전하! 옥체도 불편하신데 억지로 말씀하지 마시고 누워 계십시오!"

왕의 머리맡에 앉아서 상태를 살피던 어의가 당황하여 나섰으나, 왕은 전혀 개의치 않고 계속 말을 이어 나갔다.

"송전경, 그대의 이야기하는 재주는 정말이지 훌륭하군. 과인은 그대가 하는 재미난 얘기들을 귀담아듣느라, 아픈 것도 잊었네. 과인이 이승에서 마지막으로 들은 이야기답게 유익하고 감동적이었어. 처음 그대가 과인에게 들려준 동해의 여인국 전설 못지않게 흥미진진했네."

"과찬이십니다, 전하."

"하지만 동해의 여인국 이야기는 옛 전설이지만, 서양 나라들에 대한 이야기는 현실에 있는 문제이지. 영상을 포함한 조정 대신들은 서양과의 문호 개방에 회의적이지만, 과인은 그렇게 생각하지 않네. 이 나라는 청나라보다 약하고, 서양의 나라들이 문호를 개방하라고 압력을 가해 온다면 버틸 수가 없을 걸세. 그러면 어찌되었든 문호를 개방할 수밖에 없겠지. 단, 그 과정이 어느 정도일지가 논란의 대상이 되겠지. 서양을 맹목적으로 적대해서도 아니 되지만, 반대로 그들에게 굴종하거나 노예가 되어서도 아니 되네. 상대가 누가 되었든, 우리의 자존과 존엄은 꼭 지켜야겠지."

"전하의 말씀이 옳사옵니다."

"아니, 옳은 말을 한 건 그대야. 과인은 송전경에게 감사하네. 그대의 식견이 참으로 넓고 멀리까지 내다보는 듯하여 또한 놀랐네."

"과찬이시옵니다, 전하. 이 나라에는 소신 말고도 현명한 사람들이 많으니, 그들도 결국엔 소신이 말한 것처럼 따라갈 것이라고 보옵니다. 그러니 너무 염려하지 마시옵소서."

송화의 말에 왕은 짧고 희미하게 웃으면서 중얼거렸다.

"과인이 짧은 인생이나마 살면서 느낀 점이 있다면, 세상의 흐름은 물과 같다는 것일세. 얼핏 보기에는 불합리한 것 같지만, 모든 이치는 다 자연스럽게 흘러간다네. 하늘도 일 년 내내 비와 바람을 일으키지는 못하듯이, 사람들의 세상도 마찬가지네. 결국에는 다 제자리로 찾아가게 될 걸세. 지금 그대가 염려하는 서세동점의 세상도 언젠가는 원점으로 돌아가겠지."

"부디 그렇게 되었으면 하옵니다."

"그래……."

죽어 가는 소처럼 미약한 숨을 몰아쉬던 왕은 송화와 다른 신하들을 번갈아 보면서 마지막 힘을 담아 말했다.

"송전경, 그대 덕분에 과인은 살아생전 즐거웠다네. 또한 과인이 가는 길에 그대의 이야기를 듣게 되어 진심으로 기쁘고 감사하다네. 그럼 이만 잠을 자야겠네. 언제 깰지 모르는 깊은 잠을 말일세. 그럼 다들 잘 있게."

그 말을 듣는 송화와 다른 신하들은 왕이 지금 유언을 남기고 있다고 생각했다. 불길한 예감은 맞아떨어졌다. 얼마 후, 왕은 눈을 스르르 감고는 고개를 베개의 오른쪽으로 돌려 버렸다. 그 상태에서 왕의 몸은 더 이상 움직이지 않았고, 숨소리도 멎었다. 의원이 얼른 솜뭉치를 꺼내 왕의 코에 가져다 대었으나, 솜뭉치는 전혀 흔들리지 않았다. 왕의 상태를 파악한 의원은 방 안에 앉은 신하들에게 말했다.

"전하께오서는 지금 막, 훙서하셨습니다."

의원이 왕의 사망 선고를 하자, 신하들은 모두 "전하!"를 외치며 방바닥에 이마를 가져다 대고, 하나둘씩 울음을 터뜨렸다. 이미 예측은 하고 있었지만 눈앞에서 왕의 죽음을 지켜본 송화 역시, 가슴 깊은 곳에서 복받쳐 오는 슬픔을 견디지 못하고 눈물을 흘렸다. 그와 동시에 별궁의 밖에서는 빗방울이 하나둘 떨어지더니, 어느새 빗줄기가 거세지며 땅에 빗물이 흘러내렸다. 송화는 그것이 하늘도 왕의 죽음을 슬퍼해서 내리는 비라고 생각하며, 울고 또 울었다. 빗줄기처럼 송화의 눈에서도 거침없이 눈물이 흘러내렸다.

왕의 장례식은 내리는 비를 맞으며 진행되었다. 참석하는 사람들 중에서 왕족들은 베옷을 입었고, 신하들은 죽음을 뜻하는 색인 하얀 상복을 입었다. 왕의 직계 자녀는 없었다. 왕은 일찍이 왕비를 두었으나, 어찌된 일인지 자녀를 보지 못했기 때문이었다. 왕이 자녀를 못 보는 문제가 왕 본인에게 있는지, 왕비에게 있는지는 알 수 없었으나, 이제 와서 그런 건 따질 필요가 없었다. 어차피 이 나라에 넘치는 게 왕족이고, 왕을 대신해 옥좌에 앉을 후보자는 얼마든지 있었으니까.

송화도 신하의 몸으로 장례식에 참석했다. 그는 왕의 시체가 관 속에 들어가고, 관을 모신 행렬이 궁을 빠져나와 먼 곳에 있는 산으로 들어가 미리 예정한 장지에 묻히는 광경도 직접 목격했다. 관이 땅속에 묻히는 것을 보는 송화의 마음은 슬프면서도 착잡했다. 어린 시절의 순수했던 왕, 야대 시간에 재미있는 이야기를 들려 달라고 조르던 동생 같았던 선량한 왕, 젊은 시절에 강원도로 사냥을 나갔다가 김상우를 만나 작고 허름한 집에서 서양 여러 나라들에 얽힌 재미난 이야기를 함께 듣고 뜬눈으로 밤을 새었던 왕, 그리고 죽어 가는 상황에서도 자신을 찾으며 끝까지 이야기를 듣고 재미있다며 감사해하던 왕……. 단순히 주군과 신하의 관계가 아니라, 자신의 형제이자 친구 같았다고 여겼던 그 왕이 지금 시체가 되어 영원히 만날 수 없는 땅속으로 묻히고 있는 것이다. 왕의 죽음과 동시에 송화는 자신이 살아온 인생의 중요한 부분들도 죽었다고 여겼다. 그의 삶에서 빛났던 순간은 왕과 함께 지냈던 시기였으니까.

장례식이 끝나고 대비전에서 새로운 왕의 등극을 알렸고, 새 왕의 즉위식은 요란하게 거행되었다. 하지만 이미 송화에게 그런 것들은 아무런 의미가 없었다. 왕의 죽음으로 인해 송화의 머릿속은 온통 새하얀 백지가 되었다. 누가 왕이 되었든지, 즉위식이 어떻게 치러지든지 송화 자신과는 어떠한 연결 고리도 없었으니까.

새로운 임금의 즉위에 맞춰 조정에서는 인사이동이 있었다. 그런데 그 소식을 접하던 송화는 내관이 발표하는 내용을 듣고는 왕의 죽음에 못지않은 충격을 받았다. 다름이 아니라 자신이 파직된다는 것이었다. 물론 송화도 자신이 벼슬길에 올라 정승까지 올라가는 출세를 할 수 있다고 믿지는 않았다. 그저 평범한 벼슬아치 정도로 산다고만 여겼다. 하지만 파직이라니? 도대체 무슨 이유로 그런 조치가 내려졌단 말인가? 도무지 납득할 수 없는 일이었다.

송화는 인사이동을 담당하는 관리들을 만나 자신이 파직된 이유를 물었다. 그러자 그들은 한결같이 이렇게 대답했다.

"자네의 행적을 두고 오래전부터 말들이 많았네. 자네가 돌아가신 선왕 전하를 모신 야대 시간에서부터, 영 쓸데없고 허무맹랑한 이야기들만 들려드리는 바람에 선왕께서 학문을 제대로 닦으실 수 없었다고 말일세. 그래서 자네가 조정에 필요하지 않은 사람이라고 판단을 내려서 파직한다는 조치가 나왔던 것일세. 그러니 너무 원망하지 말게나. 평소에 잘하지 그랬나?"

답변을 들은 송화는 잠시 화가 났다가, 곧 수긍했다. 그들의 말이 틀린 건 아니었으니까. 그래, 쓸데없고 허무맹랑한 이야기라……. 맞는 말이다. 자신이 왕에게 들려준 것들은 전부 그런 내용들이었으니까.

그건 그렇고 누가 자신을 자르라고 힘을 행사했을까? 송화는 마음속으로 범인을 찾다가 금방 알아냈다. 필시 어린 왕의 야대 시간에서부터 자신을 못마땅하게 여기던 영의정이 손을 썼으리라. 이제 송화를 지켜 줄 뒷배인 왕도 죽고 없으니……. 그렇다고 해도 지독한 뒤끝이로군. 송화는 늙고 꼬장꼬장한 영의정의 얼굴을 떠올리며 쓴웃음만 지었다.

차라리 잘되었다. 새 왕은 자신을 전혀 모르고, 조정은 영의정과 그 패거리가 장악을 했으니, 이제 자신을 도와줄 사람은 아무도 없었다. 냉담한 자들로 가득 찬 조정에 오래 있어 봐야, 어차피 자신에게 좋은 일이 없다. 그저 계속 한직으로만 머물면서 찬밥 취급만 받을 테니까. 그럴 바에야 스스로 알아서 짐을 싸, 떠나는 편이 더 보기에 나았다. 송화는 그렇게 마음을 먹고 곧바로 자신의 소지품을 챙겼다. 그리고 왕과 함께 행복한 나날을 보냈던 궁궐에 송화는 마음속으로 작별 인사를 했다. 궁을 나서는 발걸음에는 힘도 굳은 의지도 없었다. 두 번 다시는 올 일이 없는 궁궐을 뒤돌아보면서, 송화는 길게 한숨을 쉬고는 터벅터벅 집으로 향했다.

귀가한 송화는 아내와 하인들의 인사에 대충 답하고 그대로 자신의 방으로 들어가 틀어박혔다. 그날 이후로 송화는 밥을 먹고 잠을 자며 뒷간에 가는 일 말고는 좀처럼 방 안에서 나오지 않았다. 어쩌다 방 밖으로 나가면, 멍하니 하늘을 올려다보며 계속 생각에 잠기는 것이 일이었다.

돌이켜 보면, 송화 자신의 인생이 참 허무하다는 느낌만 들었다. 도대체 자신은 무엇을 위해서 지금까지 살아왔을까? 부나 출세는 아니었고, 향락을 즐기기 위해서도 아니었다. 그럼 삶의 목표가 무엇이었나? 그저 왕의 말벗이 되는 것? 물론 그것도 나쁘지는 않았지만, 그럼 왕이 죽었으니 자신은 이제 무엇을 해야 좋단 말인가? 어떤 일을 해야 이 삶의 무의미가 짓누르는 압박에서 벗어날 수 있단 말인가? 그 해결책을 찾으려 고민하고 또 고민하던 어느 날, 송화는 문득 석양을 보다가 머릿속에 번개 같이 스쳐 지나가는 영감을 붙잡았다.

'그래, 기록으로 남기자. 전하와 내가 나누었던 그 이야기들을 모두 글로 적어서 한 권의 책으로 만드는 거다. 그러면 후세의 누군가가 내가 어떻게 살아왔고, 무슨 일들을 겪었는지 알아줄 테니까. 혹시 내가 전하께 들려드린 이야기들을 읽고서 누가 자기 인생에 도움이 되는 쪽으로 활용한다면, 더욱 좋은 일이지. 이제부터 나는 내가 말한 이야기들을 하나도 빠짐없이 모두 글로 적어서 후세를 위해 남기겠다. 그것만이 내가 사는 인생의 목표다.'

결심을 한 송화는 그날부터 다시 방 안에 처박혀서 자신이 야대 시간에서부터 어린 왕에게 들려준 이야기들을 하나도 빠짐없이 기록하는 일에만 몰두했다. 어찌나 열중했는지 끼니를 거르고 새벽 늦게까지 잠자리에 들지 않는 일이 다반사였다. 처음에는 몸을 챙기며 하라고 했던 아내와 하인들도 송화의 고집을 꺾지 못하고 이제는 그냥 내버려 두는 단계에 이르렀다. 가을이 겨울로, 겨울이 봄으로, 봄이 여름으로, 여름이 가을로, 가을이 다시 겨울로 바뀌었지만 송화는 계절의 변화를 전혀 알아차리지 못하고 두 손의 손가락이 새까맣게 물들 때까지 계속 종이 위에 자신이 왕에게 들려주거나 왕과 함께 들었던 이야기들을 전부 적는 데에 열중했다.

그렇게 약 일 년 동안을 기록에 매달린 송화는 집필을 모두 마치고, 책의 제목을 뭐라고 지을지 고민하다가 좋은 이름을 떠올렸다. 조선야화朝鮮夜話. 자신이 왕에게 처음 이야기를 들려준 때가 바로 어린 왕이 한밤중에 공부를 하던 야대 시간이었으니, 매우 적절한 제목이었다. 송화는 불현듯 그때가 생각나서 쓴웃음을 지었다. 다시 그 시절로 돌아가도 똑같이 할 수 있을까? 아마 그럴 것이다. 왕도 자신도 재미난 옛날이야기를 좋아했으니까.

"이제 내가 할 일은 다 끝냈다."

자신의 저서인 《조선야화》를 완성시킨 송화는 며칠 후, 이부자리 위에서 조용히 숨을 거둔 채로 발견되었다. 그는 마치 도를 깨친 고승이 열반에 든 것처럼 편안하고 행복해 보였다.

송화가 남긴 책 《조선야화》는 그 후, 송화 집안의 가보로 대대로 전해 내려왔다. 조선이 망하고, 일본이 지배하다가 그들이 전쟁에 패배해 물러가고, 나라가 남북으로 분단되고, 전쟁이 일어나고, 대통령이 몇 번 바뀌고, 올림픽이 열리고, 경제 위기가 오고, 월드컵이 개최되고, 대통령이 다시 몇 번 바뀌기를 거듭하는 와중에도 《조선야화》는 무사히 보존되었다. 그것은 송화의 집념이 만들어 낸 하나의 기적이었다.

　흔히 우리 역사에서 가장 아쉬운 순간을 들라면, 거의 대부분
은 바로 구한말을 거론할 것이다. 많은 사람들이 조선은 청나라
나 일본보다 서양에 대한 문호 개방의 시점이 늦어져서 결과적으
로 근대화에 뒤처졌고, 그로 인하여 일본의 식민지가 되는 불행
을 겪었다고 여기기 때문이다.

　그러나 당시를 살던 사람들도 나름대로 사정은 있었다. 조선
이 서양과의 문호 개방을 늦게 했던 것은 서양에 대한 혐오감과
두려움이 작용했기 때문이다.

　조선은 철저한 유교 국가였다. 유교에서 가장 큰 미덕은 바로
효다. 그리고 효를 실천하는 방법은 부모나 조상에게 제사를 지
내어 그들을 기리는 일이다. 대체로 조선인들은 무신론자에 가까
웠기 때문에 사후 세계를 믿지 않았다. 대신 죽은 사람에게 제사
를 지냄으로써 그들과 자신의 연결을 확인하고, 자신이 죽어도
다른 사람이 제사를 지내어 기억해 주니, 그들의 정신세계 속에서
자신이 살아 있다고 믿는 방식으로 죽음 이후의 삶을 찾았다. 따
라서 조선인들에게 제사는 곧 모든 도덕의 기본이었다.

　그런데 서양인들은 천주교 혹은 개신교를 믿었고, 제사를 우
상숭배로 간주하여 지내지 않았다. 또한 서양인들이 퍼뜨린 천주

교를 믿는 조선인들도 그들을 따라 하여 제사를 거부했다. 이런 행동은 조선인들의 눈에 도덕과 윤리가 없는 짐승 같은 족속으로 보이기에 충분했다. 그러니 조선인들은 서양인들을 혐오하여 그들과 선뜻 손을 잡으려 하기를 꺼릴 수밖에 없었다.

여기에 서양인들의 침략적 제국주의에 대한 두려움도 큰 몫을 했다. 19세기 당시는 서구 열강이 산업혁명의 성공으로 인하여 비로소 다른 문명권을 제압할 수 있는 물리적인 힘을 가지게 되었고, 세계 각지로 식민지를 넓히기 위한 정복 전쟁에 뛰어들었던 시기다. 그리고 조선은 가까이에서 그런 서구 열강의 폭력적인 침략을 목격하게 되는데, 영국이 중국 청나라를 두 번이나 침략하는 이른바 아편 전쟁이었다. 이 전쟁에서 청나라는 영국을 상대로 일방적인 참패를 당했을 뿐만 아니라 수도인 북경까지 함락되어 황제가 피난을 가는 크나큰 위기를 겪었다. 더구나 영국군은 동맹군인 프랑스군과 함께 청나라 황제의 별궁인 원명원까지 약탈을 하고 불태우는 만행을 저질렀는데, 이 소식이 조선에 알려지자 조선인들은 영국과 프랑스 등 서구 열강을 더욱 두려워하게 되었다.

여기에 1866년에 프랑스가 조선을 침공한 병인양요 사건과 1871년에 미국이 조선을 침공한 신미양요 사건을 겪으면서 조선인들은 어떤 생각을 품었을까? 필시 '서양인들은 흉악무도한 침략자들이니, 그들과 화친을 맺을 필요가 없다!'는 것이었으리라. 흔히 교과서에서는 저 두 사건에 대해 '프랑스와 미국이 쳐들어왔지만, 조선군에 의해 격퇴당했다'라고만 간단히 기록하고 있으나, 실상은 조금 달랐다. 전투 과정에서 조선군이 입은 피해는 매우 컸던 데 반해, 프랑스군과 미군은 별로 피해를 입지 않았다. 만약 프랑스군과 미군이 더 많은 병력을 갖고서 조선을 굴복시켜야 한다는 굳은 의지로 전쟁에 임했다면, 조선은 청나라가 아편 전쟁에서 당한 것처럼 꼼짝없이 그들에게 무릎을 꿇었을 것이다. 그래서 병인양요와 신미양요를 겪은 이후, 조선의 실권자인 흥선대원군은 "서양 오랑캐와 화친하는 자들은 나라를 팔아 먹는 자들이다"라는 글귀가 새겨진 척화비까지 세우면서 서양에 대한 두려움을 표출하였다. 그러니 조선의 문호 개방이 늦어진 것은 서양인들의 폭력적인 침략이 초래한 결과라고 해도 과언이 아니었다.

한편으로 달리 생각해 본다면, 조선이 서양에 문호 개방을 일찍 했더라도 과연 좋은 결과가 나왔을지 의문이다. 베트남은 조선보다 먼저 서양에 문호 개방을 했으나, 프랑스군에게 나라가 짓밟히고 프랑스의 식민지로 전락하고 말았다. 이런 사실을 감안한다면, 조선이 아편 전쟁이나 두 차례의 양요 이전에 자발적으로 서양에 문호 개방을 했다고 해도, 자칫 청나라가 당한 아편 전쟁처럼 서양에게 짓밟히고 반식민지 꼴이 되거나, 아니면 베트남처럼 완전히 서구에게 정복당한 식민지가 되었을 가능성도 있다.

여하튼 지나간 역사를 두고 아쉬워한다고 해서, 과거가 뒤바뀔 수는 없다. 중요한 것은 그런 비극적인 과거를 다시는 되풀이하지 않겠다는 의지와 우리 모두가 더 나은 미래를 만들어 나가야겠다는 노력이다.

참고 자료

| 서적 |

《국가에 대항하는 사회》, 피에르 클라스트르, 홍성흡 옮김, 이학사, 2005

《나폴레옹》, 티에리 랑츠, 이현숙 옮김, 시공사, 2001

《나폴레옹의 학자들》, 로베르 솔레, 이상빈 옮김, 아테네, 2003

《넬슨》, 엔드루 램버트, 박아람 옮김, 생각의나무, 2005

《라틴아메리카》, 우덕룡 외, 송산출판사, 2000

《박물지》, 장화, 김영식 옮김, 홍익출판사, 1998

《박물지》, 장화, 임동석 옮김, 고즈윈, 2004

《샤먼의 코트》, 안나 레이드, 윤철희 옮김, 미다스북스, 2003

《세계를 속인 200가지 비밀과 거짓말》, 데이비드 사우스웰, 안소연 옮김, 이마고, 2007

《수신기》, 간보, 임동석 옮김, 동문선, 1997

《수신기》, 간보, 전병구 옮김, 자유문고, 1997

《시베리아 원주민의 역사》, 제임스 포사이스, 정재겸 옮김, 솔, 2009

《시베리아 탐험기》, 조지 케넌, 정재겸 옮김, 우리역사연구재단, 2011

《어메이징 세계사》, 도현신, 서해문집, 2012

《어메이징 한국사》, 도현신, 서해문집, 2012

《어우야담》, 유몽인, 신익철 외 옮김, 돌베개, 2006

《왕가의 전인적 공부법》, 도현신, 미다스북스, 2011

《이스터섬》, 미셸 오를리아크 외, 장동현 옮김, 시공사, 1997

《이스터 섬의 수수께끼》, 존 플렌리 외, 유정화 옮김, 아침이슬, 2005

《전쟁이 요리한 음식의 역사》, 도현신, 시대의창, 2011

《주해 청구야담 1, 2, 3》, 최웅, 국학자료원, 2005

《천예록》, 임방, 정환국 옮김, 성균관대학교출판부, 2005

| 고서 |

금계필담(錦溪筆談)
기옹만필(畸翁漫筆)
기재잡기(寄齋雜記)
내손현지(來賓縣志)의 물이지(物異志)
동각잡기(東閣雜記)
삼국지 위지 동이전(三國志 魏志 東夷傳)
상해송강부속지(上海松江府續志)
서신유사(西神遺事)
속자치통감(續資治通鑒)
송도기이(松都記異)
송와잡설(松窩雜說)
연려실기술(燃藜室記述)
오백년기담(五百年奇譚)
오음잡설(梧陰雜說)
용재총화(慵齋叢話)
용천담적기(龍泉談寂記)
의씨현지(椅氏縣志)의 잡지(雜誌)
자해필담(紫海筆談)
죽창한화(竹窓閑話)
청파극담(靑坡劇談)
패관잡기(稗官雜記)
필원잡기(筆苑雜記)
하담파적록(荷潭破寂錄)
해동야언(海東野言)
해동잡록(海東雜錄)

| 인터넷 사이트 |

국사편찬위원회 조선왕조실록 http://sillok.history.go.kr
한국고전번역원 한국고전종합DB http://db.itkc.or.kr
위키피디아 영어판 https://en.wikipedia.org

천년을 떠돌던 역사 속 신비로운 이야기들

조선야화

초판 1쇄 2015년 11월 20일

지은이 도현신
펴낸이 전호림 **편집총괄** 고원상 **담당PD** 최진희 **펴낸곳** 매경출판㈜
등 록 2003년 4월 24일(No. 2-3759)
주 소 우)04627 서울특별시 중구 퇴계로 190 (필동 1가) 매경미디어센터 9층
홈페이지 www.mkbook.co.kr
전 화 02)2000-2610(기획편집) 02)2000-2636(마케팅) 02)2000-2606(구입 문의)
팩 스 02)2000-2609 **이메일** publish@mk.co.kr
인쇄·제본 ㈜M-print 031)8071-0961

ISBN 979-11-5542-364-6(03900)
값 16,000원